아!
다윗이여

구약 인물 연구

황성일 지음

GRISIM
ASSOCIATES

목 차

책머리에

　다윗은 모든 그리스도인들에게 사랑을 받는 인물이다. 그는 그리스도의 모형이고, 신앙과 경건의 표상이다. 소년 다윗이 골리앗과 싸우기 위해 무릿매를 들고 뛰어 나가는 모습이 시대를 초월하여 우리들의 가슴에 감동적으로 새겨져 있다. 그는 양치기 목동이었을 때 하나님의 선택을 받았고, 온갖 역경을 겪은 뒤 마침내 왕이 되었다. 왕으로서 그는 뛰어난 지도력으로 통일 이스라엘 왕국의 기초를 닦았다. 그는 하나님으로부터 존귀한 이름을 약속받았고(삼하 7:9), 무엇보다 성경은 예수 그리스도의 조상이 다윗이라고 기록한다(마 1:1). 하지만 필자는 다윗의 업적보다는 그의 인간적인 모습을 묘사하려고 노력하였다. 그렇기 때문에 그의 자긍심과 야망, 좌절과 희망, 분노와 인내, 탈선과 회개, 기쁨과 슬픔, 그리고 증오와 사랑이 이 책의 주제들이다.

　한편으로 이 책은 본문을 주석하기도 하며, 은혜로운 교훈들을 설교하기도 한다. 그렇더라도 이 글이 사무엘서의 주석이거나 설교집인 것은 아니다. 단지 다윗의 생애를 아무런 형식에 구애받지 않고 이야기하려 하였고, 때로는 상상력을 동원하기도 했다. 그렇게 함으로써 신학생과 목회자뿐만 아니라 평신도들도 흥미를 갖고 쉽게 읽을 수 있게 하였다. 이 책을 통해서 독자들이 어떤 고정된 틀에서 벗어날 수 있기를 바란다. 다윗이라는 인물의 꾸밈없이 솔직한 모습들을 만나게 된다면, 우리는 그를 더 좋아하게 될 것이다.

"참으로 여호와 외에 누가 하나님이며,

　　　　　우리 하나님 외에 누가 반석입니까(삼하 22:32)?"

1
사울 왕의
사위가 되기까지
(삼상 13:1–18:30)

1. 사울 왕의 사위가 되기까지

(삼상 13:1-18:30)

🔔 버림받은 사울 (삼상 13:1-15:35)

현대인들이 팔레스타인이라고 부르는 지중해 연안 지역을 성경에서는 가나안 땅이라고 부른다. 이 땅은 아프리카와 유럽 그리고 아시아의 중심에 위치하여서, 각 대륙들을 잇는 교량 역할을 하고 있다. 여호수아서와 사사기는 지금으로부터 대략 3400여 년 전에 이스라엘 민족이 이 땅을 차지하기 위해 여러 다른 민족들과 오랜 시간 투쟁하는 과정을 보여준다. 그 투쟁을 시작한 사람은 이스라엘의 초기 영웅이었던 여호수아였다. 여호수아는 탁월한 리더십을 발휘하여 이스라엘 전체 민족을 여호와 신앙 아래에 하나로 결속시켰다. 그리고 그가 백성을 이끌고 참여했던 모든 전쟁에서 승리를 쟁취하는 위대한 업적을 남겼다. 그 결과 이스라엘 백성은 가나안 땅에 안정적으로 정착할 수 있었다.

하지만 단지 정착에만 성공했을 뿐, 그 땅에 대한 확실한 지배권을 행사할 수는 없었다. 여전히 이방 민족들이 가나안 땅 곳곳에 자기들의 성을 두고서 이스라엘 백성의 평화로운 삶을 방해하고 있었다. 그들 중 대표적인 민족은 블레셋이었다. 그런데 여호수아의 죽음 이후 오랜 세월 동안 이스라엘 백성은 믿고 따를만한 국가 지도자를 갖지 못했으므로, 가족은 가족들끼리, 지파는 지파들끼리 독자적으로 살아가고 있었다. 그렇기 때문에 그들은 강한 힘을 가진 이방 민족들에 의해 약탈을 당하거나 노예처럼 압제를 받으며 살 수밖에 없었다. 이러한 상황은 이스라엘 민족 내부에서도 도덕적이며 영적인 심각한 혼란을 야기하게 되었다(삿 21:25).

그러다가 베냐민 지파에서 사울이라는 위대한 영웅이 등장하여 이스라엘의 왕이 되었다(삼상 10-11장). 사울은 시골 마을 기브아에 뿌리를 둔 존경받는 가문에서 태어났다. 그는 부리부리한 호랑이 눈에 기골이 장대하고 능력이 출중하였으므로, 어렸을 때부터 많은 사람들의 신망을 얻고 있었다. 그를 한 번이라도 만나본 사람은 언제나 그를 좋아하고 따를 수밖에 없는 매력적인 인물이었다. 그가 선지자 사무엘의 전폭적인 지지를 받아서 이스라엘 전체의 왕으로 즉위하였는데, 그 후 이스라엘 민족은 짧은 시간 안에 독립을 달성하고 더 나아가 주변 민족들을 위협하는 존재가 될 수 있었다. 사울의 강력한 선군정책을 통한 강성국가 비전은 민족의 자긍심을 한껏 높여놓았다(삼상 14:52). 이제는 굴종을 강요받는 약소국가가 아니라, 당당하게 이방 민족들과 겨룰 수 있는 주권국가라는 인식이 모든 백성들 가슴 속에 새겨지게 되었다.

하지만 사울은 하나님을 절대적으로 의지하지 못하여 자신의 판단을 따를 때가 종종 있었다. 하나님을 신뢰하지 못했던 사울은 하나님의 대리인인 선지자 사무엘을 신뢰하지도 못했다. 그는 사무엘을 기다려서 그의 지도를 받아야만 했던 때에, 자신의 판단에 따라 전쟁을 수행함으로써 사무엘과 하나님의 마음을 아프게 하였다(삼상 13:13). 사무엘은 하나님께서 왕의 나라를 길게 하지 않으실 것이라고 경고하면서 사울을 크게 책망하였다. 그런데 이 사건이 있었음에도 불구하고, 사울의 왕국은 점차 안정되어 갔다(삼상 14장). 물론 나라의 안정을 지탱하는 기둥은 사울이 아니라 신앙과 인품 그리고 무용(武勇)이 뛰어난 그의 아들 요나단이었다.

시간이 상당히 흘러가자 사울은 이전에 사무엘을 통하여 주어졌던 하나님의 경고를 잊어버렸고, 교만한 마음에 사로잡히게 되었다. 그는 다시 하나님의 마음을 아프게 했는데, 왜냐하면 사울이 아말렉과의 전쟁에서 그들의 왕 아각과 좋은 가축 떼를 살려두었기 때문이다(삼상 15장). 사울의 잘못은 하나님의 명령에 철저하게 순종하지 못했다는 것이다. 그는 아말렉 사람들을 공격하여 진멸하라는 하나님의 엄숙한 명령을 가볍게 생각하였다. 아말렉과의 전쟁에서 승리할 수 있게 만드신 분은 하나님이신데도, 사울은 그 전쟁을 통해 자신의 명성을 높이고 자신의 욕심을 채우려 하였다(삼상 15:9, 12). 이것은 돌이킬 수 없는 잘못이었고, 사울 왕국의 멸망이 이때에 확정되었다.

분노한 사무엘은 백성들 앞에서 사울을 저주하고, 하나님께서 새로운 왕을 선출하여 사울의 왕국을 그에게 넘겨주실 것이라고 선언했다(삼상 15:28). 사울과 결별한 사무엘은 자신의 고향 라마로 돌아가 칩거하였고 죽을 때까지 다시 사울을 만나려 하지 않았다. 이 때 사울은 사무엘이 새로운 왕을 세우고 반역을 일으킬까봐 두려워했다. 그러므로 사울은 사무엘이 라마에서부터 한 발자국도 떠나가지 못하도록 군사를 보내 철저하게 감시하였다. 반역의 가능성을 애초부터 제거하기 위해서였다. 물론 사울은 자신의 왕 자리를 보존하기 위해서라면, 한 때 자신의 멘토이며 아버지와 같았던 사무엘을 언제라도 죽일 준비가 되어 있었다.

🔔 기름부음을 받은 다윗(삼상 16:1-13)

이런 상황 가운데 사무엘은 이스라엘 민족의 운명에 대해 염려하며, 또 사울의 불순종에 대해 슬퍼하면서 세월을 보내고 있었다. 그 때 하나님께서 그에게 말씀하셨다. "내가 이미 사울을 버려 이스라엘 왕이 되지 못하게 하였거늘 네가 사울 때문에 언제까지 슬퍼하겠느냐? 너는 기름을 뿔에 채워가지고 가라. 내가 너를 베들레헴 사람 이새에게로 보내리니 이는 내가 그 아들 중에서 나를 위해 한 왕을 미리 보아 두었기 때문이다(삼상 16:1)."

사무엘이 이 말씀을 들었을 때, 그는 하나님께서 희망을 잃어버린 이스라엘 백성을 위해 좋은 계획을 갖고 계신다는 사실을 알고 기뻐하였다. 하나님께서는 사울을 버리셨지만, 그 대신 이스라엘의 등불과 희망이 될 새로운 왕을 이미 보아 두셨음을 알고 가슴이 벅차올랐다. 그러나 그는 즉시 자신이 현재 처해 있는 상황을 깨닫고 좌절해야만 했다. 자신은 지금 감시당하고 있는 신세이므로 라마를 떠나 베들레헴으로 갈 수 없었다. 만일 그가 베들레헴으로 가기 위해 길을 나선다면, 그 즉시 사울에게 잡혀서 죽임을 당할 것이다. 민족의 부흥을 위한 길이 주어졌는데도, 그 길을 갈 수 없다는 사실이 사무엘의 가슴을 무겁게 짓눌렀다.

답답한 심정으로 사무엘은 하나님께 자신의 형편에 대해 하소연하였다.

"내가 어찌 갈 수 있겠습니까? 사울이 들으면 나를 죽일 것입니다(삼상 16:2)." 그러자 하나님께서는 사무엘이 당면한 난국을 헤쳐 나갈 수 있도록 그에게 구체적으로 조언해 주셨다. 하나님의 해결책은 암송아지 한 마리였다. 만일 사무엘이 암송아지를 끌고 베들레헴으로 가서 제사를 드린다면, 사울은 사무엘의 진정한 의도를 알아채지 못할 것이다. 때때로 우리는 만용을 부리기보다 지혜롭게 행해야 할 필요가 있다. 모세가 이집트 왕궁에서 왕자로 지낼 때, 그는 이스라엘 사람을 구원하기 위해 이집트 사람을 죽여야 했다. 그 때 모세는 주위에 사람이 없는 것을 좌우로 살핀 다음 이집트 사람을 죽였고, 그 후에는 그 시체를 땅 속에 묻어 감추었다. 모세가 이렇게 은밀하게 행동한 것은 모세가 겁쟁이였기 때문이 아니라, 신중하고 지혜로웠기 때문이다.

사무엘이 두려워 한 것은 자신의 죽음 자체가 아니다. 그는 자기가 죽음으로써 하나님의 명령을 성취하지 못하게 될 것을 두려워했다. 사무엘의 어깨에는 이스라엘 민족의 운명이 놓여 있다. 사무엘은 마땅히 자기 목숨을 아껴야만 한다. 그러므로 사무엘은 지혜롭게 행동해야 했다. 사무엘이 끌고 가야 할 암송아지는 하나님께서 가르쳐주신 방법이며, 성도의 삶에 필요한 지혜로움과 신중함을 상징한다.

사무엘이 암송아지를 끌고 가서 베들레헴에 도착했을 때, 그 성읍의 장로들이 두려워하여 떨면서 그를 영접했다. 그들은 사무엘에게 "평강을 위해 오시는 것입니까(삼상 16:4)?" 하고 물었다. 만일 사무엘이 평강을 위해서가 아니라 반역을 위해 베들레헴에 왔다면, 사울은 그 사실을 알게 되는 순간 사무엘뿐만 아니라 베들레헴의 모든 사람들을 살육할 것이다. 나중에 발생하게 될 일이지만, 아히멜렉이 도망치는 다윗에게 음식과 칼을 주었다는 이유로 사울은 아히멜렉의 성읍, 곧 제사장들의 성읍인 놉에 거주하는 모든 남녀노소 유아들과 가축들까지 학살한다(삼상 22:16-19). 이와 같은 사울의 폭력성과 왕권에 대한 그의 광적인 집착을 잘 알고 있는 베들레헴의 장로들이 떨면서 사무엘의 방문 목적에 대해 묻는 것은 지극히 당연했다. 사무엘은 베들레헴 장로들의 마음을 진정시키면서, 자신이 제사 드리기 위해 왔으니 함께 제사하자고 청하였다. 그리고 문득 생각이 떠오른 것처럼, 지나가는 말로 이새와 그의 아들들도 제사에 참여하면 좋겠다고 말했다.

이새와 그의 아들들이 제사에 참여하기 위해 왔을 때, 사무엘은 그들을 데리고 베들레헴 장로들의 눈길이 미치지 못하는 곳으로 갔다. 그리고 자리에 앉은 후, 이새에게 그의 아들들을 한 명씩 소개해 주길 부탁했다. 사무엘은 먼저 이새의 장자 엘리압을 보고 감탄을 금치 못했다. 엘리압의 큰 키와 잘 생긴 외모가 사무엘의 마음을 사로잡았기 때문이다. 사무엘은 기쁜 나머지 "과연 여호와의 기름부음을 받을 자가 그분 앞에 있구나."라고 마음속으로 외쳤다. 얼마 전 사무엘은 사람들 앞에서 "여호와께서 사울의 왕국을 사울보다 나은 사람에게 넘겨주셨다."라고 선포했었다(삼상 15:28). 이 때 사무엘은 자신이 하나님의 뜻을 그대로 전달한 것이며 그렇기 때문에 자신의 말은 곧 하나님의 말씀이라는 것을 잘 알고 있었다. 그러나 그럼에도 불구하고, 자신의 말이 실현되기 어렵다는 것을 그 후 항상 느끼고 있었다. 왜냐하면 사울이야말로 이스라엘 중에서 가장 뛰어난 영웅이었기 때문이다. 어디에서 사울보다 나은 사람을 찾을 수 있을까! 그러나 엘리압을 보았을 때, 사무엘은 하나님께서 자신을 베들레헴으로 보내신 것이 엘리압과 같은 훌륭한 인물이 있었기 때문이라고 확신할 수 있었다. 하나님께서 자신에게 "사울보다 나은 사람"을 찾으라고 지시하신 이유는 엘리압을 염두에 두셨기 때문일 것이라고 생각했다. 사무엘은 가지고 온 기름을 엘리압에게 부어, 그를 새로운 왕 후보자로 선포하려고 했다. 그런데 이 순간 하나님께서는 움찔하는 사무엘의 움직임을 급히 막으셨다. 사람들이 대개 그러하듯이, 사무엘은 사람의 외모가 주는 인상으로부터 영향을 쉽게 받는다. 그러므로 하나님께서는 사무엘을 책망하시면서, "그의 용모나 큰 키를 보지 마라. 사람들은 외모를 보지만 나 여호와는 중심을 본다."라고 말씀하셨다(삼상 16:7).

잘생긴 용모나 큰 키는 사울의 특징이었다. 성경이 사울을 처음 소개할 때, "그는 잘생긴 청년인데, 이스라엘 중에서 가장 잘 생겼으며, 그 키도 모든 백성보다 어깨 위는 더 컸다."라고 묘사한다(삼상 9:2). 사울은 최고의 신체를 가졌다. 물론 이와 같은 표현이 단순히 신체적인 뛰어남을 묘사하는 것만은 아니다. 신체를 기반으로 하는 여러 가지 능력이 뛰어났다는 것을 암시한다. 즉 사울에게는 전쟁을 잘 수행하는 능력이나, 탁월한 지도력이 있었다는 것을 의미한다. 하지만 하나님께서는 사울과 같은 종류의 지도자를 택하지 않으시겠다고 말씀하신다. 사울이 대표하는 유형의 지도자는 외적인 능력으로 무장된 사람이다. 하지만 사울과 같은 지도자는 결국 하나님의 신뢰를 얻는데 실패했다. 능력이 있다는 사실만으로 하나님의 백성을 이방 민족들의 압제로부터 구원하기에는 부족하다. 그러한 지도자가 가나안 우상 숭배 문화로부터 이스라엘을 보호할 수 없다는 것이 사울을 통하여 증명되었다. 그러므로 하나님께서는 새로운 지도자 유형을 소개하신다. 그것은 중심이 여호와께로 향하여 있는 사람이다(삼상 16:7).

사무엘은 엘리압에게 기름을 부으려고 하다가 하나님의 책망을 듣고, 풀이 죽어 가만히 앉아 있었다. 엘리압, 아비나답, 삼마를 선두로 이새의 아들들 일곱 명이 다 사무엘 앞으로 지나갔는데, 사무엘은 하나님께서 선택하신 사람을 찾을 수 없었다. 이상하게 생각한 사무엘은 이새에게 다른 아들이 없는지 물어보았다. 그제야 이새는 양떼를 맡겨서 들판에 남겨둔 막내아들 다윗을 기억하고, 사람을 보내 그를 데려오게 하였다. 성경은 다윗을 처음 소개하면서, 그가 혈색이 좋으며 눈이 아름다우며 외모가 잘 생겼다고 말한다(삼상 16:12). 얼굴이 발그레 하고 눈이 아름답다는 말은 여자들에게 어울릴 수도 있는 표현이다. 남성적인 외모를 가졌던 사울과 정반대로 다윗은 다소 여성적인 아름다운 외모를 가졌다. 전쟁터에서 싸우는 무적의 용사 이미지를 바랐던 사무엘은 이와 같은 다윗의 외모에 실망하였다. 그는 다윗이 하나님께서 선택하신 사람이라고는 상상하지도 못했다. 사무엘이 생각할 때, 지금 이스라엘 민족에게 필요한 사람은 싸움을 잘하는 용사였다. "사울보다 나은 사람"이라고 했을 때, 사무엘은 사울보다 더 힘세고, 더 잘 싸울 수 있는 사람을 기대하였다. 그러므로 사무엘은 자신이 다윗에게는 결코 기름을 부을 일이 없을 것이라고 확신하면서 일어날 생각조차 하지 않았다. 그러나 하나님께서는 사무엘에게 "바로 이 사람이니, 일어나라! 기름을 부어라!" 하고 명령하셨다(삼상 16:12). 사무엘은 자신의 판단이나 생각과는 다른 하나님의 명령을 받고, 마치 마지못해 하는 것처럼 다윗의 머리에 기름을 부었다. 그리고 뒤도 돌아보지 않고 라마로 돌아갔다. 새로이 기름부음을 받은 자에게 실망하는 마음도 있었고, 사울의 감시하는 눈초리가 그를 두렵게 하기도 했었기 때문이다.

한편 사무엘과 함께 제사 드리기를 기다리고 있던 베들레헴의 장로들이 일언반구 없이 갑자기 떠나가 버리는 사무엘의 뒷모습을 망연자실 쳐다보았다. 스쳐 지나가는 바람과 함께 이유를 알 수 없는 두려움이 그들을 사로잡았다.

🔔 사울의 신하가 된 다윗(삼상 16:14-23)

사무엘이 다윗의 머리에 기름을 부은 날 이후, 다윗은 여호와의 성령으로 충만하게 되었다. 그러나 그 반대로 사울에게서는 여호와의 영이 떠났다. 사무엘상 16:14 "여호와의 영이 사울에게서 떠나고 여호와의 부리신 악한 영이 그를 번뇌케 하였다."[1] 사울이 여전히 이스라엘의 왕으로 통치하고 있었음에도 불구하고, 여호와께서는 사울을 더 이상 이스라엘의 왕으로 인정하지 않으셨다. 하나님께서는 다윗이 기름 부음을 받는 순간부터, 사울이 아닌 다윗을 이스라엘의 왕으로 인정하셨다. 그러므로 사울에게서부터 여호와의 영이 떠났는데, 그 대신 여호와께서 부리시는 악한 영이 사울을 괴롭혔다. 그 악한 영은 무엇보다도 사울의 정신력을 무너뜨렸다. 그러므로 사울은 심리적으로 울적해졌을 뿐만 아니라, 평정심을 상실

---

1) 악한 영이라는 말은 심판 혹은 재앙을 내리는 영이라는 뜻이다. 이 영을 심판의 천사라고 생각할 수 있다. 참고, Robert D. Bergen, *1, 2 Samuel*, NAC 7A (Broadman & Holman, 1996), 182. 하나님께서는 다윗의 기름부음과 함께 사울에 대한 심판을 본격적으로 시작하셨다. 심판을 내리는 영이 처음으로 한 일은 사울이 자신의 불안한 환경을 이겨내지 못하도록 그의 정신을 나약하게 만드는 것이었다.

했다. 마침내 그의 마음속에 스스로 주체할 수 없을 정도의 공포심이 생겨났으며, 심할 때에는 제정신을 잃어버리고 미치광이처럼 행동하였다.

사울의 비정상적인 상태를 알게 된 신하들은 사울에게 음악을 통한 치료를 권했다. 음악의 치료 효과는 고대 세계에서도 이미 잘 알려져 있었다. 고대 그리스의 현자(賢者)들은 음악을 사용하여 흥분을 진정시키고, 질환을 치료하며, 심지어는 군중들의 소란을 막을 수 있다고 말했다. 사울이 신하들에게 명하여 악기를 잘 다루는 사람을 구해오라고 명령했을 때, 신하들 중 한 젊은 사람이 나서서 다윗을 추천했다. 사무엘상 16:18 "내가 베들레헴 사람 이새의 아들을 보니, 그는 수금을 연주할 줄 알고, 힘센 용사이며 전쟁에 능한 사람이고 말을 잘하며 준수한 사람입니다. 더욱이 여호와께서 그와 함께 하십니다." 여기서 다윗은 "힘센 용사"이며 "전쟁에 능한 사람"으로 소개된다. 다윗의 용맹함은 그의 가족들에게도 잘 알려지지 않았던 사실이다. 그러나 하나님께서는 다윗의 능력을 잘 알고 있는 어떤 사람을 사울의 신하들 중에 미리 보내두셨다.

비록 다윗이 전쟁에 능한 사람으로 소개받았다고 할지라도, 이러한 표현들은 다윗이 이미 전쟁에 자주 참여했었다는 것을 전제하지 않는다. 이 표현들은 단지, 다윗이 나중에 스스로 인정하는 것처럼, 곰이나 사자와의 싸움을 통해서 다윗의 용맹함과 탁월한 싸움 기술이 어떤 사람들에게 알려져 있었다는 것을 가리킨다. 이 젊은 신하가 말한 다윗의 용맹성이 양떼와 관련 있다는 사실은 사울이 다윗을 양치는 소년으로 알고 있다는 점에서도 암시된다(삼상 16:19). "말을 잘한다."라는 표현은 다윗이 말이 많은 사람이라는 것을 나타내지 않는다. 이 표현은 다윗이 말하는데 있어서 지혜롭고 신중하다는 뜻이다.

그러므로 사울은 이새에게 명하여 양치는 소년 다윗을 자신에게로 보내게 하였다. 이새는 다윗을 보내면서 떡과 포도주와 염소새끼를 사울에게 선물로 보냈다. 다윗이 사울에게 도착했을 때, 사울은 다윗을 크게 사랑하게 되었다. 사람은 흔히 자신에게 없는 장점을 가진 다른 사람을 좋아하게 된다. 키 크고 영웅적인 용모와 기상을 가진 사울은 다른 사람과 사귈 때, 그 사람의 신체적인 조건에 대해 크게 신경 쓰지 않았다. 그런 면에서 자신을 능가할 사람이 없기 때문이다. 그 대신 노래 잘하고, 악기를 잘 다루며, 말 잘하고, 예쁘장하게 생긴 다윗을 보고는 약간의 부러움과 함께 깊은 호감을 갖게 되었다. 그래서 그를 총애하여 자신의 "병기를 든 사람"으로 삼았다.[2] 사울은 이새에게 다시 사람을 보내 다윗이 정식으로 자신의 부하 병사가 되었음을 알려주었다. 비록 다윗이 병사로 선발되었지만, 그의 역할은 전투가 아니라 악기를 연주하는 것이었다.

⚱️ 골리앗을 무찌른 다윗(삼상 17:1-18:5)

다윗이 이스라엘 앞에서 자신의 이름을 떨치게 된 첫 번째 사건은 골리앗과의 싸움이었다. 당시 다윗은 베들레헴으로 돌아가 있었는데, 아마도 사울의 광증이 제법 호전되었기 때문일 것이다. 요나단의 용맹에 의해 어이없게도 처참한 패배를 겪어야 했던 블레셋이 군대를 정비한 후, 이스라

---

2) "병기를 든 사람"이라는 표현은 일종의 친위대로서, 가장 가까운 곳에서 병기의 주인을 보호하거나 그의 시중을 드는 부대를 뜻한다. 다윗의 장군 요압에게는 병기든 자가 최소한 열 명이 있었다(삼하 18:15).

엘을 정복하기 위해 다시 공격해 왔다. 자존심을 회복하려는 블레셋과 이전의 승리를 통해 다소 자신감을 갖게 된 이스라엘이 엘라 골짜기를 가운데 두고 서로 마주 보는 형세로 자리 잡았다. 이 때 블레셋에 속한 도시인 가드에서 온 골리앗이라는 사람이 나와서 이스라엘 진영을 도발했다. 개역 성경은 골리앗을 "싸움을 돋우는 자"라고 소개한다.[3] "싸움을 돋우는 자"라는 표현은 원래 "가운데 선 자"라는 말로서, 자기 편 군대의 사기를 높이기 위해 1대 1의 대결을 펼치는 자를 뜻한다. 골리앗의 키는 6큐빗, 대략 250cm가 넘는 것으로 기록되어 있다. 이처럼 거대한 사람이 중무장을 한 모습으로 이스라엘을 도발하자, 기껏 용기를 내어 블레셋과 싸우려고 했던 이스라엘 군대는 한순간에 사기가 바닥으로 떨어져버렸다. 이스라엘에는 골리앗과 싸울만한 영웅이 없다는 사실이 이제 곧 시작해야하는 전쟁에서 반드시 패배할 것이라고 생각하게 만들었다. 골리앗이 40일 동안이나 아침과 저녁에 나와서 이스라엘과 하나님을 모욕하였지만, 사울을 비롯한 이스라엘 모든 병사들은 놀라서 크게 두려워할 뿐이었다(삼상 17:11, 16).

골리앗이 또 나와서 이스라엘 진영을 향하여 소리치면서 위협하는데, 마침 이 때 다윗이 부친의 심부름으로 형들을 만나기 위해 전쟁터에 이르러 있었다. 그는 골리앗이 나서서 이스라엘과 여호와 하나님을 조롱하는 말을 듣고 분노를 참을 수 없었다. 이 분노는 그가 기름부음을 받았을 때

---

3) 골리앗은 단순히 "가운데 선 사람"으로만 불린다. 아마도 그는 블레셋 군대에서 그다지 높은 지위를 갖고 있지는 않았을 것이다. 블레셋은 신체가 거대하고 싸움에 재질이 있는 골리앗을 뽑아서 특별히 훈련시킨 다음 일종의 격투사로서 적군의 사기를 떨어뜨리는 임무를 맡겼을 것이다. 이러한 골리앗과 싸우기 위해 이스라엘 진영에서는 사울이나 요나단 같은 신분이 높은 사람이 나설 수 없는 법이다. 골리앗도 사울에게 도발하는 것이 아니라, 사울의 병사들에게 자신과 싸울만한 사람은 나오라고 외치고 있다(삼상 17:8). 격투사는 적군의 격투사와 싸워야 하는데, 사울의 진영에는 그처럼 훈련된 격투사가 없었다.

부터 함께 하고 있었던 하나님의 영이 불러일으키는 의로운 분노였다. 그러면서 다윗은 자신이 골리앗과 싸워 이길 수 있다고 확신했는데, 이러한 확신은 하나님께서 자신을 도와주신다는 믿음에 근거하고 있었다. 자신이 돌보는 양떼를 향해 달려드는 사자와 곰과도 싸워서 이겼던 경험들은 하나님께서 자신을 도우시고 있다는 것을 깨닫게 하였다.

또한 다윗은 어린 나이에 걸맞은 공명심에 불타고 있었다. 다윗은 자신에게 시골 목동의 양치기에서부터 벗어나 화려한 삶을 시작할 수 있는 기회가 왔다는 것을 알았다. 아무도 신경 쓰지 않는 무명의 존재에서 벗어나 만인의 주목을 받을 수 있는 절호의 기회가 드디어 왔음을 본능적으로 느꼈다. 다윗은 사람들에게 먼저 자신을 알렸다. 곁에 서 있는 사람들에게 골리앗을 죽이는 사람이 받을 상에 대해서 물어보면서 자신이 싸우러 나갈 것이라고 가르쳐주었다. 그리고 자신은 개인의 영달을 추구하기 위해서가 아니라, 모욕 받은 하나님의 군대를 대신해서 하나님을 위해 싸울 것이라고 외쳤다. 다윗이 사람들에게 자신을 부각시키기 위해 분주할 때, 그의 큰 형 엘리압이 그 모습을 보았다. 얼마 전 엘리압은 다윗이 기름부음을 받는 장면을 보았었다. 하지만 그 일의 의미를 애써 무시하려고 하고 있었고, 사실은 그것 때문에 더 다윗을 고깝게 보던 중이었다. 이처럼 평소에도 막내의 철없는 행동에 대해 맘에 들어 하지 않던 엘리압은 전쟁터에서조차 다윗이 제 잘난 듯 설쳐대는 꼴을 보고 그만 심사가 뒤틀렸다. 그리고 "나는 네 오만과 네 마음의 악함을 안다. 네가 전쟁을 구경하러 왔다." 하고 심하게 꾸짖었다(삼상 17:28). 그런데 다윗은 형의 말을 가볍게 무시해 버리고, 계속해서 사람들에게 자기가 골리앗을 죽이겠다고 말하고 다녔다.

다윗의 말이 마침내 사울에게까지 전해졌을 때, 사울이 그를 불러 말했다. "너는 어린애에 불과한데 어떻게 네가 어려서부터 싸움에 숙달된 전사와 싸울 수 있겠느냐?" 하지만 다윗은 사울의 충고를 받아들이지 않았다. 그리고 단호한 태도로 다시 한 번 자신은 이스라엘 군대가 받은 모욕을 갚기 원하며, 하나님께서 자신을 도우실 것이라고 말했다. 이렇게 하여 다윗은 사울에게도 자신의 인상을 강하게 남겨놓을 수 있었다. 사울은 다윗의 결심이 굳은 것을 알고, 그가 싸우러 나가는 것을 허락해 주었다. 그리고 골리앗과 싸우러 나가는 다윗을 그냥 내보낼 수 없다고 생각하고, 그에게 군복과 갑옷을 입히며, 놋 투구를 씌우고. 칼을 허리에 차게 했다. 그러나 다윗은 자신이 그것들에 익숙하지 않다는 것을 깨닫고, 그 복장을 벗어버렸다. 그리고 손에 막대기를 들고, 시냇가에서 돌 다섯 개를 주워서 주머니 속에 넣었다. 이것들은 다윗에게 가장 익숙한 무기였다. 하지만 다윗이 가장 확실하게 믿는 무기는 언제나 자기와 함께 하였던 만군의 여호와의 이름이었다.

세상에서 가장 큰 사람을 세상에서 가장 작다고 여겨지던 소년이 쓰러뜨리는 것은 하나님께서 자신의 일을 이루어 가실 때 자주 사용하시는 방법이다. 고린도전서 1:27 "그러나 하나님께서 세상의 미련한 것들을 택하셔서, 지혜 있는 자들을 부끄럽게 하려 하시고 세상의 약한 것들을 택하셔서, 강한 것들을 부끄럽게 하려 하신다." 왜냐하면 아무 육체라도 하나님 앞에서 자랑하지 못하게 하기 위함이다(고전 1:29). 사울에게서 "너는 어린아이에 불과하다."라는 말을 들었던 다윗이 골리앗을 죽인 것은 하나님의 이와 같은 목적과 방식에 부합한다. 다윗은 어떤 육체라도 하나님 앞에서 자랑하지 못하게 하기 위해 하나님의 도구로 선택된 사람이다. 그는 처음 사무엘에게 기름 부음을 받을 때조차, 외모를 보지 않으시는 하나님에 의해 선택받았다. 다윗은 외모, 즉 육체를 자랑하는 사람이 아니다. 가문이나 학력이나 재산을 자랑하는 사람이 아니다. 다윗은 하나님의 이름과 그분의 능력을 자랑하는 사람이다.

이런 다윗의 모습에 놀란 사울이 아브넬에게 물었다(삼상 17:55-56). "이 아이가 누구의 아들이냐?" "왕이시여, 내가 알지 못합니다." "너는 이 소년이 누구의 아들인지 물어보아라." 사실 다윗은 이미 사울의 병기든 자 중의 한 사람으로 복무한 경험이 있었다(삼상 16:17-23). 그 때 사울은 다윗이 이새의 아들이라는 사실을 적어도 한 번은 들었었다. 사울은 마음이 심히 괴로워 혼미할 때, 다윗이 수금 연주하는 것을 들으며 심신을 안정시켰다. 사울은 다윗을 크게 사랑하였고, 그의 아버지인 이새에게 전령을 보내 다윗을 자기 가까이 두겠다는 소식을 전하기도 했다. 그러므로 사울은 다윗에 관하여 최소한의 신상명세를 알고 있었음이 분명하다. 하지만 그 내용은 수금연주자로서의 다윗과 관련된 것이다. 그러므로 비록 사울이 다윗을 좋아하기는 했지만, 다윗의 가문에 대해서 크게 신경 쓸 필요가 없었다. 아마도 사울의 병세가 호전되면서 다윗이 자기 집으로 돌아간 이후, 그와 관련한 내용들 중 많은 부분이 사울의 기억 속에서 사라졌을 가능성도 있다. 그런데 골리앗과 싸우러 나가는 다윗은 사울이 기억하고 있는 다윗과 전혀 달랐다. 다윗의 새로운 모습은 사울에게 큰 충격을 주었다. 그렇기 때문에 사울은 아브넬에게 지시하여 다윗의 가문과 관련하여 보다

자세하게 조사하기를 원했다.[4]

다윗이 골리앗에게 말했다. "너는 칼과 창과 단창으로 내게 오지만, 나는 네가 조롱하는 만군의 여호와 이스라엘 군대의 하나님의 이름으로 네게 간다(삼상 17:45)." 다윗이 이처럼 하나님을 자랑하는 말을 골리앗이 들었고, 이스라엘 군대와 블레셋 군대의 모든 사람들이 들었다. 그리고 하나님께서도 그 말을 들으셨는데, 그 순간 다윗의 믿음이 헛되지 않다는 것을 증명해야 한다는 부담을 가지게 되었다. 만일 그렇게 큰소리 친 다윗이 막상 싸움에 진다면, 하나님 자신에게 커다란 불명예가 될 것이다. 온 세상 사람들이 그 말을 들었으므로, 이제 골리앗과 싸우는 주체가 다윗이 아니라 하나님 자신이 되어야 했다. 그러므로 하나님께서는 은근슬쩍 아주 자연스럽게 다윗이 무릿매로 쏘아낸 돌이 날아가는 방향을 이끄셨다. 그러자 그 돌은 골리앗의 놋 투구 틈새로 보이는 매우 작은 공간에 있는 치명적인 급소에 가서 틀어박혔다. 실신한 골리앗의 그 엄청난 거구가 쿵하는 소리와 함께 땅 위에 쓰러졌다. 서로 마주보고 대치하고 있던 양쪽 진영에서는 너무나도 뜻밖의 장면에 입만 벌릴 뿐 아무런 소리도 내지 못했다. 마침내 다윗은 골리앗의 칼을 빼들고, 그의 머리를 잘랐다. 그 순간 이스라엘 진영에서 커다란 환호성이 터져 나왔다. 그리고 그동안 두려움에 사로잡혀 떨고 있던 이스라엘 병사들이 성난 물결이 덮치듯 함성 소리와 함께 블레셋을 향해 달려갔다. 블레셋 군대는 감히 싸우려는 마음을 품지 못하고, 정신없이 돌아서서 도망할 뿐이었다. 블레셋 군사들의 일부는 북쪽으로 도주하여 에그론으로 갔고, 또 다른 일부는 남쪽으로 가서 가드까

---

4) 이와 관련하여, 정규남, 「구약개론」 (개혁주의신행협회, 1985) 204-6을 참고하여라.

지 이르렀다. 그 뒤를 쫓아 이스라엘 병사들이 달려가면서 적군을 치는데, 그들의 시체가 블레셋 온 땅에 가득했다(삼상 17:52).

다윗이 골리앗을 죽이고 돌아올 때, 아브넬 장군이 다윗을 사울 왕 앞으로 인도했다. 사울은 놀란 마음을 진정시키면서 다윗에게 그의 아버지가 누구인지 물었다. 그리고 사울은 다윗이 이제 자기 아버지의 집으로 돌아가는 것을 허락하지 않고, 자신의 측근에 머물러 있게 하였다(삼상 18:2). 그러면서 사울은 다윗을 위해 예루살렘 성 주변 베냐민 지파의 땅에서 하나의 장막을 마련해 주고, 다른 병사들과 함께 거주하게 하였다.[5] 이곳은 기브아와 베들레헴의 중간 지점으로서 다윗으로서는 최적의 장소였다. 그 후 다윗은 골리앗의 머리를 예루살렘으로 가져갔는데, 아마 그 주변에 묻었을 것이다(삼상 17:54). 다윗의 명예로운 전리품인 골리앗의 칼과 창은 아직 어린 다윗이 자유롭게 사용하기에 불편하였을 것이다.[6] 그러므로 그는 그 무기들을 당분간 자기 장막에 놓아두었다. 골리앗의 칼은 얼마 뒤 놉으로 옮겨져 보관되었다(삼상 21:9).

골리앗과의 싸움에서 승리한 것이 다윗의 일생에 있어서 전환점이 되었다. 그리고 그 전환점은 궁극적으로 다윗에게 왕좌로 이끄는 길을 열어줄 것이다. 이후로 다윗은 승승장구하면서, 자신의 능력을 이스라엘 백성들 앞에서 드러내었고, 이스라엘은 하나님께서 다윗을 택하셨다는 것을 분명히 알게 되었다. 하나님께서 다윗에게 붙여주신 가장 큰 후원자는 요나단이었다. 믿음과 용기의 사람인 요나단은 이미 이스라엘 모든 청년들의

5) 예루살렘 성 안에는 아직까지 여부스 사람들이 살고 있었고, 이스라엘 사람들이 그 성을 정복하지 못하였다. 하지만 예루살렘 주변의 촌락들은 베냐민 지파에 의해서 이미 상당부분 정복되어 있었다. 사사기 1:21에 따르면 베냐민 지파가 예루살렘에서 여부스 사람들과 함께 살고 있었다.
6) 히브리어로는 〈켈리〉라고 기록된다. 이 단어는 아마도 칼이나 창과 같은 그의 무기들을 가리킬 것이다.

롤-모델(role model)이었으며, 다윗은 그러한 요나단을 통해 자신의 신앙과 인격을 더욱 갈고 닦을 수 있었다.

 요나단의 영혼이 다윗의 영혼에 묶여졌다(삼상 18:1b). 마음보다 더 본질적인 것이 영혼이다. 변심(變心)이라는 단어가 존재하는 것처럼, 사람의 마음은 변할 수 있다. 그러나 변혼(變魂)이라는 단어가 없는 것처럼, 사람의 영혼이 바뀌지는 않는다. 영혼은 그 사람의 본질이며, 그 사람 자체이기 때문이다. 영혼이 달라진다는 말은 더 이상 그 사람이 아니라는 말과 같다. 요나단의 영혼은 요나단 자신이며, 요나단의 가장 깊은 곳에 있으며 요나단이라는 사람을 대표하는 본질이다. 그 영혼이 다윗의 영혼에 가서 묶여졌다. 묶여졌다는 것은 예속되었다는 뜻이다. 요나단의 영혼이 다윗의 영혼의 지배를 받게 되었지만, 그것을 뿌리치고 떠날 수는 없다. 요나단은 다윗보다 나이가 상당히 많을 것으로 추측된다. 요나단은 자기보다 한참이나 어린 다윗을 사랑해서, 기쁜 마음으로 그에게 예속되었다. 지금까지 요나단은 부친의 말에 순종하는 것을 최고로 중요하게 생각해왔지만, 이제부터 요나단은 다윗을 돌보는 일을 최고로 중요하게 생각할 것이다.

 다윗은 사울이 명령하는 모든 것을 훌륭하게 성취할 수 있었으므로, 마침내 어린 나이에 한 부대의 대장으로 임명되었다. 사무엘상 18:5 "다윗이 사울의 보내는 곳마다 가서 지혜롭게 행하였으므로 사울이 그를 군대의 장으로 삼았는데, 온 백성이 이를 합당히 여겼고, 사울의 신하들도 합당하게 여겼다." 다윗은 비록 어리지만 사울이 다윗을 총애하여 그를 중용하는 것을 모든 사람들이 좋은 결정이라고 생각했다.

🜚 사울의 적의(삼상 18:6-16)

한 동안 좋았던 사울과 다윗의 관계가 급속도로 나빠진 것은 우습게도 여인들의 노랫소리 때문이었다. 끈끈한 정을 나누던 남자들이 그들 사이에 끼어든 여자 때문에 서로 싸우게 되는 것은 다반사(茶飯事)다. 사울이 전쟁을 마치고 돌아올 때면, 개선(凱旋)하는 왕을 환영하기 위해 이스라엘 모든 성읍들에서 젊고 어여쁜 여인들이 차출되었다. 여인들은 길가에 늘어서서 북을 치면서 노래를 부르거나 춤을 추었는데, 사울은 당연히 그들이 자신을 찬양할 것으로 기대했다. 왜냐하면 바로 그 일을 위해 여인들을 불러 모았기 때문이다. 그러나 여인들은 자기들이 왜 그 자리에 나왔는지 잊어버린 듯 했다. 사무엘상 18:7 "춤추는 여인들이 화답하며 말하기를 '사울이 죽인 자는 천천이고 다윗은 만만이구나.' 하였다." 이스라엘의 여인들은 왕인 사울에게 눈길을 보내지 않고, 그 대신 잘생기고 젊은 장수 다윗을 환호하였다. 사울은 여인들이 자신의 전과(戰果)를 수천 명이라고 평가하면서, 다윗의 전과는 수만 명이라고 노래하는 것에 대하여 심히 불쾌하게 생각하면서 솟구치는 분노를 느꼈다. 그 말의 내용이 사실일지라도, 사울은 분노하였을 것이다. 그러나 사실은 그와 다르다. 다윗이 죽인 블레셋 사람들보다는 사울이 죽인 블레셋 사람들이 훨씬 많았다. 사울은 다윗이 자격도 되지 않으면서, 자신이 받아야 할 영광을 빼앗고 있다고 생각했다.

여인들의 이 노랫가락은 마치 돌림병처럼 삽시간에 이스라엘 백성 전체에 퍼져서 유행하였다. 어디를 가나 다윗을 흠모하고, 다윗을 칭송하는 젊은 여자들이 있었다. 여인들이 춤추며 부르는 이 한가락 노래가 골리앗의 크고 날카로운 칼보다도 더 큰 힘으로, 사울의 자존심을 사정없이 부서뜨렸다. 사울은 마음속에서 불같이 타오르는 질투심과 함께 자칫 자신의 왕국을 다윗에게 **빼앗길** 수도 있다는 불안감을 견딜 수 없었다. 마침내, 질투심과 공포가 한 동안 호전되어 있었던 사울의 질병을 오히려 과거보다 더욱 크게 악화된 모습으로 부활시켰다. 악한 영이 전례 없이 사울을 강하게 사로잡았다. 다윗이 예전처럼 사울 앞에서 수금을 연주했지만, 이제는 사울의 광증을 진정시킬 수 없었다. 사울은 자신의 마음을 고통스럽게 하는 것이 자기 영혼의 질병이며, 악한 영이라는 것을 적어도 처음에는 자각하고 있었다. 그러나 시간이 지나면서 정신이 혼미한 가운데, 머리가 쪼개어질 것 같은 모든 고통의 원인이 다윗이라는 망상에 점차 사로잡혔다. 문득 자신의 손에 창이 있는 것을 깨닫는 바로 그 순간, 사울은 자기 앞에서 가증스럽게 수금을 연주하는 다윗을 죽일 수 있는 절호의 기회라는 것을 본능적으로 알아차렸다. 그리고 마치 한 가닥 이성조차 사라져서 정신 줄을 완전히 놓아버린 것처럼, 더욱 기괴하게 표정을 짓고 더 크게 외치면서 헛소리를 해댔다. 그리고는 아무도 눈치 채지 못하도록 다윗을 향해 은밀하게 창을 조준한 뒤 있는 힘을 다해서 던졌다.

수금을 연주하면서도 사울의 상황을 눈여겨보고 있던 다윗이 혼비백산하여 급히 사울의 창을 피했다. 다윗이 무사한 것을 본 사울은 더 큰 분노와 증오에 사로잡혀 옆에 놓인 다른 창을 잡았다. 그리고 모든 고통의 원인인 다윗을 반드시 벽에 박아버리겠다는 일념으로 창을 던졌다. 전쟁터에서 많은 적군들이 사울의 창을 피하지 못하여 목숨을 잃었다. 역전(歷戰)의 용사인 사울이 힘을 다해 던진 창은 표적을 놓치는 법이 없었다. 하지만 하나님께서는 다윗을 보호하셨고, 다윗은 두 번의 공격에서 몸을 피해 달아날 수 있었다. 순간 사울은 찬물을 끼얹은 것처럼 소스라치게 놀라면서 가까스로 정신을 차렸다. 비로소 자기의 고통의 원인을 선명하게 파악할 수 있었다. 자기 속에 다윗을 향한 살의가 이글거린다는 것을 자각했다. 광증이 있어서 다윗을 죽이려 한 것이 아니라, 다윗을 죽이고 싶은 마음에 광증이 나타났다는 것을 알았다. 그리고 이 일로 인하여 더욱 다윗을 두려워하게 되었다. 왜냐하면, 하나님께서 다윗과 함께 계시지 않는다면, 그가 자신의 창을, 그것도 가까운 거리에서 던진 창을, 두 번이나 피할 수는 없었을 것이기 때문이다. 원래 자신을 보호하던 하나님의 영이 이제는 자신을 떠나가서 다윗과 함께 하고 있다는 것을 확실히 깨달았기 때문이었다.

사울이 다윗을 이토록 미워하고 두려워했지만 그가 민족의 영웅 다윗을 공개적으로 죽일 수는 없었다. 의로운 왕이며, 인재를 사랑하고, 백성을 귀하게 여기는 성군(聖君)이라는 자신의 이미지를 유지하고 싶었기 때문이고, 그래야만 백성들의 변함없는 지지를 받을 수 있기 때문이었다. 더욱이 자신이 왕궁에서 다윗을 향해 창을 던질 수 있는 또 한 번의 은밀한 기회가 쉽게 올 것 같지 않았다. 결국 그는 다윗을 멀리 전쟁터로 내보내, 그가 반드시 죽을 수밖에 없는 필사의 상황으로 몰아넣는 것이 최선의 방법인 것을 알았다. 사울은 아직 어리고 경험이 일천한 다윗에게 천부장의 지위를 전격적으로 수여했다. 다윗에 대한 자신의 적의를 감추려면, 자신이 다윗을 총애한다는 것을 보여주어야 했기 때문이다. 그리고 항상 칼과 더불어 밤을 지새워야 하는, 가장 위험한 최전방의 전쟁터로 파견했다. 다윗에게 천부장이라는 파격적인 지위에 걸 맞는 공을 세울 기회를 제공한다는 것이 사울의 핑계였다.

하지만 다윗에게 위기는 오히려 최고의 기회가 되었다. 사울이 아무리 어렵고 위험한 일을 맡기더라도, 다윗은 어디서나 지혜롭게 행하였다(삼상 18:14). 여기서 지혜롭다는 말은 히브리어 〈마스길〉이다. 주어진 상황에서 가장 나은 방법을 찾는다는 뜻이며, 최고의 이익을 얻는다는 뜻이다. 하나님께서 다윗과 함께 하셨기 때문에 다윗은 최악의 상황에서도 최고의 결과들을 얻어내었다. 최고의 결과들 중에서도 최고의 것은 온 이스라엘과 유다가 다윗을 사랑하게 되었다는 것이다. 사울이 적군들의 손을 이용해서 다윗을 죽일 요량으로 왕궁에서부터 최전선으로 내보냈는데, 다윗에게는 이것이 오히려 백성들과 접촉하는 기회요, 백성들에 자신의 뛰어남을 알릴 수 있는 기회가 되었다. 사울은 더욱 다윗을 두려워하게 되었다.

🔔 왕의 사위가 된 다윗(삼상 18:7-30)

사울에게 두 딸이 있었는데, 첫째는 메랍이요, 둘째는 미갈이었다. 사울은 자신의 딸들을 이용하여 다윗을 죽일 계획을 세웠다. 사울이 세운 차도 살인의 계획은 다윗에게 자신의 딸 메랍과 결혼시키겠다고 약속하고, 그 대가로서 다윗을 위험한 전쟁터로 내어보내는 것이었다. 그러나 사울과 다윗이 만나서 서로의 의중을 확인하는 동안, 메랍은 자신의 사랑을 찾아 결혼해버렸다. 딸을 이용해서 다윗을 죽여야겠다는 생각을 하고 있던 사울 그리고 왕의 사위가 되어서 누릴 화려한 생활을 꿈꾸던 다윗은 메랍을 야속하다는 듯 쳐다볼 수밖에 없었다.

이 와중에 사울의 신하들은 사울 왕이 다윗을 총애하여 왕의 사위로 맞아들이려고 한다는 생각을 갖게 되었다. 신하들은 사울의 둘째 딸 미갈이 다윗을 좋아한다는 것을 알고, 그것을 사울에게 알려주었다. 늦둥이로 태어난 공주 미갈은 아직 나이가 많지 않았는데, 잘생기고, 용사이며, 노래도 잘 부르고, 말 주변도 좋은 다윗을 보고 사랑에 빠졌다. 사울이 이 이야기를 들었을 때, 자신에게 좋은 기회가 찾아왔음을 알게 되었다. 사랑에 물든 처녀만큼 다윗의 맹목적 충성을 얻어내는데 좋은 유혹거리는 없을 것이다. 더욱이 메랍을 놓고 서로 줄다리기를 하던 경험이 있었기 때문에, 사울과 다윗은 시간을 지체하려고 하지 않았다. 사울은 신하들을 통해 은밀히 다윗에게 자신의 뜻을 전했다. 그러자 다윗은 자신이 무엇을 예물로 드려야 할 것인지 신하들을 통해 넌지시 사울에게 물었다. 사울은 미리 생각해 놓았던 대로 다윗에게 블레셋 사람 일백 명을 죽이고 그 증거물을 가져오라고 말했다. 다윗이 미갈에 대해 어떤 마음을 가졌는지 알 수 없으나, 성경은 다윗이 왕의 사위가 되는 것을 좋아했다고 말한다. 아직 젊고 공명심에 사로잡혀 있던 그가 사랑보다는 출세에 마음이 달았을 법하다.

왕의 총애를 받아서 큰 명예를 얻고 화려한 궁중 생활을 누릴 수 있다는 생각에 들뜬 다윗은 매우 적극적으로 행동했다. 하지만 다윗이 사울의 사위가 되기 위해 신부의 몸값을 마련하려고 하는 일에 사울의 부하들을 동원할 수는 없었다. 왕과 약속한 기간이 차기도 전에 그는 몇 명밖에 되지 않는 자기 부하들을 데리고 블레셋 영토 안으로 들어갔다(삼상 18:27). 그리고 사울이 요구한 숫자의 두 배에 해당하는 2백 명의 블레셋 사람들을 죽인 후 그 증거를 왕에게 가져다주었다. 사울은 다윗이 100 명이나 되는 블레셋 사람들을 죽이려고 애쓰다가 그 스스로 죽음의 함정에 빠질 것으로 생각했으나, 이번에도 사울의 계략은 어긋났다. 200명의 블레셋 사람들을 죽인 다윗이 아무 상처도 입지 않고 자랑스럽게 사울 앞으로 나아왔다.

사울이 다윗에게 블레셋 사람들을 죽인 증거로서 양피를 가져오라고 요구한 것은 블레셋 사람들은 할례를 받지 않기 때문에, 죽은 사람이 블레셋 사람인 것을 분명하게 드러낼 수 있기 때문일 것이다. 후일 다윗이 우리야를 죽일 때 사용했던 방법처럼, 사울 역시 다른 사람의 손을 빌려서 다윗을 죽이려고 했다. 그러나 다윗은 블레셋 사람 200명을 죽이고 왕의 사위가 되었으며, 자신의 신분을 크게 높이게 되었다. 블레셋의 장군들이 나와서 이스라엘과 싸울 때, 다윗은 자신의 능력을 확실하게 발휘했으며, 그의 명성은 날이 갈수록 높아져 하늘을 찌를 듯하였다.

2
방랑하는 다윗

(삼상 19:1-26:25)

2. 방랑하는 다윗

(삼상 19:1-26:25)

🔔 도망하는 다윗(삼상 19:1-21:15)

사울은 이와 같은 다윗을 매우 두려워하였고, 평생 동안 다윗을 적대시하였다. 사울은 다윗을 이대로 두어서는 위험하다고 생각하고, 아들 요나단과 신하들에게 다윗을 죽이라고 명령하였다. 그러나 다윗을 크게 아끼는 요나단이 사울의 명령에 대해 반발하였다. 왕이 한 번 선언한 결정에 영향을 미칠 수 있는 유일한 사람인 요나단이 자기편이라는 사실이 다윗의 목숨을 구했다. 요나단은 먼저 다윗을 은밀한 곳에 숨어 있게 하였다. 그리고 그 후 부친 사울을 찾아가서 다윗을 변호하면서, 다윗은 왕에게 충성을 다하고 있다는 점과, 블레셋과의 전쟁에서 하나님의 도구가 되어 이스라엘을 구원하였다는 두 가지 사실을 언급했다. 그리고 다윗에 대한 왕의 결정을 취소하여 주기를 청하였다. 사울은 격정에 차서 외치는 요나단의 말을 듣고, 다윗을 공개적으로 적대시하거나 죽이는 것은 힘들겠다고 판단하였다. 이미 다윗은 이스라엘 가운데서 적지 않은 명성을 떨치고 있었다. 무엇보다 다윗은 자신의 사위일 뿐만 아니라, 자신의 아들 요나단의 총애를 받고 있었다. 이런 상황에서 다윗을 죽이는 것은 사울 자신에 대한 백성들의 충성심을 약화시키고, 왕국의 내부에 혼란을 조장할 수 있었다. 그러므로 사울은 요나단에게 여호와께서 살아계시는 한, 다윗을 죽이지 않겠다고 맹세하였다. 효심이 지극한 요나단은 부친 사울이 충정으로 가득한 자신의 고언(苦言)을 진심으로 받아들였다고 생각했다.

하지만 사울의 말은 어디까지나 요나단을 진정시키고, 왕궁 내부의 혼란을 방지하려는 술수에 불과했다. 사울은 다윗에 대한 적개심을 누그러뜨리지 않았고, 오히려 시간이 갈수록 점점 강해지는 다윗에 대한 두려움으로 몸을 떨었다. 언제나 그렇듯이 전쟁이 다시 일어났고, 다윗은 여전히 자신의 탁월한 능력을 발휘했다. 블레셋은 용맹스런 다윗 앞에서 무력하게 도망할 뿐이었다. 그 모습을 본 사울은 조급하고도 악한 마음에 사로잡혔다. 요나단에게 다윗을 죽이지 않겠다고 맹세하였지만, 자신의 고질적인 병을 핑계로 삼는다면 다윗을 죽이고도 책임을 피할 수 있을 것으로 생각했다. 실제로 사울은 악한 영에 의해 분별력을 잃어버린 상태였다. 그러므로 그는 전쟁으로 인해 자신의 광증이 도졌다고 말하고, 다윗을 불러 수금을 타게 하였다. 그는 단창을 던져서 다윗을 벽에 박으려 하였으나, 또한 번 다윗은 구사일생 사울의 창을 피할 수 있었다. 다윗은 혼비백산하여 자신의 집으로 도망했다. 집에는 자신을 위해 물불 가리지 않는 아내이자 공주인 미갈이 있으므로, 미갈이 자신을 살려줄 것이라고 믿었기 때문이었다. 미갈은 밤중에 다윗을 창문으로 도망하게 했다. 그리고 마치 침대에 다윗이 누워있는 것처럼 꾸며서 다윗을 잡으려는 군사들의 추격을 아침이 될 때까지 늦추었다. 미갈의 도움으로 간신히 목숨을 건진 다윗은 라마에 거주하는 선지자 사무엘을 찾아가 몸을 의탁했다. 다윗의 이야기를 들은

02 | 방랑하는 다윗

사무엘은 상황이 매우 위험하다는 것을 깨닫고, 라마의 나욧(라마에 속하는 한 지역)으로 거처를 옮기고 선지자들의 무리를 방패삼아서 그들과 함께 거하였다. 사울이 이 소식을 듣고 군사들을 보내 다윗을 잡으려고 했지만, 하나님께서 그것을 허락지 않으셨다. 사울이 세 번이나 군사들을 보냈으나, 그 때마다 군사들은 선지자 무리들과 함께 황홀경에 빠져들었다. 마침내 사울이 직접 사무엘을 찾아왔지만, 그도 역시 황홀경에 빠져 하루 밤낮을 벌거벗고 누워서 이해할 수 없는 말을 떠벌였다.

다윗은 사무엘과 함께 선지자들 무리 속에 섞여서 자신을 죽이려 하는 사울에게서부터 잠시나마 피할 수 있었다. 하지만 그것은 어디까지나 임시방편이었고, 영구적인 해결책이 되지 못했다. 결국 다윗은 자신의 든든한 후원자인 요나단을 찾아갔다. 다윗이 요나단에게 가서 비통하고 억울한 심정으로 하소연했다. "내가 도대체 어떤 죄를 지었기에 당신의 부친이 나를 죽이려 합니까(삼상 20:1)?" 요나단은 다윗을 말을 들었을 때, 사울이 다윗을 죽이려 한다는 것을 잘 믿지 못했다. 왜냐하면 요나단은 자기 부친 사울이 과거 자신의 간절한 말을 듣고, 다윗에 대한 증오심을 깨끗이 씻어냈다고 생각하고 있었기 때문이었다. 요나단이 이렇게 생각하는 이유는 요나단 자신이 남에 대한 증오심을 오래 간직하는 사람이 아니기 때문이었다. 요나단은 타인을 미워하지 않았다. 그는 원수조차 사랑할 수 있는 사람이었다. 그러므로 요나단은 자기 부친도 그러할 것이라고 생각했다. 왜냐하면 자신을 보아 알 수 있는 것처럼, 사람이라면 당연히 선하고 자비로우며 순결한 마음을 가지고 있을 것이며, 무엇보다도 자신의 부친은 자신처럼, 아니 자신보다 큰 사랑을 갖고 있을 것이라고 믿었기 때문이었다.

하지만 세상에는 요나단 류(類)가 아닌 다른 종류의 사람이 존재하고 있다. 누군가를 한 번 미워하게 되면 끝까지 미워하는 사람이다. 베풀지는 않으면서 그저 밉게 보기만 하는 사람이다. 배고픈 것은 참아도 배 아픈 것은 못 참는다는 사람이다. 타인이 잘되는 것을 도무지 참을 수 없어서 잘될만한 싹은 미리 제거하기를 원하는 사람이다. 사울이 이와 같은 사람이었다. 그러므로 사울과 요나단은 서로를 사랑하고 아끼지만, 서로를 이해하지는 못한다. 서로를 알고 있다고 생각하지만, 사실은 자기의 관점에서 상대를 바라보고 있을 뿐이다. 요나단은 자기 부친 사울이 다윗을 미워하지 않을 것이라고, 무엇보다 다윗을 죽이지 않겠다는 약속을 어길 리 없다고 확신했다. 그러므로 요나단은 다윗에게 "절대 아니다. 네가 결코 죽지 않을 것이다(삼상 20:2)."라고 말한다. 요나단이 이렇게 자신 있는 것은 자기 부친 사울이 자신에게 아무 것도 감추지 않는다고 굳게 믿고 있었기 때문이었다.

요나단은 다윗을 위로하고 격려하기 위해 이렇게 말했다. 하지만 다윗은 요나단의 말을 듣고 애가 탈 수 밖에 없었다. 요나단은 상황의 긴박함을 전혀 깨닫지 못하고 있었다. 사실 다윗도 처음에는 사울의 의도에 대해 분명한 결론을 내리지 못했다. 그렇기 때문에 다윗은 사울이 두 번째로 창을 던져 자신을 벽에 박으려 했을 때, 다른 곳으로 도망하지 않고 미갈이 있는 집으로 도망했다. 왜냐하면 시간이 조금 지나면 사울의 마음이 진정될 지도 모른다고 여겼기 때문이다. 미갈 정도라면 자신을 구원할 수 있을 것이라고 여겼기 때문이다. 과거에도 비슷한 일들이 있었던 것이다. 그러나 사울이 병사들을 보내 미갈과 다윗이 있는 집을 지키게 하였을 때, 모든 것이 분명해졌다. 사울이 진심으로 다윗을 죽이려고 결심했다는 사실과, 그 결심은 너무나도 단호하여 바뀔 가능성이라고는 조금도 없다는 사실이 분명해졌다. 그러므로 미갈은 다윗의 목숨이 경각에 달린 것을 순간적으로 깨닫고, 다윗을 창문 밖으로 달아나게 만들었다.

사울은 다윗을 죽이기 위해 병사들을 여러 번 동원하는 것도 주저하지 않았다. 사울의 행동은 사람들에게 자연히 알려질 것이다. 그러나 사울은 자신의 계획을 알게 되는 사람들 중에서 마지막 사람은 요나단이 되어야 한다는 점을 분명히 인식하고 있었다. 결국 사울이 라마나욧까지 병사들을 보내고, 사울 자신도 그곳으로 찾아갔었음에도 불구하고, 요나단은 아직까지 자기 부친이 다윗을 죽이려 한다는 사실을 알지 못했다. 사울은 어떤 수단을 동원해서라도 다윗을 죽이려고 했고, 다윗을 죽인 뒤에야 요나단에게 그 사실이 알려지기를 원했다. 한편 요나단이 사울의 결심과 의도와 계획을 몰랐던 이유들 중에는, 요나단에게 정보가 새지 않도록 사울이 조심하였다는 것도 있지만, 그만큼 요나단이 사울을 믿고 있었다는 것도 있다. 사울은 다윗을 죽이지 않겠다고 요나단에게 약속했던 것이다. 그렇기 때문에 요나단은, 지금 당장 사울에게 발견되어 죽을 지도 모른다고 생각하고, 사냥꾼의 덫에 걸린 참새마냥 두려움에 떨고 있는 다윗에게, "절대 아니다."라고 말하면서 다윗의 애간장을 태우는 것이다.

사울의 눈을 피해 요나단을 찾아온 다윗은 상황의 심각성을 모르는 그에게 자신의 위험한 형편을 진솔하게 설명했다. 사무엘상 20:3 "진실로 여호와의 사심과 네 생명으로 맹세하노니, 나와 사망의 사이는 한 걸음 뿐이니라." 다윗의 이러한 말을 들었음에도 불구하고 요나단은 여전히 상황을 제대로 파악하지 못했다. 그러나 요나단은 다윗의 말을 무시하지 못하고, 부친 사울에게로 가서 그의 마음이 어떠한지 확인하겠다고 다윗에게 약속했다. 다윗을 향한 요나단의 마음은 그의 말에 잘 표현되어 있다. "네 마음의 소원이 무엇이든지 내가 너를 위하여 그것을 이루어주겠다." 다윗을 처음 만나는 순간부터 요나단은 다윗에게 무엇이든지 다 주고 싶은 마음이었다. 그는 다윗을 자기 생명처럼 사랑하였다. 자신이 아끼던 칼과 활과 군복과 겉옷과 허리띠를 다 주었다. 이미 다윗 때문에 자기 부친 사울에게 강하게 호소했던 적이 있었다. 이제 또 한 번 다윗을 위해서, 자신이 항상 존경하고 사랑하는 부친 사울에게 가야 했다. 요나단이 부친을 생각하는 마음은 그의 또 다른 말에서 잘 나타나고 있다. "여호와께서 내 부친과 함께 하신 것같이 너와 함께 하시기를 원한다(삼상 20:13)." 이 말처럼 요나단은 여호와께서 사울과 함께 하셨다고 확신했다. 그러면서 요나단은 여호와께서 다윗의 대적들을 지면에서 다 끊어버리실 것이라고 생각하고 있었고, 더 나아가 여호와께서 다윗의 대적들을 치시기를 기도한다(삼상 20:15, 16). 요나단이 이처럼 말하고 또 기도할 수 있는 이유는 사울이 다윗의 대적이 아니라고 굳게 확신하고 있기 때문이다.

요나단이 가서 사울을 만났을 때, 사울은 요나단에게 다윗에 관하여 물어보았다. 경건과 효심(孝心)의 대명사인 요나단이 사랑하는 다윗을 위해 그리고 역시 사랑하는 부친에게 거짓말을 해야 했다. "다윗이 베들레헴에 제사 드리러 가야한다기에 그를 자기 집으로 보내었습니다." 이 말을 들은 사울은 요나단의 말이 거짓이라고는 꿈에도 생각하지 못했을 것이다. 요나단이 자기에게 거짓을 말한다는 것은 사울의 사고 범위를 넘어서는 것이기 때문이다. 결국 요나단의 거짓말은 완벽하게 통했다. 만일 사울이 요나단의 말이 거짓이라는 것을 알았다면 어떻게 해서든 다윗이 숨은 곳을 알아내어 그를 죽였을 것이다. 하지만 사울은 요나단의 말을 듣고서 다윗이 자신의 손을 완전히 벗어나 도망쳐버렸다고 판단했다.

사울은 요나단이 다윗을 풀어주었다고 생각하고는 요나단을 향해 끓어오르는 분노를 참을 수 없었다. 심지어 그토록 사랑하고 믿었던 아들 요나단에게 저주와 욕을 퍼부었다. "패역부도의 계집의 소생아 네가 이새의 아들을 택한 것이 네 수치와 네 어미의 벌거벗은 수치 됨을 내가 어찌 알지 못하랴(삼상 20:30)." 광증을 갖고 있는 사울의 이미지에 걸맞은, 전율을 일으키는 짜릿한 독설이었다. 사울은 요나단이 아버지인 자신을 택하지 않고, 다윗을 택하였다는 사실에 스스로 큰 충격을 받았음에 틀림없다. 더욱이 사울이 다윗을 적대하는 이유는 다름 아니라 요나단이 잘되기를 바라는 부성애 때문이지 않은가! 그렇기 때문에 요나단의 이 같은 행동은 사울에게 더욱 뼈아픈 충격을 주었을 것이다. 사울은 다윗이 살아있는 한 요나단이 왕국을 상속할 가능성이 줄어든다는 것을 알았다. 그러므로 사울이 다윗을 죽이려 하는 것은 왕국을 요나단에게 확실하고도 안전하게 물려주기 위해서일 뿐이었다. 사울은 요나단을 위해 다윗을 죽이려 한다. 그러나 요나단은 이러한 부친의 진정을 알아주지 않았다.

그런데 부친 사울이 화를 내면, 아들 요나단은 더욱 공경하는 태도로 사울을 대해야 마땅하다. 적어도 사울이 기대하는 효자 요나단의 모습은 그러하였다. 그러나 요나단은 다윗을 죽여야 한다는 사울의 말에 대해서, 평소처럼 순종하고 공경하는 자세를 취하지 않았다. 오히려 그는 난생 처음으로 사울에게 반항하였다. "다윗이 죽을 일이 무엇입니까?" 요나단의 반항은 그나마 남아있던 사울의 정신적 안정을 송두리째 뽑아버렸다. 사울은 또다시 순간적인 광기에 사로잡혔다. 사울은 자신의 손에 들린 창을 요나단에게로 던지려 하였다. 그토록 완벽했던 부친과 아들의 관계가 마치 유리가 깨어지는 것처럼 한 순간에 산산조각 났다.

　요나단은 사울이 다윗을 죽이려고 한다는 것을 분명히 알게 되었다. 그후 그는 다윗을 비밀리에 만났다. 이 때 다윗은 요나단을 향하여 땅에 엎드려 세 번이나 절하며, 자신을 지금까지 돌보아준 요나단을 향해 깊은 감사를 표시했다. 일개 목동 다윗이 왕의 사위가 되고, 사령관으로 군대를 이끌고 전쟁에 나가 승리하며, 인기와 명예와 힘을 얻었던 것은 모두 요나단의 은혜라고 말할 수 있다. 요나단은 다윗의 멘토이며 후견인이었다. 비록 사울에게 쫓기는 신세가 되어 한치 앞도 내다 볼 수 없는 위험한 지경에 이르렀지만, 다윗에게 베푼 요나단의 은혜는 하늘보다 높았다. 다윗과 요나단은 서로 입을 맞추며 같이 울었는데, 다윗이 더욱 심하게 울었다. 요나단은 부친 사울에 대한 실망과 함께, 자신이 사랑하고 아끼는 다윗이 생사의 고비에 처하여 앞날을 기약할 수 없는 도피행을 시작한다고 생각하고는 안타까워서 터져 나오는 울음을 참을 수 없었다. 다윗은 자신의 신세가 처량하고 비참하여 눈물을 흘릴 수밖에 없었는데, 언제 죽을지도 모른다 생각하니 요나단보다 더 큰 소리로 통곡하게 되었다. 요나단은 여호와께서 다윗과 함께 계실 뿐만 아니라 자신과도 함께 계시기를 기원하면서, 다윗이 평안히 떠나가게 하였다.

　다윗은 경황없는 가운데서도 도주의 방향을 남쪽으로 잡았다. 왜냐하면

남쪽에는 자신에게 조금이라도 더 우호적일 것으로 기대되는 유다 지파가 자리 잡고 있었고, 무엇보다 자신의 가족들이 있기 때문이다. 그리고 사울과 전쟁하는 블레셋 사람들이 남쪽에 있었다. 원수의 원수는 친구라는 법칙에 따라, 다윗은 블레셋이 자신을 당분간이라도 도와주지 않을까 생각했다. 남쪽을 향하던 다윗은 먼저 놉에 가서 제사장 아히멜렉을 만났다. 놉의 정확한 위치는 알려져 있지 않지만, 아마도 예루살렘에서 북쪽 혹은 북동쪽으로 1-2km 정도 떨어져 있었다고 여겨진다. 놉은 제사장들의 성읍이라고 불리는데(삼상 22:19), 아마도 법궤를 빼앗기고 실로가 파괴될 때(삼상 4:11) 도망한 제사장들이 새롭게 정착한 곳으로 생각해 볼 수도 있다. 이사야 선지자는 아시리아 왕 산헤립이 유다를 침공할 때 잠시 머무는 장소가 놉이라고 언급한다(사 10:28-32). 산헤립은 놉에서 예루살렘을 바라보면서, 예루살렘이 자기 손아귀에 들어왔다는 표시로 손을 흔들었다. 바빌론에서 포로 생활을 끝내고 돌아온 사람들 중 일부는 놉에 거주했었다(느 11:32). 제사장 아히멜렉은 아히둡의 아들이다(삼상 22:9). 이가봇의 형제인 아히둡은 비느하스의 아들이고 따라서 엘리의 손자인데, 아히야의 아버지로도 묘사된다(삼상 14:3). 따라서 아히멜렉이 아히야와 동일 인물이라고 간주하는 사람들이 있지만, 그 두 사람은 형제일 것으로 여겨진다. 어떤 경우든 상관없이 아히멜렉은 엘리 제사장의 증손자였다.

아히멜렉은 떨면서 다윗을 맞이했다. 사울의 제사장인 아히멜렉은 사울이 다윗을 죽이려 한다는 것을 이미 알고 있었기 때문에, 자신을 찾아온 다윗을 보고 두려워하지 않을 수 없었다. 다윗을 돕는다면 사울을 배반하는 것이고, 사울의 책망과 미움을 받을 수밖에 없을 것이다. 그러나 다윗을 배척한다면, 그의 분노를 사기 쉬웠다. 궁지에 몰린 쥐와 같은 신세가 된 다윗이라면 혹시 제사장인 자신을 해칠 수도 있지 않을까? 사울은 멀리 있지만 다윗은 바로 자신의 눈앞에 있다. 결국 아히멜렉은 다윗을 돕기로 결정했다. 사울에게 변명할 내용을 생각하는 것은 전혀 어렵지 않았다.

다윗이 아히멜렉에게 자신은 왕의 명령을 받아 길을 가고 있는 중이라고 거짓을 말하면서, 음식과 무기를 구했다. 아히멜렉은 다윗이 거짓말을 한다는 것을 알고 있었지만, 그것을 내색할 만큼 어리석지 않았다. 다윗도 아히멜렉이 자신의 말을 믿을 것이라고 생각하고 그렇게 말한 것은 아니다. 만일 다윗이 사울과 자신이 서로 원수가 되었다는 사실을 솔직하게 이야기 했다면, 아히멜렉은 정말 목숨을 걸고 다윗이나 사울 두 사람 중 한 편을 택해야 한다. 이것은 아히멜렉이 감당할 수 없는 과도한 부담을 그에게 지우는 것이다. 다윗이 이렇게 거짓말을 해주어야만 아히멜렉은 사울과 다윗 두 사람에게 모두 충성스러운 자로 남을 수 있다. 또한 아히멜렉은 이와 같은 다윗의 거짓말에 근거하여 나중에 사울에게 그럴듯하게 변명할 수 있을 것이다. 더욱이 에돔 사람이며 사울의 목자장이었던 도엑이 하필 그 자리에 있었다. 그리고 그가 아히멜렉과 다윗 사이에 오가는 말을 듣고 있었으므로, 이 두 사람은 아주 조심스럽게, 마치 진짜인 것처럼 연기해야 했다. 아히멜렉은 다윗에게 음식과 칼, 그 동안 보관하고 있던 골리앗의 칼을 주었다. 다윗은 가까스로 기운을 차리고 무사히 블레셋 땅까지 도망할 수 있었다.

다윗은 블레셋의 도시들 중에서 가장 세력이 큰 가드의 왕 아기스를 찾아갔다. 다윗은 자신이 사울과 원수가 되었기 때문에 블레셋 사람들이 자

신을 환영하지 않을지라도, 적어도 적대시하지는 않을 것으로 생각했었
다. 그러나 다윗은 자신이 블레셋 사람들에게 아주 미운 존재가 되어있다
는 사실을 충분히 인식하지 못하고 있었다. 과거 다윗이 죽였던 골리앗이
블레셋 사람이었는데, 바로 자신이 찾아온 도시 가드의 출신이었다. 지금
다윗이 들고 있는 칼이 다름 아닌 가드의 영웅 골리앗의 칼이다. 그러나
다윗이 골리앗을 죽였다는 사실은 블레셋 사람들에게 그다지 중요하게 생
각되지 않았다. 골리앗이 거인으로서 특별한 사람이기는 했지만, 블레셋
통치자들 입장에서는 평범한 용사들 중의 한 사람에 불과하였기 때문이
다. 하지만 아기스의 신하들은 다윗이 주인공이 된 한 노래를 기억하고 있
었다. "사울이 죽인 자는 천천이고, 다윗은 만만이로다." 아기스의 신하들
은 다윗이 바로 이 노래에서 칭송되고 있는 이스라엘의 왕이라고 말했다.
다윗을 왕이라고 부르는 것은 블레셋 사람들이 다윗을 사울보다 더 무서
운 적으로 여기고 있었기 때문이다.

　다윗은 블레셋의 신하들이 아기스 왕에게 하는 말을 듣고서 패닉 상태
에 빠져들었다. 다윗의 기대와는 달리 다윗이 사울의 원수가 되었다는 사
실은 아직 블레셋 사람들에게 알려지지 않았다. 아뿔싸, 다윗은 너무 빨리
블레셋으로 왔다. 다윗은 여전히 사울의 군대를 대표하면서 이스라엘 사
람들이 가장 좋아하는 장수이며, 블레셋 사람들에게 가장 위험한 적이며,
그들이 가장 증오하는 원수로 인식되고 있었다. 비로소 자기가 호랑이 입
속으로 스스로 뛰어들었다는 것을 깨달은 다윗은 사울의 창 앞에서조차
유지할 수 있었던 한 조각 평정심조차 잃어버렸다. 그는 미친 사람처럼 눈
동자를 희번덕거리며, 대문짝에 몸을 비비면서 수염에 온통 침을 흘렸다.

본능적으로 떠올린 임기응변이었지만 다윗의 연기는 완벽했다. 아기스는 다윗의 꼴을 더 이상 쳐다보려고도 하지 않고, 미치광이를 바깥으로 내쫓으라고 명령했다.

🏺 세력을 형성한 다윗(삼상 22:1-5)

블레셋의 손아귀에서 간신히 빠져나온 다윗은 더 이상 갈 곳이 없었으므로, 결국 아둘람 굴로 피신했다. 아둘람 굴의 정확한 위치는 알려지지 않았다. 하지만 베들레헴에서 그리 멀지 않은 곳에 있는 바위산 속에 있을 것이다. 다윗의 가족과 친척들도 사울의 보복을 피해 그곳으로 와서 다윗과 합류했다. 그리고 사회의 중심부에서 밀려난 사람들, 빚진 자들, 압제를 받으며 착취당하고 있던 자들, 마음이 원통한 사람들이 소문을 듣고 다윗에게로 모여들었다. 이제 다윗과 함께 하는 사람들의 수가 400명가량 되었다. 뜻하지 않게 사람들이 모여들자 다윗은 그들의 두령이 되어서 자신의 세력을 조직화하고 확대하려는 생각을 품게 되었다. 만일 어느 정도 힘이 있다면, 사울에게서 무작정 도망치기보다, 사울의 견제 세력이 되어서 그와 공존할 수도 있을 것이다. 이것은 사울의 손에서 살아남기 위해서 다윗이 택할 수 있는 최상의 방법이었다.

하지만 400명 정도가 모인 이후로는 한 동안 더 이상 사람들이 다윗을 찾아오지 않았다. 왜냐하면, 비록 왕정이 시작된 지 오래지 않았음에도 불구하고, 사울의 왕국은 상당히 안정되어 있었기 때문이다. 12지파가 모두 사울에게 충성하고 있었다. 뿐만 아니라 사울은 나름대로 여호와 신앙에 충실하면서 동시에 어떤 집단에 대해서도 차별하지 않고 공평무사하게 나라를 다스리려고 노력했다. 무엇보다 사울의 왕국을 일치단결하게 한 것은 요나단이 사울의 후계자였다는 점이다. 설혹 사울에게 부족한 점을 발견하는 사람들이라고 하더라도, 그들은 멀지 않은 때에 사울을 계승하여 왕이 될 요나단을 확실하게 믿었다. 요나단의 용기, 여호와께 대한 신앙, 민족애, 희생정신, 그리고 고결한 인품과 같은 특성들이 백성들로 하여금 사울의 왕국에 대해 강한 애착과 신뢰를 갖게 만들었다. 그러므로 사울은 이와 같은 충성심을 바탕으로 하여 강한 힘을 소유할 수 있었다. 더욱이 블레셋이 호시탐탐 이스라엘을 위협하고 있는 전시상황에서 개인적인 불만 때문에 사울에게 대항하여 나라를 위기에 빠뜨리기를 원하는 사람들은 그다지 많지 않았다.

다윗은 일단 자신에게 모여든 피압제자들, 불평분자들, 혹은 사회 부적응 자들 400명의 두령이 되는 것으로 만족해야 했다. "환난당한 모든 자와 빚진 자와 마음이 원통한 자가 다 그에게로 모였고 다윗이 그 장관이 되었다." 시간만 충분하다면 조금은 더 모일 수 있겠지만, 다윗에게는 그와 같은 여유가 없었다. 그리고 기껏 400명으로 사울에게 용감하게 대항할 자신이 없었으므로, 다윗은 아예 이스라엘 지역을 벗어나 모압 왕에게 피신하기로 결심했다(삼상 22:3). 모압 왕은 다윗의 부탁을 받고, 그와 그의 사람들을 일시적으로 자신의 성채에 받아들였다. 모압의 왕은 다윗의 증조모가 모압 여인 룻이라는 점을 생각하여 다윗에 대해 우호적이었을 수 있다. 그러나 무엇보다도 사울이 모압과 전쟁하였다는 사실이 모압 왕으로 하여금 사울에게 대항하는 다윗을 쉽게 받아들일 수 있게 만들었을 것이다(삼상 14:47).

하지만 다윗이 모압 땅에서 사울을 피해있는 것은 하나님의 뜻이 아니었다. 하나님의 말씀을 대언하는 선지자 갓이 다윗에게 모압 땅에 머물지 말고 유다 땅으로 들어가라고 조언했다. 왜냐하면 모압 땅은 사해 건너편에 있어서, 이스라엘 백성들의 시야에서부터 벗어나 있는 지역이기 때문이다. 다윗이 모압 땅으로 들어가 거주하게 되면 점차 그는 이스라엘 백성의 관심에서부터 멀어질 수밖에 없다. 물론 다윗은 어느 지역보다도 모압에서 안전할 것이다. 모압 왕에게라면 자신의 가족들을 믿고 맡길 수 있을 것이다. 하지만 미래의 왕 다윗은 비록 도망하더라도 이스라엘 백성들의 눈길이 미치는 지역 안에서 도망해야 했다. 이스라엘 백성이 항상 다윗을 주목하고 있어야 했다. 다윗은 잊히지 않아야 한다. 그것이 현재는 고통스럽겠으나 멀지 않은 미래에는 유익할 것이다. 그리고 다윗은 가능하면 자신이 속해 있는 유다 지파의 땅에 가까이 있어야 할 필요가 있다. 유다 지파가 비록 공개적으로는 다윗을 지지할 수 없겠지만, 은밀한 가운데 다윗을 도울 수 있을 것이다. 설혹 돕지는 못하더라도, 유다 지파가 적어도 다윗을 적대시하지는 않을 것으로 기대되었다. 더군다나 유다 지파의 땅 안에는 험한 산지들과 바위 동굴들이 많아서 은신처로 삼기가 적당했다.

또한 다윗은 사울의 왕국을 조금 흔들어놓아야 했다. 사울은 왕이 된 이후 항상 군사력을 강화하는 일에 최선을 다했다. 그는 힘 있거나 용감한 자들에게 좋은 대우를 약속하며 자신의 군대 안으로 불러들였다(삼상 14:52). 이렇게 강화된 사울의 군대는 승승장구(乘勝長驅)했다. 요나단이

선봉에 섰고, 든든한 장수들이 그 뒤를 받쳤고, 최고의 용사 사울이 사령
관이었다. 사울은 이스라엘 주변의 모든 민족들, 아말렉, 모압, 암몬, 에
돔, 소바 뿐만 아니라 블레셋까지 무찔렀고, 이스라엘을 약탈하는 자들의
손에서부터 구원하였다(삼상 14:47-48). 사울에 관하여 사무엘에게 말씀
하신 하나님의 약속이 성취되었다. "내일 이맘때에 내가 베냐민 땅에서 한
사람을 네게 보내리니 너는 그에게 기름을 부어 내 백성 이스라엘의 지도
자를 삼으라. 그가 내 백성을 블레셋 사람의 손에서 구원할 것이다. 내 백
성의 부르짖음이 내게 상달하였으므로 내가 그들을 돌아보았노라(삼상
9:16)."

그러나 하나님으로부터 버림받은 사울의 왕국이 계속하여 성장하고 강
해지는 것은 곤란하다. 하나님은 이미 왕국을 사울에게서부터 떼어내어
새로운 왕에게 넘기시겠다고 선언하셨다(삼상 15:28). 그리고 사무엘이 하
나님의 뜻을 받들어서 다윗에게 기름을 부었다. 그러므로 하나님께서 사
울을 통하여 이루시고자 하셨던 일이 성취된 후, 사울의 왕국이 더 이상
존재해야 할 이유가 사라졌다. 이제부터 중요한 것은 자연스러운 방법으
로, 그리고 순조롭게 왕국이 다윗에게로 넘어가야 한다는 점이다. 그리고
그 과정의 주인공은 다윗이다. 다윗은 사울의 왕국이 더 이상 안정되지 못
하도록 뒤흔드는, 다시 말하여 맑은 연못을 진흙탕으로 만드는 일어탁수
(一魚濁水)의 사명을 수행해야 했다. 사울이 다윗을 쫓는 동안, 사울의 군
대는 자신들의 주적(主敵)이 누구인지 혼란을 겪게 될 것이다. 그리고 그
군대는 이방민족으로부터 이스라엘을 구원한다는 본연의 사명을 상실한
채 안으로부터 서서히 붕괴되어 갈 것이다. 혹시 다윗이 이방인의 땅으로

다시 피신하게 된다면, 그것은 사울의 군대가 충분히 약화되었을 때일 것
이다.

🧄 사울의 분노(삼상 22:6-23)

　다윗은 자기 사람들을 이끌고 다시 가나안 땅에 들어왔다. 이 소식을 들
은 사울은 자신의 신하들을 기브아로 불렀다. 그 당시 사울의 신하들, 특
히 핵심적인 역할을 하는 신하들 중 다수가 베냐민 지파였을 것이지만, 다
윗 역시 사울의 최측근이었듯이 다른 지파에 속하는 신하들도 상당수 있
었을 것이다. 그런데 사울은 모든 신하들을 소환한 것이 아니라, 자신의
수족이라고 생각하는 베냐민 지파에 속한 신하들을 기브아로 소환했다(삼
상 22:7). 물론 요나단에게는 이 모임에 대해 철저하게 비밀에 붙였다. 베
냐민 지파의 신하들 외에는 이방인이지만 사울의 깊은 신뢰를 받는 도엑
과 같은 일부 사람들만 이 자리에 참여했다. 이와 같이 사울이 선별적으
로 신하들을 소집한 것은 다윗을 죽이려는 계획을 아직까지 많은 사람들
에게 공개할 필요가 없다고 생각했기 때문이다. 더욱이 사울은 다윗을 죽
이기 위해 수단방법을 가리지 않고, 극악한 행동까지도 불사하겠다고 결
심한 상태였다. 그러므로 이 회합은 가능한 가장 가까운 신하들만으로 구
성되어야 했다. 만일 자신의 계획이 공개된다면, 심각한 반발이 생길 수도
있을 것이다.

　사실상 사울이 다윗을 죽이려하는 것에 대해 정면으로 반대하지는 못하

지만 동조하지 않는 사람들이 다수 있었다. 심지어 베냐민 지파의 신하들까지도 다윗을 죽이는 일에 소극적이었다. 이렇게 된 것에는 사울 자신이 기여한 바가 있었다. 사울은 과거 다윗을 죽이려했다가도 잠시 시간이 지난 뒤에는 다윗을 다시 사령관으로 삼을 뿐만 아니라, 심지어 자신의 사위로 맞이하는 변덕을 보였기 때문이다(삼상 18:10-29). 다른 이유들도 있다. 신하들은 얼마 있으면 왕이 될 것이 분명한 요나단이 다윗을 보호하고 있다는 사실을 무시할 수 없었다. 다윗을 적대시하는 사람은 요나단의 원수가 될 것이다. 뿐만 아니라 다윗은 왕의 사위였고, 백성들의 열렬한 지지를 받고 있었다. 이와 같은 다윗을 죽이려는 일에 누구도 적극적으로 나서려 하지 않았다. 지금 사울이 다윗을 죽이려고 하지만, 시간이 지나면 왕의 사위 다윗이 다시 사울의 총애를 받게 될 가능성이 여전히 남아 있다고 생각했다. 그러므로 이러한 상황에서 다윗과 원수가 되기 원하는 사람들은 그다지 많지 않았을 것이다. 사울의 신하들, 베냐민 지파의 신하들조차 다윗의 움직임을 소상하게 알고 있음에도 불구하고, 사울에게 제대로 보고하지 않았던 것도 같은 이유 때문이었다.

왕의 소집령에 따라 신하들이 모였을 때, 사울은 위협적인 자세로 자신의 창을 들었다. 전쟁터에서 적군을 무자비하게 찔러 죽였던 바로 그 창을 들고, 내장을 태우며 치솟는 열기로 인하여 얼굴을 붉게 물들이고서 신하들을 향해 분노를 터뜨렸다. "너희 베냐민 사람들아, 들어보아라! 이새의 아들이 너희에게 포도원을 주겠느냐, 밭을 주겠느냐? 너희를 천부장, 백부장으로 삼겠느냐(삼상 22:7)?" 사울은 베냐민 지파의 지파 감정을 부추기면서, 다윗에 대한 환상을 깨뜨리려 하였다. "너희들이 좋아하는 다윗은 베냐민 지파가 아니다. 그는 이새의 아들이며, 보잘것없는 가문 출신이다. 다윗을 도운다고 하더라도, 그는 너희에게 어떤 선물도 줄 수 없고, 주려고도 않을 것이다. 그런데도 너희는 모두 서로 짜고서 나를 배반했다." 그리고 사울의 명령을 어기고 다윗을 돕는 것은 사울의 왕권에 대한 도전이며 반란에 해당한다고 선언하면서, 반란의 선봉에 자기의 아들 요나단이 있다고 한탄했다. 비록 요나단이 거기에 가담했다고 할지라도, 다윗의 반란에 대해 자신에게 아무도 보고하지 않았다고 사울이 말하는 것은 신하들에 대한 살벌한 협박이었다.

사울의 위협적인 기세에 모든 신하들의 마음이 두려움으로 얼어붙었는데, 이 때 에돔 사람 도엑이 나섰다. 도엑은 다윗이 놉에서 제사장 아히멜렉으로부터 음식과 칼을 제공받았다고 사울에게 보고했다. 분노한 사울이 놉에 사람을 보내어 아히멜렉을 포함하여 그곳의 모든 제사장들을 불러들였다. 그리고 사울은 아히멜렉에게 다윗을 도운 것은 왕에 대한 명백한 반역행위라고 선언했다. 아히멜렉은 사울의 부름을 받을 때부터, 아니 애초에 다윗을 도울 때부터 이와 같은 상황을 예상하고 있었다. 그러므로 그는 두려워하는 가운데, 침착성을 유지하면서 미리 준비해두었던 대로 대답했다. "제가 다윗을 도운 것은 다윗이 왕의 사위이고 왕의 총애를 받는 경호대장[개역. 모신]이기 때문입니다. 다윗이 왕을 배반했다는 것을 저는 조금도 알지 못했습니다(삼상 22:14-15)."

아히멜렉의 변명은 사울에게 통하지 않았다. 사울은 여호와의 제사장들이 다윗을 도와서 반역을 도모했으므로, 그들을 죽이라고 자신의 측근들에게 명령했다. 그러나 사울의 신하들은 왕의 명령에도 불구하고 여호와의 제사장들을 죽이려고 하지 않았다. 자칫 여호와의 분노를 살까 두려 웠기 때문이다. 그러자 사울은 에돔 사람인 도엑에게 제사장들을 죽이라 고 명령했다. 여호와를 두려워하지 않는 이방인 도엑이 칼을 들어 제사장 들을 죽이는데, 아마도 자기가 데리고 있던 심복들과 함께 하였을 것이다. 도엑과 그의 부하들이 제사장들만 85명을 죽였고, 그 외에 놉에 거주하는 모든 사람들 남녀노소를 불문하고 다 학살했으며, 심지어 소와 나귀와 양 들까지 진멸하였다. 과거 사울은 아말렉을 진멸하라는 여호와의 명령에도 불구하고 아각 왕과 가축 떼 중의 좋은 것들을 살려두었던 바가 있었다. 그러나 지금 사울은 여호와의 제사장들과 그들의 가족을 갓난아기까지 처 형할 뿐만 아니라, 그 마을에 있던 모든 가축 떼를 도살하기까지 조금의 거리낌도 보이지 않았다. 사울에게 있어서 가장 중요한 것은 여호와의 명 령을 순종하는 것이 아니라, 자신의 왕권을 유지하는 것임이 분명하게 드 러났다.

사울이 이방인들을 동원하여 놉의 제사장들을 모조리 죽일 때 간신히 목숨을 건진 단 한 명의 사람이 있었는데, 그는 제사장 아히멜렉의 아들 아비아달이었다. 가족과 친척이 무자비하게 학살당하는 아비규환 속에서 기적적으로 피신할 수 있었던 아비아달은 필사적으로 도망하여 마침내 다 윗에게 자신의 몸을 의탁할 수 있었다. 다윗은 아히멜렉과 모든 제사장들 이 죽임을 당한 것에 대해서 자신의 책임을 통감하였다. 사울의 잔인성은 다윗이나 모든 이스라엘 사람들의 상상을 초월한 것이었다. 일이 이렇게 까지 진행될 줄을 전혀 생각하지 못하였었지만, 다윗은 자신의 부주의한 행동으로 인해 전무후무한 살육이 자행된 것에 대해 뼈저린 아픔을 느껴야 했다. 그는 아비아달에게 "내가 목숨을 걸고 너를 보호할 것이니 나와 함께 있어라." 하고 말했다(삼상 22:22-23). 이 사건의 결과로서, 사울은 여호와의 은총을 영원히 잃게 되었다. 그러나 다윗은 제사장 아비아달을 얻었을 뿐만 아니라, 그가 가져온 에봇 속의 우림과 둠밈을 통해 하나님의 뜻을 물을 수 있게 되었다.

🔔 쫓고 쫓기는 사울과 다윗(삼상 23:1-29)

다윗이 도망 다니는 동안, 블레셋 사람이 유다 지파에 속한 그일라를 공격하였다(수 15:44). 그일라는 세펠라라 불리는 남쪽 지역에 위치해 있는 성읍으로서, 이스라엘과 블레셋의 접경에 자리 잡고 있었다. 블레셋이 그일라를 점령하고 유다 지파 사람들의 곡식을 약탈한다는 소식을 들었을 때, 다윗은 여호와의 뜻을 물어보았다. 여호와께서는 다윗에게 블레셋 사람들과 싸워서 그일라를 구원하라는 뜻을 보여주셨다. 하지만 다윗의 부하들이 다윗을 만류하였다. 왜냐하면 이미 그일라는 블레셋 사람들의 영토가 되었고, 만약 다윗이 훈련도 되지 않은 적은 수의 사람들을 이끌고 그일라에 갔을 때 블레셋 군대의 집중적인 공격을 받아 전체 무리의 목숨이 위험에 빠질 수 있기 때문이었다. 다윗은 부하들의 말이 일리 있다고 생각하고, 여호와께 다시 물어보았다. 그러자 여호와께서는 다윗이 블레셋 사람과의 전쟁에서 승리하게 만들어주시겠다고 약속하시면서, 그에게 힘을 주셨다. 그러므로 다윗이 용기를 내어 사람들을 이끌고 그일라를 공격하였는데, 그는 하나님의 약속대로 큰 승리를 거두고 그일라 사람들을 구원할 수 있었다. 다윗은 블레셋을 쫓아내고, 일시적이나마 그일라를 자신의 요새로 만들 수 있었다.

하지만 사울이 이 소식을 들었을 때, 그는 다윗이 더 이상 바위틈 사이에서 자유롭게 이동하지 않고 스스로 요새에 갇힌 신세가 되었다고 생각했다. 사울의 판단은 정확했다. 사울은 급히 군대를 이끌고 내려가서 다윗을 잡으려 하였다. 사울이 군대를 이끌고 내려오고 있다는 것을 알게 된 다윗은 다시 한 번 아비아달에게 말하여 여호와의 뜻을 물어보게 하였다. 여호와께서는 다윗에게 그일라 사람들이 다윗을 배반하여 그를 사울의 손에 넘길 것이라고 말씀하셨다. 이것은 다윗에게 큰 실망을 안겨 주었다. 그일라는 유다 지파의 성읍이면서, 블레셋의 지배를 받던 중 다윗에 의해 구원받았다. 그런데 그일라가 자신을 구원한 같은 지파 다윗을 버리고, 사울의 편이 되기로 선택했다. 이 사실은 유다 지파를 포함한 12지파 전체의 왕으로서 사울의 왕권이 여전히 확고부동하다는 것을 보여준다.

다윗은 그일라를 떠나 도망해야 했다. 이 때 약 600명의 사람들이 다윗과 함께 했다. 다윗은 사울을 피해 십Ziph 황무지 수풀에서 돌아다녔다. 십은 헤브론의 동남쪽에 있는 성읍으로서 에돔과 가까운 곳이었다. 다윗이 십 수풀에 숨어 있을 때, 요나단이 비밀리에 그를 찾아왔다. 거기서 요나단은 다윗이 하나님을 의지하여 용기를 가질 수 있도록 격려했다. 그리고 요나단은 다윗이 이스라엘의 왕이 될 것이며, 자신은 기꺼이 다윗의 신하가 될 것이라고 말했다. 신앙이 독실하고, 하나님의 뜻에 민감한 요나단은 하나님께서 다윗을 왕으로 세우실 것임을 이미 알고 있었기 때문이다.

요나단은 이스라엘을 위해 항상 싸워왔고, 하나님과 그분의 백성을 위해
서라면 언제든지 자신의 생명을 내어놓을 수 있었지만, 그것이 자신의 야
망이나 욕심을 위한 것은 아니었다. 그는 자신의 헌신에 대한 보상이 있어
야 한다고 생각하지 않았다. 그는 단지 섬기는 것으로 만족하였고, 섬길
수 있다는 사실이 그에게 가장 큰 행복이었다. 그러므로 하나님께서 사울
과 자신을 버리시고 다윗을 택하셨다는 것을 알았을 때, 요나단은 일말의
원망도 없이 하나님의 뜻에 철저하게 순종하였다. 그는 다윗을 죽이려하
는 사울을 가로막을 수 없는 것을 슬퍼하면서, 스스로는 다윗의 추격에 결
코 참여하지 않았다.

십 사람들은 유다 지파에 속한 사람들이었는데, 이전에 그일라의 유다
사람들이 그러했던 것처럼, 그들 역시 다윗을 배반했다. 십 사람들은 한
편으로는 다윗을 안심시키면서, 은밀하게 기브아의 사울에게 사람들을 보
내 다윗의 행적을 알려주었다. 그들은 사울에 대한 충성심을 보여주었다.
"십 사람들이 기브아에 이르러 사울에게 나아와 가로되 다윗이 우리와 함
께 광야 남편 하길라 산 수풀 요새에 숨지 아니하였나이까? 그러므로 왕은
내려오시기를 원하시는 대로 내려오십시오. 그를 왕의 손에 붙일 것이 우
리의 의무입니다(삼상 23:19-20)." 사울은 다윗을 "유다 지파 가운데서"
잡을 수 있도록, 십 사람들의 도움을 요청했다(삼상 23:23). 다윗은 사울
에게서 피할 수 있도록 유다 지파가 자신을 도와주기를 바랐으나, 사울은
오히려 유다 지파가 사울 자신을 도와서 다윗을 죽일 수 있게 해주기를 기
대했다. 현실에 있어서 유다 지파는 다윗이 아니라 사울의 기대에 부응했
다. 그만큼 사울의 왕국은 흔들리지 않았고, 12지파 전체가 사울의 통치에

복종하고 있었다. 유다 지파가 다윗의 행적을 낱낱이 사울에게 보고하였을 때, 다윗은 다시 한 번 풍전등화(風前燈火)의 신세가 되었다. 어디에도 피할 곳은 없었다. 유다 지파가 자신을 거부했지만, 그렇다고 해서 다윗이 다른 지파의 땅으로 갈 수도 없었다. 그것은 다윗의 형편을 더욱 위태롭게 만들 뿐이기 때문이다. 마침내 다윗의 움직임이 사울에게 환하게 드러났고, 사울은 다윗의 은신처를 급습하였다. 하지만 이 위기일발의 순간에 하나님께서 개입하셨다. 하나님께서는 블레셋 군대를 동원하여 이스라엘의 영토를 침범하게 만드셨다. 사울은 블레셋의 침공으로 고난을 겪어야 하는 이스라엘 백성을 외면할 수 없었다. 여전히 사울은 이스라엘 백성의 신뢰와 존경을 받는 왕이었기 때문이다. 사울은 독 안의 쥐 같은 다윗을 죽이는 것을 포기하고 군대를 이끌고 블레셋과 싸우기 위해 떠났다.

유다 지파가 자신을 도울 것이라고 믿는 다윗의 헛된 기대감은 다윗 평생에 걸쳐서 나타난다. 그러나 마치 선지자가 자기 고향에서는 존경을 받을 수 없는 것처럼, 다윗은 유다 지파의 인정을 받지 못했다. 사실상 유다 지파는 다윗이 어떤 인물이라는 것을 어느 다른 지파들보다도 잘 알고 있었다. 다윗은 그의 부친과 형제들조차 인정하지 않았던, 보잘 것 없는 자 아도취적 한량(閑良)이라는 것이 유다 지파가 다윗에 대해 가지고 있었던 일반적인 인식이었다. 그러나 유다 지파가 다윗을 인정하지 않으면 않을수록 다윗은 병적으로 더욱 유다 지파에 집착했다. 왜냐하면 자신의 친족인 유다 지파의 인정을 받아내는 것, 오직 그것만이 부친으로부터 그리고 형제들로부터 받았던 무시와 냉대 그리고 조롱으로 인해 다윗의 마음 깊은 곳에 유년기부터 새겨져있던 상처를 치유할 수 있을 것이기 때문이다.

다윗의 무의식 속에서 유다 지파는 아버지와 형들의 자리를 대신하고 있었다. 따라서 다윗은 비록 자신의 마음속에 어떤 상처가 있는지 구체적으로 알지는 못했지만, 본능적으로 유다 지파의 사랑을 갈망했다.

🔔 엔게디(삼상 24:1-22)

사울은 한동안 블레셋 사람들을 추격하다가 자신의 왕궁으로 돌아왔다 (삼상 24:1). 이 때 사람들이 사울에게 다윗이 엔게디에 있다는 정보를 알려주었다. 엔게디는 "염소의 샘물"이라는 뜻으로서, 현재는 아인지디라고 불린다. 이 장소는 사해의 서해안 중부에 위치해 있다. 사울은 전체 이스라엘 가운데 특별히 3천 명의 유능한 군사들을 선발한 뒤, 다윗을 죽이기 위해 엔게디의 험준한 바위언덕들을 향했다. 마침 큰 굴이 있는 것을 발견한 사울이 병사들을 뒤에 남겨두고 "발을 가리기 위해" 그곳으로 들어갔다. "발을 가린다."라는 표현은 "용변을 보다."라는 뜻이다. 그런데 그 굴속 깊은 곳에는 다윗과 그의 부하 몇 사람이 숨어 있었다. 사울을 죽일 수 있는 최고의 기회가 다윗에게 찾아왔다. 사울은 자기 부하들로부터 떨어져서 아무런 경계심 없이 무방비 상태로 혼자 있었기 때문이다. 다윗의 부하들은 사울이 용변을 보는 동안 그를 죽여야 한다고 다윗에게 말했다. 그들은 지금 사울을 죽이는 것이야말로 여호와 하나님의 뜻이라고 주장했다.

많은 경우에 하나님께서는 상황을 통해 그분의 뜻을 드러내신다. 다윗에게 닥친 모든 형편과 조건은 지금 사울을 죽이는 것이 하나님의 뜻이라

고 가르치고 있었다. 더욱이 주변에 있는 부하들이, 그들 역시 하나님을
경외하는 성도들이었는데, 이구동성으로 이것이 하나님의 뜻이라고 강하
게 충고하고 있다. 하지만 상황을 통하여 주어지는 하나님의 인도와 사탄
의 유혹은 때로 구분하기가 쉽지 않다. 그러므로 다윗은 상황이 이끄는 대
로 행동하지 않았다. 그는 먼저 하나님의 영광을 생각했고, 그 후에 신앙
에 근거하여 자신의 상황을 분석했다. 사울을 죽인다면 자신의 험난한 도
피생활이 끝날 수 있을 것이다. 자신의 가족과 자신을 믿고 따르는 사람들
에게 평안을 가져다 줄 수 있을 것이다. 언제 죽을지 모르는 백척간두의
삶, 친한 친구조차 자신을 밀고할 수 있다는 두려움 가운데 불안에 떠는
삶을 끝낼 수 있을 것이다. 하지만 다윗은 어떠한 위기 속에서도 흔들리지
않는 굳건한 신앙을 갖고 있었다. 구르는 바퀴의 축이 움직이지 않는 것처
럼, 정신과 육체가 극도로 피곤한 가운데서도 하나님 경외하는 것을 변함
없이 유지하고 있었다.

다윗은 사울이 벗어서 구석진 곳에 치워놓은 겉옷의 끄트머리를 가만
히 잘랐다. 그런데 그것만으로도 다윗은 마음의 고통을 느꼈다. 자신이 하
나님께서 세우신 왕에게 위협적인 행동을 하였다는 사실이 다윗을 괴롭게
만들었기 때문이다. 다윗은 자신과 함께 한 사람들에게 말했다. "내가 손
을 들어 여호와의 기름 부음을 받은 나의 주를 치는 것은 여호와께서 금지
하시는 일이다(삼상 24:6)." 여호와께서 기름을 부으셔서 세우신 사람은
오직 여호와께서만 징계하실 수 있다. 다윗은 자신을 무고히 괴롭히는 사
울에게 분노하기 보다는, 사울을 선택하신 분이 여호와이시라는 점을 존
중하고 두려워했다. 다윗은 자신이 사울을 공격하지 않을 뿐만 아니라, 자

신의 사람들 역시 사울을 해치지 않도록 엄하게 명령했다. 이와 같이 다윗은 자신의 이익을 따라 행동하지 않고, 여호와의 마음을 기쁘시게 하는 방식으로 행동했다. 다윗이 사울을 해하려 하지 않았기 때문에, 이후 하나님께서는 다윗을 사람들의 손에서부터 구원하셨다. 여호와의 기름부음을 받은 자인 사울을 존중하였기 때문에, 사울과 동일하게 여호와의 기름부음을 받았던 다윗은 여호와께서 소중히 여기시는 사람이 되었다. 비록 다윗은 여호와께 대한 경외심을 지키기 위해 사냥꾼의 덫에서 벗어날 절호의 기회를 포기하였으나, 바로 그것 때문에 여호와께서는 다윗을 세상의 모든 위험에서부터 보호해주실 것이다.

사울이 일어나 굴 밖으로 나갔을 때, 다윗도 뒤따라 나가서 사울에게 외쳤다. "나의 아버지여 보십시오. 내 손에 있는 왕의 옷자락을 보십시오. 왕은 나를 죽이려 하지만 나는 왕을 해하지 않겠습니다." 사울이 이 말을 듣고 다윗의 손에 들린 자신의 옷자락을 보았을 때, 자신이 하마터면 죽을 수도 있었다는 것을 알고 섬뜩한 충격을 받았다. 그 충격이 사울로 하여금 불현듯 미몽에서 깨어나 올바른 판단력을 갖게 하였고, 사울은 잠시나마 자신의 잘못을 깨달았다. 그는 큰 소리로 울며 말했다. "내 아들 다윗아, 이것이 네 목소리냐? 나는 너를 학대하는데 너는 나를 선대하니, 네가 나보다 더 의롭구나." 격정에 사로잡힌 사울은 다윗이 반드시 왕이 될 것이라고 소리치면서, 자신의 후손을 다윗이 잘 돌보아주기를 부탁했다.

사울이 다윗에게 창을 처음 던진 후, 다윗은 오랜 시간 동안 사울에게 쫓겨 다니면서 마치 살얼음판 위를 걷는 듯 살아야 했다. 다윗에게 있어서 사울은 골리앗보다 더 큰 거인이었으며, 다윗은 그에게 대항할 엄두조차

내지 못했다. 이 때문에 다윗은 언제나 사울의 무자비한 폭력의 희생물이 되었다. 몇 번이나 죽음의 위기를 겪었고, 그 때마다 비참한 몰골로 간신히 살아남았다. 다윗은 자신을 죽은 개나 벼룩과 같다고 여겼다. 그러므로 다윗이 사울의 목숨을 살려주었다는 것은 하나의 역설이었다. 하지만 이것은 다른 차원에서의 실상이기도 하다. 이 사건은 눈으로 보는 것과는 완전히 다른 참된 현실이 사람의 눈에 보이지 않는 곳에 존재하고 있음을 보여준다. 사람들은 이것을 보지 못하지만 때때로 느낄 수 있다. 그 참된 사실들로 구성된 역사 안에서는 애초부터 다윗이 사울을 살려주고 있었다. 하나님께서 사울을 버리셨던 그 순간, 그리고 새로운 왕으로 다윗을 택하셨던 그 순간부터, 다윗의 운명이 사울의 손아귀에 잡혀있었던 것이 아니었다. 오히려 다윗 때문에 사울의 목숨이 연장되고 있었다는 것이 보이는 역사 배후에 감추어진 진실이었다. 사울의 목숨은 다윗의 손에 달려 있었다. 사울은 단지 다윗이 왕으로서 준비되는 순간까지만 살아남을 수 있는 신세였다. 그러므로 사울이 다윗에게 굴복하고 그 목숨을 연장 받는 것은 사필귀정이었다. 사울은 어쩔 수 없이 다윗이 자신보다 의롭다는 것을 인정하였고, 그가 반드시 왕이 될 것이라고 선언하였다.

🧄 사무엘의 죽음: 변화의 시작(삼상 25:1)

이 무렵, 민족의 영웅이자 아버지인 선지자 사무엘이 파란만장한 일생을 끝내고 죽음을 맞이했다. 그는 모세 이후 가장 뛰어난 지도자였다. 그는 몰살의 위기에 처한 민족을 구원하였고, 이스라엘에 왕 제도를 도입하여 민족 부흥의 기틀을 놓았었다. 그가 죽었을 때, 수많은 이스라엘 사람들이 각처에서 모여들어 그의 죽음을 애도하였다. 라마에 그가 매장됨으로써 모든 장례 절차가 끝난 후, 조문객들은 모두 자신의 일상으로 돌아갔다. 이스라엘은 잠시 동안의 일탈에서부터 돌아와 언제 그러한 일이 있었느냐는 듯이 평상시의 모습을 다시 찾았다. 전도자는 살아있는 개가 죽은 사자보다 낫다고 말한다. 왜냐하면 죽은 자는 아무 것도 모르며, 사람들이 그 이름을 잊어버리므로 다시는 상(償)을 받지 못하기 때문이다(전 9:4-5). 무덤에 묻힌 후 얼마 지나지 않아서 사무엘은 보잘것없는 여느 사람들처럼 세상의 기억 속에서 사라졌다. 하지만 사무엘의 죽음은 이스라엘 왕국에 소리 없는 변화를 가져왔다. 이것은 하나님께서 원래 의도하신 바이기도 했다. "여호와의 손이 사무엘의 사는 날 동안에 블레셋 사람을 막으셨다(삼상 7:13)." 하나님께서는 사무엘이 살아 있는 동안은 사무엘을 생각하여 사울의 왕국을 보호하셨다. 이제 사무엘이 죽었으므로, 하나님께서는 사울의 왕국이 점차 약해져서 멸망에 이르도록 이끄실 것이다.

하나님께서 사무엘을 이렇게 귀하게 여기시는 이유는 그가 명실상부한 하나님의 아들이기 때문이다. 하나님께서는 이스라엘을 구원하시기 위해 사무엘이 태어나도록 모든 것을 직접 계획하셨다. 엘가나와 그가 사랑하는 아내 한나 사이에 아들이 없었던 것, 엘가나가 아들을 얻기 위한 목적으로 사랑하지 않는 브닌나를 아내로 맞아들인 것, 브닌나가 아들들을 많이 낳은 것, 여러 아들이 있음에도 불구하고 한나를 질투하여 괴롭힌 것, 착하기만 하던 한나가 눈물로 하나님께 기도하였던 것, 그리고 마침내 대

제사장 엘리의 축복을 얻어서 아들을 낳은 것, 이러한 모든 일들이 일어나
도록 만드신 분은 하나님이시다. 이삭과 삼손과 세례 요한을 태어나게 하
신 것처럼, 하나님께서는 사무엘을 태어나게 하셨다. 사무엘은 하나님의
특별한 아들이다. 더욱이 사무엘은 하나님의 기대에 부응하였고, 자신의
일생을 오직 하나님과 이스라엘 민족을 위해 희생하였고, 민족을 위해 끊
임없이 눈물로 기도하였다. 그러므로 하나님께서는 사무엘이 살아있는 한
이스라엘을 구원하시기를 원하시고, 그렇기 때문에 사울의 왕국을 보호하
신다. 블레셋과 이방 민족들의 무서운 공격을 물리치려면 사울의 군대가
강해야 한다. 그러나 하나님께서 선택하신 다윗이 왕이 되기 위해서는 사
울의 왕국이 약해져야만 한다. 그러므로 하나님께서는 사무엘이 죽는 때
를 기다리셨다. 이제 사무엘이 죽었으므로, 하나님께서 사울을 보호하실
필요가 없어졌다. 사울의 왕국은 지금부터 빠른 속도로 멸망해 갈 것이다.
그리고 다윗이 충분히 준비될 때, 사울은 죽음을 맞이할 것이다.

🔔 나발의 죽음(삼상 25:2-44)

사울 왕국의 멸망을 가리키는 징조는 이스라엘 전역에서 나타났음에 분
명하다. 하지만 성경은 다윗이 속한 유다 지파의 한 사람을 통하여 사울
왕국의 쇠퇴를 보여준다. 그는 마온에 사는 나발이며, 유다 지파 갈렙의
후손이다. 마온은 헤브론에서 남쪽으로 약 14km 지점에 있는 성읍이다.
헤브론 조금 밑에는 십이 있고, 그 밑에는 갈멜이, 그리고 그 밑에 마온이

위치한다. 나발은 갈멜 지역에서 목축을 하는 큰 부자였는데, 그에게 양이 삼천 마리 그리고 염소가 천 마리 있었다. 나발은 완고하고 악한 사람이었으나, 그의 아내 아비가일은 총명하고 아름다웠다. 다윗은 나발이 양털을 깎는다는 이야기를 전해 듣고서, 그에게 10명의 부하 병사들을 보냈다. 병사들은 나발에게 가서 다윗의 이름으로 문안하고 복을 빌었다. 그리고 다윗이 나발의 목동들과 양떼들을 돌보아주었던 것을 언급하면서, 다윗에게 은혜를 베풀어 음식과 여러 물품들을 제공하여 주기를 요청했다. 다윗이 자신을 나발의 아들이라고 표현한 것은 나발의 자존심을 최대한 살려주기 위한 배려였다.

하지만 나발은 다윗의 부하들에게 짜증을 내면서 다윗을 조롱하였다. "이새의 아들 다윗이 누구냐? 자기 주인에게서 도망친 종이 아니냐? 내가 왜 근원도 알지 못하는 사람에게 음식과 물을 주겠느냐?" 사실 나발은 이스라엘의 유일한 왕인 사울의 왕권을 인정해야 한다고 생각하는 사람이었다. 그러므로 그는 다윗을 사울 왕에게서 도망친 반역자이며 배반자라고 비난했다. 병사들에게서 나발의 말을 전해들은 다윗은 타오르는 화를 주체하지 못하고, 풀어 두었던 칼을 차며 소리쳤다. "너희도 칼을 들고 나를 따라라." 다윗은 나발을 죽여 버리겠다고 결심하고, 이를 갈면서, 무기를 든 4백 명의 부하들을 이끌고 나발의 집으로 달려갔다. 소유물과 가족을 지키기 위해 단지 2백 명의 부하들만 남았다. 다윗은 나발의 목동들과 양떼들을 돌보아주었다고 스스로 생각하고 있었지만, 나발은 다윗의 도움을 원하지도 않았고, 또 다윗의 도움을 받았다고는 전혀 생각하지 않았다. 나발에게 다윗은 선량한 주민들을 등쳐먹는 폭력조직의 두목에 불과했다.

그러므로 화가 나서 자신을 죽이려고 미친 듯이 달려오는 다윗에 대해 나발은 적반하장도 유분수라고 생각한다. 하지만 다윗은 나발이 원하든 원하지 않든지 그를 도왔다고 생각했고, 또 나발은 부자이므로 자신에게 조금의 은혜를 베풀어도 그에게 전혀 부담이 되지 않을 것이라고 생각했다. 더욱이 자신이 스스로를 낮추면서 겸손히 부탁했음에도 불구하고 거절당했고, 심지어 자신이 크게 모욕 받았다고 느꼈으므로 도무지 화를 참을 수 없었다. 마침 자신에게는 원한을 갚을 수 있는 힘이 있었다. 다윗은 서슴지 않고, 자신의 명예를 위해 복수의 칼을 휘두르기로 결심했다. "내가 나발과 그에게 속한 모든 사내자식들, 벽에 소변보는 놈들[개역 / 남자] 중에서 한 명이라도 내일 아침까지 살려둔다면, 내 성을 갈겠다(삼상 25:22)."

다윗이 나발에게 모욕을 받고 그 원한을 갚으려고 달려온다는 것을 나발의 아내 아비가일이 알게 되었다. 아비가일은 급히 떡과 포도주와 양고기와 볶은 곡식과 건포도와 무화과를 많이 준비하고 다윗을 맞이하러 나갔다. 아비가일이 다윗을 보고 엎드려 절하며, 간절히 호소했다. "내 주 다윗이여, 내 남편 나발은 쓸모없는 바보 자식입니다. 하지만 여호와께서는 당신이 직접 손에 피를 묻혀 복수하는 것을 원하지 않으십니다. 여호와께서 반드시 당신을 이스라엘의 주권자로 세우실 텐데, 그 때 친히 복수하였다는 것 때문에 마음에 거리낌이 있으면 좋지 않으실 것입니다. 그러므로 제가 가져온 예물을 받으시고, 화를 푸시기 바랍니다." 빼어난 미모를 가진 아비가일이 지혜로운 말로써 다윗의 자존심을 살려주면서 설득하자, 다윗은 비로소 마음을 진정시킬 수 있었다. 자신의 행동이 칭찬받을 만하지 않다는 것을 새삼 알게 되었다. 나발을 죽이려 한 것은 여호와를 위한 것이 아니라, 다윗의 이기적인 분풀이에 지나지 않았다. "너를 보내 나를 영접하게 하신 여호와를 찬양하여라. 네가 나의 손으로 친히 복수하는 것을 막았다(삼상 25:33)." 칼을 들고 달려갈 때는 나발의 거만하고 살찐 얼굴에 대한 증오심이 가득 차 있었으나, 돌아오는 다윗의 마음속에는 아름다운 아비가일의 얼굴이 가득했다. 그 후 대략 열흘이 지났을 때 나발은 병이 들어 갑자기 죽어버렸다. 이 소식을 들은 다윗은 자신이 악한 일을 하지 않도록 하나님께서 나발을 치셨음을 깨닫고 여호와를 찬양하였다(삼상 25:39).

아비가일이 다윗을 처음 만났을 때, 다윗은 오랜 도망자 생활에 지쳐 추레하면서도 악에 받친 모습을 하고 있었다. 하지만 아비가일은 진흙 속에서 진주를 발견하듯, 자신의 교양 없는 남편 나발이 갖지 못한 매력과 장점을 다윗에게서 발견할 수 있었다. 사실 아비가일은 지혜로운 여인으로서 다윗과 이스라엘 왕국의 미래를 이미 예견하고 있었다. "참으로 여호와께서 내 주를 위해 견고한 집을 반드시 세우실 것입니다(삼상 25:28)." 그러므로 아비가일은 기회를 놓치지 않고, 다윗의 여자가 되고 싶다는 소원을 말했다. "여호와께서 내 주를 선대하실 때, 여종을 꼭 기억해 주시기 바랍니다(삼상 25:31)." 이미 아비가일의 미모와 지혜로움에 반해버린 다윗은 두말없이 그녀의 부탁을 들어주겠다고 약속했다(삼상 25:35). 이것은 다윗 자신이 오히려 더 간절하게 원하는 바였다. 그리고 다윗은 아비가일이나 자신이 예상했던 것보다 훨씬 빨리 이 약속을 실천할 수 있었다. 약속한지 기껏 10여일 정도 지났을 때였다. 하나님께서 사울을 버리시고 다윗을 왕으로 만들어 가시는 중이라는 점을 몰랐던 나발이 이와 같은 자신의 어리석음 때문에 죽음을 맞이해야 했다. 다윗은 나발이 죽었다는 소식을 듣자마자, 여호와를 찬양하고서, 부하들을 보내 아비가일을 데려오게 했다. 아비가일은 자신을 종들의 발조차 씻겨주어야 하는 여종으로까지 낮추면서 기쁜 마음으로 다윗의 여자가 되었다.

아비가일은 행동이 매우 재빠른 사람이었는데, 그녀에 관한 이야기 중에는 "급히"라는 말이 세 번이나 등장한다. 아비가일은 위기가 찾아왔다고 생각될 때 그 위기에서 벗어날 수 있는 길을 재빠르게 찾아서 행동한다(삼상 25:18). 분노한 사람 앞에서 재빨리 행동하여 그 사람의 마음을 진정시킬 수 있는 처세술이 있다(삼상 25:23). 자신이 갈망하던 기회가 찾아오면 재빨리 그 기회를 잡는다(삼상 25:42). 사실 아비가일은 다윗을 처음 만났을 때, 이미 남편 나발을 버리고 다윗을 새 남편으로 선택했었다. 이처럼 재빠른 아비가일과 비교한다면 시대의 변화를 재빨리 파악하지 못하는 나발을 어리석다고 평가할 수밖에 없다.

나발이 죽고 아비가일이 다윗의 여자가 된 것은 이제 다윗의 시대가 가까이 왔다는 것을 암시한다. 나발의 경우에서 알 수 있는 것처럼, 사울에게 충성하는 사람의 말로(末路)는 비참할 것이다. 그는 어리석다고 조롱받으며, 아내를 빼앗기며, 덩달아 재산도 잃어버린다. 하나님께서 이미 사울을 버리셨고 다윗을 택하셨다는 것을 인정하지 않는다면, 그는 비극을 겪어야 한다. 나발의 사건을 통해서 하나님께서는 사울을 지지하는 사람은 이제 불행할 것이며, 다윗을 돕는 사람이 하나님의 복을 받을 것이라는 사실을 보여주신다. 이제 다윗은 나발의 아내와 재산에서부터 시작하여 사울에게 속한 것들은 하나씩 자신의 것으로 만들 것이다. 다윗은 아비가일

뿐만 아니라, 이스르엘 여자 아히노암도 아내로 맞이했다. 이 무렵 사울은 다윗의 아내 미갈을 발디에게 주어 다윗과의 인연을 완전히 잘라버리고, 다윗을 마치 줄이 끊긴 연처럼 오갈 데 없는 신세로 만들려고 했다. 하지만 다윗은 보란 듯이 두 여자를 아내로 받아들여 가정을 꾸밈으로써 자신의 능력을 과시하였다. 이제 사람들은 다윗을 사울의 사위로서가 아니라, 자신의 탁월한 능력을 발휘하여 자수성가한 사람으로 생각하게 되었다.

🔔 다시 사울을 살려주는 다윗(삼상 26:1-25)

사울은 유다 지파의 땅에서 다윗이 점차 안정적인 세력을 형성하는 것을 보고 불안감에 휩싸였다. 특히 자신에게 충성하던 나발이 비참한 모습으로 갑자기 죽었을 뿐만 아니라 나발의 아내가 많은 재산을 가지고 다윗에게로 가버린 사건은 사울에게 변함없이 충성하던 사람들에게 커다란 충격을 주었다. "하나님께서 참으로 사울과 그의 충신들을 버리셨을까?" 하는 의문이 은밀하지만 급속히 번지게 되었다. 이와 같은 충격의 여파를 신속하게 진정시키지 않는다면 사울의 왕국이 뿌리부터 흔들릴 수 있었다. 사울은 자신에게 충성하는 사람들을 돌보고, 그들의 염려를 씻어주어야 할 필요를 강하게 느꼈다. 결국 사울은 과거 자신의 목숨을 살려주었던 다윗의 충성심과 의리를 무시하고 잊어버리기로 결심했다. 마침 십 사람들이 다윗의 행적을 알려주었다. "다윗이 광야 앞 하길라 산에 숨어 있습니다." 십 사람들은 과거에도 다윗의 동향을 사울에게 알려주었던 때가 있었다(삼상 23:19). 십 사람들은 다윗이 그 일 때문에 자신들을 매우 미워한다는 것을 잘 알았다. 따라서 그들에게는 다른 선택권이 없었고, 사울이 다윗을 죽여주기만 바랄 뿐이었다. 사울은 용맹한 군사 3천명을 선발하여 다시 다윗을 사냥하기 시작했다. 받은 은혜는 잊어버리기 쉬워도 베푼 은혜는 잘 잊히지 않는다. 다윗은 사울이 자신을 죽이려고 나서자, 사울에 대하여 큰 배신감을 느꼈다. 자신이 사울을 살려주었을 때, 사울은 소리 높여 울면서 "다윗아, 네가 왕이 될 것이다(삼상 24:20)."라고 절규하지 않았는가? 그 때의 그 눈물과 외침은 모두 거짓이었나? 물론 그 때 사울은 진심이었을 것이다. 단지 사울 같은 사람의 진심은 상황에 따라 쉽게 변화할 뿐이다.

다윗은 마음속의 분노가 외치는 소리에 이끌려 사울을 죽이려고 기회를 엿보다가, 아비새와 함께 사울의 진영으로 은밀하게 들어갔다. 아무도 그들의 잠입을 눈치 채지 못했다. 사울과 그의 장군 아브넬 그리고 사자 같은 용맹을 뽐내던 모든 병사들이 깊은 잠에 빠져 있었다. 다윗과 아비새가 사울 곁에 이르기까지 아무도 깨어나지 않았고, 왕을 지켜야 할 아브넬조차 사울 옆에서 시체처럼 잠들어 있었다. 아비새가 낮은 목소리로 분노를 터뜨렸다. "하나님께서 오늘 당신의 원수를 당신의 손에 붙이셨습니다. 내가 창으로 그를 단번에 찔러 죽이겠습니다(삼상 26:8)." 적개심에 가득 찬 그의 말을 들을 때, 그리고 마치 다윗의 칼을 기다리는 것처럼 무방비상태로 잠들어 있는 사울을 보는 순간, 다윗은 오히려 자신의 마음이 진정되는 것을 느꼈다. 하나님의 마음을 알 수 있었기 때문이다. 하나님께서는 다윗이 원하기만 한다면 언제든지 사울의 목숨을 다윗에게 넘겨주실 것이다.

지금도 하나님께서는 선발하고 또 선발한 사울의 모든 군사들, 적군 앞에 서는 몇날 며칠이라도 밤을 새우면서 싸울 수 있는 용맹무쌍한 군사들을 무기력하게 잠재워놓으셨다. 사울의 목숨은 이미 다윗의 손 안에 들어있다. 다윗은 사울에 대하여 다윗만큼, 아니 다윗보다 더욱 깊이, 하나님께서 분노하고 계심을 깨달았다.

그러므로 다윗은 잠자는 사울 옆에서 숨을 깊이 들이쉬면서 떨리는 가슴을 진정시켰다. 그리고 그는 이 일촉즉발의 순간에 하나님께서 가장 원하시는 것이 무엇인가를 생각해 보았다. 하나님께서는 자신이 사울을 죽이는 것을 이미 허락하셨다. 모든 상황이 그것을 가리키고 있다. 하지만 하나님께서 더욱 기뻐하실 만한 것은 다윗이 자기의 손으로 복수하지 않는 것이다. 사울은 하나님께서 선지자를 통하여 기름을 부어 왕으로 세우신 사람이다. 그러므로 사람이 사울을 해치는 것은 옳지 않다. 하지만 사람이 손을 대지 않아도, 여호와께서 그를 치실 것이므로, 그는 병들어 죽거나 아니면 전쟁터에서 죽을 것이다. 다윗은 사울의 머리맡에 있는 창과 물병을 가만히 들고 그 자리를 벗어났다. 다윗은 제법 거리가 먼 건너편 산 위로 올라가서 아브넬을 불렀다. "아브넬아, 네가 왕을 보호하지 못하였으니 그것은 마땅히 죽을죄가 아니냐?" 이 말을 듣고 사울이 잠에서 깨어나 외쳤다. "내 아들 다윗아, 이것이 네 음성이냐?" "왕이시여, 제게 무슨 죄가 있어서 저를 죽이려 하십니까? 여호와 앞에서 먼 이곳에서 나를 죽이지 말아주십시오." "내 아들 다윗아, 내가 크게 잘못하였다. 내게로 돌아올 수는 없겠느냐? 내가 다시는 너를 해치지 않겠다. 네게 복이 있으리니 네가 반드시 승리할 것이다."

3
다윗의 용병생활
(삼상 27:1-30:31)

3. 다윗의 용병생활
(삼상 27:1-30:31)

⚜ 가드 왕 아기스의 용병이 된 다윗(삼상 27:1-12)

비록 사울이 다윗을 다시는 해치지 않겠다고 소리쳤지만(삼상 26:21), 사울에게 이미 한 번 속았다고 생각한 다윗은 사울의 그 말을 믿기 힘들었다. 다윗이 아름다운 두 여인과 함께 누렸던 달콤한 신혼생활은 잠시의 평온함에 불과했다. 고난은 아직 끝나지 않았다. 사울은 다윗 쫓는 것을 멈추지 않을 것이다. 결국 다윗은 사울이 블레셋 땅 안에까지는 자신을 쫓아오지 못할 것이라고 생각하고, 600명의 사람들을 이끌고 가드 왕 아기스에게로 피하였다. 다윗의 생각이 옳았다. 사울은 다윗이 블레셋 땅으로 들어간 것을 확인하고 나서야 다윗을 더 이상 추격하지 않았다(삼상 27:4). 다윗은 한 동안 아기스와 함께 그의 왕도(王都)인 가드에 머물렀다. 그 후 다윗은 사울이 자신에 대한 추격을 포기했다는 것을 확인한 후, 아기스에게서 시글락을 넘겨받아 그곳에 거하기 시작했다. 시글락은 여호수아에 의해 시므온 지파에게 할당된 성읍이었으나, 블레셋 사람들이 여전히 그곳에 살고 있었다. 정확한 위치는 알려지지 않았으며, 서부 네게브의 한 지점으로 여겨진다. 다윗이 시글락에 거주한 기간은 1년 4개월이었다(삼상 27:7). 다윗은 시글락에 거주하는 동안 그술과 기르스와 아말렉 사람의 성읍들을 공격하여 한 사람도 살려두지 않았으며, 가축 떼를 포함하여 많은 전리품을 노략하였다. 다윗이 공격한 곳들은 주로 네게브 지방의 서남쪽에 거주하는 다른 가나안 민족들의 성읍들이었다. 그러나 다윗은 아기스에게 자신이 이스라엘 백성 특히 유다 사람에게 속한 성읍들을 노략하였다고 거짓으로 보고하였다. 다윗의 공격을 받았던 성읍들 중에서 그의 잔인한 살육에서부터 도망할 수 있었던 사람이 아무도 없었기 때문에 다윗의 보고가 거짓이라는 점이 완벽하게 감추어졌다. 아기스는 이와 같은 다윗의 보고를 듣고, 다윗에 대한 경계심을 더욱 풀어놓았고, 시간이 갈수록 그를 더 신뢰하였다.

🐝 엔돌의 신접한 여인(삼상 28:1-25)

다윗이 아기스의 보호를 받고 있는 동안, 블레셋은 사울과 최후의 결전을 준비하기 위해 많은 사람들을 끌어 모았다. 블레셋은 수넴에 모여 진영을 펼쳤고, 사울의 군대는 길보아에 주둔했다. 수넴은 므깃도의 동동북쪽에 있고, 길보아는 므깃도의 동남쪽에 위치해 있다. 사울은 북쪽에 모여든 블레셋 군대를 보고 크게 두려워했다. 무엇보다 하나님께서 사울에게 두려워하는 마음을 주셨으므로, 사울은 평소의 침착하고 냉정한 태도를 상실한 채 정신을 잃을 정도로 큰 공포를 느꼈다. 사울은 제사장을 불러 우림과 둠밈을 통해 하나님의 뜻을 묻게 하였다. 그러나 하나님께서는 제사장을 통해서나 선지자를 통해서나 누구를 통해서도 그 뜻을 보여주지 않으셨다. 다급해진 사울은 결국 여호와를 의지하는 것을 포기하고, 신접한 여인의 도움을 구하기로 결심했다. 처음에는 하나님을 의지하다가도, 상황이 점점 어려워져서 불안에 사로잡히면 신앙의 방법을 포기하고 온갖 악한 영들의 도움을 구하려는 사람들이 있다. 이들은 마치 가시떨기에 뿌려진 씨앗처럼, 처음에는 말씀을 듣고 행하려고 하지만 세상의 걱정근심이나 부귀영화의 유혹에 막혀 결실하지 못하는 자들이다(마 13:22). 사울이 이와 같은 사람이었다. 사울은 평소에는 경건하지만, 스스로 절체절명 위기가 닥쳤다고 생각하면 언제나 배교자가 된다.

사울이 신하들에게 신접한 여인을 찾으라고 명령했을 때, 신하들은 사울이 원하는 종류의 여자가 엔돌에 있다고 보고했다. 과거 사울은 이스라엘 땅에서 신접한 여자와 박수 즉 영매(靈媒)를 다 죽이거나 쫓아내었었다(삼상 28:3, 9). 사울의 이와 같은 종교개혁은 모세의 율법에 따른 것이다. 레위기 19:31 "너희는 신접한 자와 박수를 믿지 말라." 20:27 "남자나 여자가 신접하거나 박수가 되거든 반드시 돌로 쳐서 죽여라." 사울이 비록 하나님의 기준에 합당한 왕은 아니었으나, 그 역시 아브라함의 자손이요 언약의 백성이었다. 그는 자신이 할 수 있다고 생각하는 범위 안에서는 하나님께 대하여 그리고 모세의 율법에 대하여 충성스러웠다. 이 때 한 신접한 여인이 사울의 무서운 칼을 피해 당시 이스라엘 땅의 변두리에 해당하는 엔돌에서 숨어 지내고 있었다. 사울이 신하들의 보고를 들었을 때, 왕의 복장 대신 다른 옷을 입어 변장한 뒤 그 여자를 찾아가 말했다. "너는 나를 위해 신접한 술법으로 내가 네게 말하는 사람을 불러올려라." 그 여자는 깜짝 놀라 두려워하면서 크게 소리쳤다. "사울이 신접한 자를 모두 죽인다는 것을 알지 못하느냐? 당신은 나를 죽이려고 하느냐?"

사울은 한 때 자신의 왕국 이스라엘 안에 있던 신접한 자들을 조롱하고 비난하면서, 그들을 추방할 뿐만 아니라 잔인하게 죽이기도 했었다. 하지만 가장 절박한 위기의 순간이 이르자, 사울은 자신의 정체를 감추고, 마치 개가 그 토한 것을 도로 먹는 것처럼(잠 26:11), 신접한 여인을 찾아갔다. 여호와께서 사울을 버리셨고, 그의 기도에 응답하지 않으시기 때문이었다. "하나님께서 응답하지 않으시니, 나는 다른 살길을 찾겠다."라고 말하는 듯하다. 하지만 성도들은 자신의 기도에 대한 응답이 없을 때, 인내하면서 더욱 기도에 힘써야 한다고 배운다. "항상 기도하고 낙망하지 말아야 한다(눅 18:1)." 사울 역시 스스로의 죄를 깨닫고, 그 죄를 고백하면서, 여호와께 더욱 간절히 부르짖어야 했다. 여호와는 회개하는 자의 기도를 물리치지 않으신다. "오라 우리가 서로 변론하자. 너희 죄가 주홍 같을지라도 눈과 같이 희어질 것이요 진홍 같이 붉을지라도 양털 같이 될 것이다(사 1:18)." 만약 사울이 하나님의 뜻에 불순종하는 자신의 허물을 하나님께 고백하고 그분의 은혜를 간절히 구했다면, 하나님께서는 사울의 기도에 응답하셨을 것이다. 그리고 그로 하여금 블레셋과의 전쟁에서 영광스럽게 승리하도록 이끄셨을 것이다.

성도가 하나님의 뜻을 받아들이면, 하나님께서 그 성도의 기도에 응답하신다. 안타까운 것은 사울 자신도 이처럼 명백한 진리를 잘 알고 있다는 점이다. 사실상 사울의 진정한 문제는 그가 하나님의 뜻을 몰랐다는 것이 아니다. 사울은 다윗에게 말하기를 "보라 나는 네가 반드시 왕이 될 것을 알고 이스라엘 나라가 네 손에 견고하게 설 것을 안다."라고 했다(삼상 24:20). 사울은 하나님의 뜻을 알고 있었다. 그러나 그는 자신이 알고 있는 하나님의 뜻을 받아들이려 하지 않았다. 이것이 사울의 문제이며, 잘못이었다. 사울은 자신이 하나님의 뜻에 순종한다는 것은 다윗에게 자신의 왕국을 내어주는 것과 같다는 점을 깨닫고 있다. 그런데 다윗에게 왕국을 내어주는 것은 블레셋에게 왕국을 빼앗기는 것보다 사울이 더 싫어하는 일이다. 다윗이 왕이 되는 것을 보느니 차라리 블레셋과의 전쟁에서 크게 패배하고 나라를 빼앗기는 것이 낫다고 생각했다. 이처럼 사울은 하나님의 뜻을 알고도 거부했다. 하나님께서 사울의 기도에 "꿈으로도, 우림으로도, 선지자로도" 대답하지 않으신 것은, 사울이 기도하지 않았기 때문이 아니라, 다윗을 선택하신 하나님의 뜻을 그가 계속하여 거부하고 있었기 때문이다. 사울이 하나님께 기도했던 이유는 그분의 뜻에 자신을 굴복시키고 그 뜻을 수행하기 위함이 아니었다. 사울은 하나님께 대항하고 자신의 뜻을 관철시키기 위해 하나님께 기도했다. 이와 같은 기도는 하나님의 응답을 얻지 못한다. "너희가 구하여도 받지 못함은 정욕으로 쓰려고 잘못 구함이니라(약 4:3)."

엔돌에서 몰래 영업활동을 하고 있던 신접한 여인은 강신술을 시행하라는 사울의 요청을 격렬하게 거부하였다. 정체를 알 수 없는 사람을 위해 불법적인 강신술을 행한다는 것은 목숨을 잃을 수 있을 정도로 크게 위험하다. 다급해진 사울은 하는 수 없이 여호와의 이름으로 맹세까지 하면서 그 여인에게 간청하였다. "여호와께서 살아계시는 한, 네가 이 일 때문에 벌을 받지는 않을 것이다." 신접한 여인은 사울의 부탁을 받아 사무엘처럼 보이는 한 영을 불러왔다. 그 영이 나타난 순간 여인은 자신에게 사무엘의 영을 부르라고 애원했던 그 사람이 바로 사울인 것을 깨닫고 겁에 질려서 크게 소리쳤다. "당신이 어찌하여 나를 속였습니까? 당신은 사울이 아닙니까?" "너는 두려워하지 말고, 네가 누구를 보았는지 말해라." "내가 한 영이 땅에서 올라오는 것을 보았습니다." "그의 모습이 어떠하냐?" "노인인데, 겉옷을 입고 있습니다." 이 말을 들은 사울은 그 영이 사무엘이라고 생각하고 엎드려 얼굴을 땅에 대고 그 앞에 절했다. 그러자 노인의 모양을 한 영이 사울에게 말했다. "네가 어찌하여 나를 불러 괴롭게 하느냐?" "제가 죽을 지경에 처했는데, 하나님께서는 어떤 방법으로도 제게 말씀해주시지 않으십니다. 당신께서 저에게 어떻게 행해야 할 것을 가르쳐 주십시오."

　신접한 여인이 불러낸 영이 사무엘이라고 생각한 사울은 그 영에게 자신의 앞날과 행동에 대해 자문을 구했다. 그러자 그 가짜 사무엘의 영은 사울이 여호와의 분노를 아말렉 사람들에게 온전히 쏟지 않았다는 것을 지적하면서, 그 때문에 여호와께서 나라를 다윗의 손에 이미 넘기셨고, 사울과 그의 아들들이 블레셋과의 전쟁에서 죽임을 당할 것이라고 선언했다. 이 말을 들은 사울은 큰 충격을 받았다. 자신이 가장 싫어하는 다윗이 이스라엘의 왕이 될 것이다. 더욱이 자신이 가장 사랑하는 아들들은 자신과 함께 전쟁터에서 죽을 것이다. 사울은 자신의 한 평생 수고가 헛되었다는 것을 인정할 수밖에 없었다. 그가 피와 땀으로 건설한 왕국은 자신의 원수에게로 넘어가고, 그가 자기 목숨보다 사랑하는 아들들은 또 다른 원수의 칼날에 덧없이 희생될 것이다. 엔돌의 신접한 여인을 찾아오기 까지 사울은 지금껏 극도의 긴장과 두려움 가운데 간신히 몸을 지탱하고 있었다. 그러나 그 정체불명의 영이 내지른 호통소리에 병든 닭 같은 사울의 몸에서 그나마 남아있던 모든 기운이 빠져나갔다. 마침내 적군을 향해 소리를 지르면 땅이 흔들리는 듯했던 무적의 용사 사울이 쓰러져 고통으로 몸부림쳤다. 보다 못한 신접한 여인이 사울을 위해 급히 음식을 마련하였다. 과거 아말렉 왕 아각을 사로잡고 갈멜에 자신의 기념비를 세울 때에는 그토록 의기양양했던 그가 이제 이스라엘의 조롱거리에 불과한 신접한 여인의 도움을 받아야 하는 비참한 신세가 되었다. 사울과 그 신하들은 음식을 먹고 간신히 몸을 추스를 힘을 얻은 후, 밤중에 일어나서 전쟁터로 돌아갔다. 하지만 그들의 발걸음은 무겁기만 했다. 곧 있을 전쟁에서 지고, 사울과 그의 아들들이 함께 죽을 것을 알고 있었기 때문이다.

🔔 아기스와 다윗의 불화(삼상 29:1-11)

한편 이 때 아기스는 다윗이 사울의 원수라고 확신하고 있었기 때문에, 그를 불러 자신의 부하 장군 자격으로 블레셋 군대에 가담하여 사울과 싸우라고 요청했다. 이 말은 들은 다윗이 말했다. "당신의 종이 해야 할 일을 알려주십시오." "내가 너를 평생 내 머리를 지키는 자로 삼겠다." 아기스는 다윗을 자신의 최측근 경호 대장으로 임명하려고 했다. 이처럼 다윗에 대한 아기스의 신뢰는 매우 견고하였다. 하지만 다윗과 그의 부대가 아기스의 뒤를 따르는 것을 본 다른 블레셋 장군들이 아기스를 비난했다. "이 사람을 돌려보내시오. 그는 전쟁 도중에 우리의 적이 될 것이오. 사람들

이 사울은 천천이요 다윗은 만만이라고 노래하지 않았소." 블레셋 사람들
은 이스라엘의 젊은 아가씨들이 다윗을 향해 불렀던 하나의 노래를 아직
도 선명하게 기억하고 있었다. 다윗이 블레셋 사람들을 잔인하게 살육하
고 얻은 면류관과 같은 노래였기 때문이다.

　결국 아기스는 다윗을 전쟁터에 데려가지 못하고 시글락으로 돌려보내
야만 했다. 아기스는 자신의 호언장담을 지키지 못했다는 것에 미안함을
느끼고, 최대한 예의를 갖추어 다윗의 마음을 상하게 하지 않으려고 노력
했다. "여호와께서 사시거니와 네가 정직하여 내게 온 날부터 오늘까지 네
게 악이 있음을 보지 못하였다. 네가 나와 함께 하는 것이 좋다고 나는 생
각하지만, 다른 장군들이 좋아하지 않는구나." 이 때 다윗은 아기스의 세
심한 배려를 무시하고, 그를 과도하게 몰아붙였다. "나에게 무슨 잘못이
있습니까? 무엇 때문에 내 주 왕의 원수와 싸우지 못하게 하십니까(삼상
29:8)?" 자신이 전쟁터에 나가지 못하게 된 이유를 알지 못해서 다윗이 이
런 말을 하는 것은 아니다. 아마도 다윗에게는 상대방의 약점을 들추어내
어 괴롭히는 취모구자(吹毛求疵)의 나쁜 습성이 있었던 것일지도. 혹은 그
동안 이스라엘의 원수인 아기스를 상관으로 모시면서 상했던 자존심을 잠
시라도 조금이나마 회복하려는 다윗의 눈물겨운 시도였을 수도 있다. 특
히 다윗이 아기스를 왕(히브리어 〈멜렉〉)으로 부른 것은 일종의 가벼운 조
롱이었다. 성경은 비록 아기스를 드물게나마 왕이라고 부르고 있으나(삼
상 21:10), 아기스의 공식적인 칭호는 세렌이다. 바른 성경은 이 칭호를 군
주라고 번역했고, 개역성경은 장관이라고 했다. 다윗이 이 미묘한 분위기
속에서 평소에는 전혀 사용하지 않던 칭호를 사용하여 아기스를 왕이라고

부른 것은 "왕 같은 위엄을 자랑하던 당신이 자기가 한 말조차 지키지 못하느냐!" 하는 비웃음을 은밀하게 드러내는 표현이었다.

다윗의 무례한 말은 그 때까지 다윗을 예우하여 그에게 매우 조심스럽게 대하던 아기스의 마음을 상하게 하였다. 자신은 최대한의 성의를 보였는데, 그것이 상대방의 조롱거리가 되었다고 생각하니, 마음 깊은 곳에서부터 분노가 치솟아 오르는 것을 느꼈다. 하지만 마음이 아무리 상했다고 하더라도 화를 낼 수는 없었다. 군왕의 분노는 가볍지 않아야 하는 법이다. 조롱하는 말에 대하여 더 강한 조롱의 말로 대응하는 것이 그 순간 아기스가 찾아낸 최선의 방법이었다. "네가 하나님의 사자같이 선하다는 것을 내가 안다. 하지만 너는 너와 동행하고 있는 네 주의 신하들과 함께 새벽에 일어나라. 새벽에 일어나서 당장 떠나가라."

조롱은 네 단계로 이루어졌다. 첫째, 아기스는 다윗을 하나님의 천사와 같다고 칭찬했다. "그래 너는 천사와 같이 무결점, 순백의 사람이니까, 나만 나쁜 놈이다. 네가 다른 블레셋 장군들에게 신임을 받지 못하는 것이 모두 내 잘못이다. 네가 천사라는 것을 내가 미처 몰라봐서 미안하다." 둘째, 아기스는 "네 주[=사울]의 신하들"이라는 표현에서 사울을 다윗의 주인이라고 부른다. 조금 전에 다윗은 아기스를 "나의 주인"이라고 불렀다. "네가 나를 주인이라고 부르지만, 그것이 진심이냐? 지금 네가 나를 이렇게 무시하는 것은 여전히 네 마음속에서는 사울이 주인이기 때문이 아니냐? 너는 겉과 속이 다른 이중인격자가 아니냐?" 셋째, 아기스는 다윗의 부하들을 사울의 신하라고 부른다. 아기스는 다윗에게는 진심으로 충성을 다하는 부하가 없다고 보았다. "네가 무슨 힘이 있느냐? 네가 이끄는 사람들은 모두 사울의 부하들이 아니냐? 내가 너를 도와주지 않으면 너는 허수 아비라는 것을 모르냐? 네가 나를 배반하듯이 네 부하들도 너를 배반할 것이다." 넷째, 아기스는 다윗에게 새벽에 일어나 지체하지 말고 떠나가라고 말한다. "이제 꼴도 보기 싫으니 새벽같이 떠나가라. 조금도 머뭇거리지 말고, 네 갈 길로 가버려라. 나 없이도 네가 잘되는지 한번 두고 보겠다."

아기스는 처음 다윗이 그에게 의탁하러 왔을 때, 과거의 원한을 잊어버리고 크게 기뻐했다. 그리고 지나간 허물을 용서하고 인재를 과감하게 품는 대인군자(大人君子)의 풍모를 보였다. 뿐만 아니라 다윗을 자신의 수하에 데리고 있다는 사실이 자신이 사울을 뛰어넘었다는 만족감과 도취감을 자신에게 가져다주었을 것이다. 다윗의 간교한 행동들이 아기스의 마음을 사로잡았기 때문에, 아기스는 다윗에게 다른 마음이 있다는 것을 전혀 짐작하지 못했다. 그는 자신에게 아부하는 다윗의 말과 행동들을 진심으로 여겼다. 하지만 다윗은 아기스를 단순히 이용의 대상으로만 생각했을 뿐이다. 토끼 사냥이 끝나면 사냥개는 삶아 먹는 법이다. 필요할 때는 이용하지만, 이용가치가 사라지면 오히려 잡아먹는다. 다윗에게 아기스는 그와 같은 존재에 불과했다. 아기스는 자신을 비꼬는 다윗의 태도에서 뒤늦게나마 그의 본심을 짐작할 수 있게 되었다. 그렇다면 버림을 받기 전에 먼저 버려야 한다. 아기스는 다윗을 버리기로 결심했다. "너는 네 갈 길로 가라." 지금 중요한 것은 사울과의 전쟁이다. 다윗을 처리하는 문제는 그 전쟁이 끝나고 난 뒤가 될 것이다.

🔥 불타버린 시글락(삼상 30:1-31)

아기스로부터 쫓겨난 다윗이 시글락에 가까이 갔을 때는 이미 아말렉 사람들이 시글락을 공격하여 불사르고 거기 있는 여인들과 어린아이들을 하나도 죽이지 않고 다 사로잡아 끌고 간 후였다. 시글락에는 싸울만한 장정이 하나도 남아 있지 않았다는 것이 오히려 다행이었다. 아말렉 사람들은 저항할 힘이 없는 시글락의 사람들을 하나라도 죽일 필요를 느끼지 못했다. 이것은 약탈이면서 한편으로는 다윗에 대한 복수였다. 다윗은 기회가 있을 때마다 아말렉 사람들이 사는 성읍을 약탈하였고, 언제나 자신의 행동을 비밀에 부치기 위해 약탈 대상이 된 성읍의 모든 사람들을 살육하였다(삼상 27:8-9). 따라서 아말렉 사람들은 자기들의 성읍이 약탈되고 친족들이 죽었을 때, 누가 그토록 잔인한 일을 벌였는지 쉽게 알아낼 수 없었다. 하지만 영원히 감출 수 있는 비밀은 존재하지 않는다. 마침내 아말렉 사람들은 자신의 영토를 휘젓고 다니면서, 살육과 약탈을 자행하면서도 정체를 드러내지 않았던 강도떼들이 누구인지 알게 되었다.

오랫동안 다윗과 블레셋 사람들에게 약탈의 대상이 되었던 아말렉 사람들은 기다리던 복수의 기회가 왔다는 것을 깨달았다. 블레셋 사람들과 사울의 부대가 최후의 결전을 위하여 대거 북쪽으로 이동하였다. 더욱이 아말렉은 그동안 자신들을 괴롭히던 다윗의 부대 역시 블레셋 군대에 속하여 시글락을 떠났다는 것을 알게 되었다. 아말렉은 블레셋 땅을 마음껏 약탈하였다. 또한 사울 군대의 보호를 받지 못하고 무방비 상태가 된 유다 땅까지 함께 노략하였다. 특히 그들은 원수 다윗의 성읍인 시글락을 공격하여 모든 사람들을 포로로 잡고, 약탈한 뒤 그 성읍을 불태웠다. 민물조

개가 강변에 나와 입을 벌리고 햇볕을 쬐고 있었다. 그때 황새란 놈이 지나가다 조갯살을 쪼아 먹으려 하자 조개는 깜짝 놀라 입을 다물었다. 그래서 황새는 주둥이가 조개에게 물려서 옴짝달싹 하지 못하는 신세가 되었다. 황새는 생각하기를 저놈의 조개는 오늘 내일 비만 오지 않으면 바짝 말라 죽어버릴 것이다 하였는데, 조개는 조개대로 내가 오늘 내일 입만 벌려 주지 않으면 죽은 황새가 될 것이다 생각하여 서로 버티고 있었다. 그러나 그때 마침 어부가 이 광경을 보고 황새와 조개를 한꺼번에 망태 속에 넣고 말았다. 블레셋이 조개였고, 사울은 황새였다. 그리고 아말렉은 조개와 황새의 싸움에서 이익을 얻는 어부가 되었다.

다윗과 그의 사람들이 아기스를 떠나 시글락에 도착하기까지 3일이 소요되었다. 오랜 시간 동안의 행군은 그들을 매우 지치게 만들었는데, 지치면 지칠수록 그들은 이제 곧 시글락에 도착하면 아내와 자녀들에 둘러싸여 즐거워하면서 편히 쉴 수 있을 것이라는 희망을 키워갔다. 그러나 시글락으로 돌아온 다윗과 그의 부하들을 맞이한 것은 이미 불타버려 재만 남아 있는 폐허였다. 희망이 절망으로, 그리움이 통곡으로 변했다. 다윗과 그 부하들은 잿더미 위에 엎드려, 큰 소리로 울부짖었다. 사랑하는 아내, 사랑하는 자녀들을 모두 잃어버렸다. 사냥당하는 짐승처럼 잡혀서 노예로 끌려간 그들, 생사를 알 수 없는 그들을 생각하며, 울고 울다가 지쳐서 더 이상 울 수 없을 때까지 울었다. 서서히 울음이 잦아들자 정신이 다소 돌아왔는데, 불현듯 사람들은 이 재앙이 다윗 때문에 생겨났다고 생각하기 시작했다. 다윗 때문에 모든 사람들이 시글락을 무방비상태로 버려두고 떠나야 했다는 것이 기억났다. 슬픔이 분노로 바뀌었고, 다윗에 대한 증오가 삽시간에 모든 사람들을 사로잡았다. 그들은 격분에 차서 "다윗을 돌로 치자!" 하고 소리쳤다. 아기스가 냉정하게 꼬집었던 것처럼, 다윗을 따르는 사람들 중에서 그에게 진정으로 충성하는 자들이 많지 않다는 사실이 드러났다. 조금 전에 아기스에게 버림받고 돌아온 다윗이 다시 자신의 부하들에게서조차 버림받았다. 사람들 중에서 다윗의 편은 아무도 없다.

하지만 다윗은 백척간두(百尺竿頭)에 서서도 여전히 하나님을 의지할 수 있었다. 하나님은 항상 다윗의 편이었고, 지금도 다윗의 잘잘못과는 상관없이 다윗의 편에 서 계시기 때문이다. "다윗이 큰 곤경에 빠졌으나 여호와 자기 하나님을 힘입어 용기를 얻었다(삼상 30:6)." 다윗은 제사장 아비아달에게 에봇을 가져오라고 말했다. 그리고 에봇에 부착되어 있는 우림과 둠밈을 사용하여 하나님의 뜻을 물었다(참고, 민 27:21). "내가 이 강도떼들을 따라잡을 수 있겠습니까?" "네가 반드시 따라잡을 뿐만 아니라, 잃어버린 재산과 사람들을 반드시 다시 찾을 것이다." 다윗은 하나님께 자신이 강도떼들을 따라잡을 수 있겠는가 하는 점만을 물었다. 그러나 그가 진정으로 묻기를 원하는 것은 붙잡혀간 여인들과 자녀들의 상황에 관한 것이었다. 그들을 온전한 상태로 다시 찾을 수 있는가 하는 물음이야말로 다윗에게 가장 절실한 문제였다. 그런데도 다윗이 그것을 물을 수 없었던 것은 두려움 때문이다. 혹시라도 하나님께서 아내들과 자녀들에 대하여 부정적인 답변을 하실까 두려웠다. 살아 있을 가능성보다는 죽었을 가능성이 더 크고, 평안하기 보다는 견디기 힘든 모욕과 고통을 겪고 있을 가능성이 더 크다. 따라서 하나님으로부터 부정적인 답변을 듣게 될 가능성이 크다는 것을 다윗은 본능적으로 알았다. 그러므로 하나님의 답변을 들었을 때 자신이 그 충격을 감당하기 어렵다는 것을 잘 아는 다윗은 감히 하나님께 물을 수 없었다.

그러나 하나님은 다윗의 마음을 헤아리고 계신다. 다윗이 아내들과 자녀들의 생사에 관하여 그리고 그들의 현재 상황에 관하여 입술로 묻지는 못했지만, 마음으로는 그 어떤 기도보다도 더 간절하게 묻고 있다는 것을 알고 계신다. 그러므로 하나님께서는 아주 강한 어조로 "네가 그들을 반드시 따라잡을 뿐만 아니라 반드시 다시 찾을 것이다."라고 말씀하신다. 하나님의 응답은 그 말씀을 듣는 자에게 위로가 되며, 소망이 되고, 힘이 된다. 왜냐하면 하나님께서는 우리의 심정을 아시고, 가장 필요한 말로, 가장 적절한 언어로 응답해 주시기 때문이다. 그 말씀은 그대로 이루어지기 때문이다. 하나님의 말씀처럼, 다윗은 잃어버린 모든 사람을 아무런 상처나 피해 없이 안전하게 다시 찾게 될 것이다. 이것이 다윗이 가장 듣기를 원했던 하나님의 응답이었고, 너무나도 간절했기 때문에 입 밖으로 소리내어 물을 수도 없었던 그의 기도에 대한 하나님의 응답이었다. 다윗은 이 응답을 받고 힘과 용기를 얻었다. 그 때 그의 사람들은 하나님께서 다윗의 편에 계시다는 것을 알았다. 사울에게 응답하지 않으시던 하나님께서 다윗의 기도에 응답하시는 것을 목격하였다. 이제 그들은 다윗을 따르기만 하면, 잃었던 아내와 자녀들을 찾게 될 것이라는 사실 또한 알았다. 그러므로 그들은 계속하여 다윗을 비난하거나 대적할 수 없었다. 그들은 다윗에게 던지려고 치켜들었던 돌들을 내려놓았다. 그리고 다시 다윗의 부하가 되어, 그의 지시에 따르기 시작하였다.

다윗과 그의 부하 육백 명의 사람들이 시글락에서부터 추격하기 시작하

여 브솔 시내에 이르렀다. 사실 그들은 시글락에 도착했을 때 이미 기진맥
진한 상태였다. 그리운 가족을 만나겠다는 일념으로 3일 동안 충분히 쉬지
못한 채 행군하였기 때문이다. 시글락에서는 슬픔과 절망으로 몸부림치는
중에 정신과 몸이 더욱 피폐해졌다. 그리고 그때부터 강도떼를 추격하기
위해 그들은 음식을 먹거나 쉴 틈이 없이 이를 악물고 달려야 했다. 그들
은 조금이라도 쉬면서 힘을 회복하려는 생각을 할 수 없었다. 그들이 쉬는
만큼 가족을 되찾을 수 있는 가능성이 줄어들 것이다. 약간의 음식을 갖고
는 있었지만 먹고 싶은 생각은 들지 않았다. 마침내 더 이상 지탱하지 못
하고 200명의 사람들이 브솔 시냇가에 주저앉았다. 다윗은 지체하지 않고
나머지 400명을 데리고 추격을 계속했다. 악착같은 추격 덕분이었을까,
그들은 들에서 수상한 이집트 사람 한 명을 붙잡을 수 있었다. 그 사람은
병이 들어있었는데, 더욱이 삼일 밤낮 아무 것도 먹거나 마시지 못하고 혼
미한 상태로 쓰러져 있었다. 사람들이 그에게 빵과 무화과와 건포도를 주
어서 먹게 하고 물을 마시게 하여서 정신을 차리게 했다. 알고 보니 이 사
람은 유다 남방과 블레셋 지역 그리고 시글락을 약탈했던 바로 그 아말렉
사람들의 종이었다. 아말렉 사람들은 그가 병이 들었다는 이유로 그를 광
야에 버리고 떠나갔다. 다윗은 그의 도움을 받아서 마침내 아말렉 사람들
이 머물고 있는 곳을 찾을 수 있었다.

아말렉 사람들은 무주공산(無主空山)과 같은 가나안 남부지역을 마음껏
약탈한 뒤, 자신들의 전공에 크게 기뻐하면서 잔치를 벌이고 있었다. 그들
의 수가 무척이나 많았기 때문에 온 땅에 가득 차 있는 것 같았다. 많은 가
축을 잡아서 배가 터지도록 먹었고, 목구멍으로 술을 들이붓고, 고주망태

가 되어 쉰 목소리로 악을 쓰면서 되지도 않는 노래를 부르고 춤을 추었다. 다윗이 400명의 부하들과 함께 그들을 공격하자, 그들은 많은 수에도 불구하고 제대로 반격하지 못했다. 그들은 그저 도망치기에 급급했는데, 하나님께서 이미 그들에게서 싸울 수 있는 힘과 정신을 빼앗아 가셨기 때문이다. 다윗과 그의 부하들은 또 한 번 잔인한 살육의 향연을 벌였다. 자신들의 아내와 자녀를 노예로 끌고 갔었던 아말렉 사람들을 향해 그들은 하늘에 닿을 정도로 쌓인 분노와 증오를 끝없이 쏟아 부었다. 간신히 목숨을 부지하는데 성공한 아말렉 사람들은 낙타를 타고 도주한 400명에 불과했다. 다윗은 잃어버렸던 모든 것을 다시 찾을 수 있었다. 하나님의 약속은 그대로 이루어졌다. 잡혀갔었던 아내들과 자녀들은 조금도 상처를 입지 않은 채 남편과 아버지의 품에 안겼다. 뿐만 아니라 다윗은 아말렉이 노략해 두었던 수많은 양떼와 소떼를 전리품으로 얻을 수 있었다.

사람의 마음은 간사하여 쉽게 변한다. 불과 얼마 전 다윗을 돌로 쳐서 죽이려고 하였던 사람들이 이제는 다윗을 칭송하면서 소리쳤다. "이는 다윗이 탈취한 것이라." 다윗에게 모든 공로를 돌리면서, 언제 자기들이 다윗을 대적했느냐는 듯, 마치 다윗에게 간이라도 빼어줄 것인 양 다윗을 찬양하기 바빴다. 사실 그들은 모두 이런 저런 이유로 사울의 왕국에서 자리 잡지 못하고 도망자가 되어서 물 없는 거친 광야를 전전하는 신세였다. 아말렉과의 전쟁에서 승리하게 되자, 자기들과 같은 비참하고 가련한 도망자들이 믿고 의지할 사람은 다윗 밖에 없다는 것을 다시 한 번 뼈저리게 느꼈다. 그러므로 마치 자신은 다윗에게 돌을 던지려 하지 않았다는 듯이 앞 다투어 다윗에게 아부하였다. 아내와 자식들을 되찾은 기쁨과 함께 다윗의 미움을 받지 않아야 한다는 절박한 심정으로 미친 듯이 소리 질렀다. 이처럼 떠들썩한 가운데, 그들은 천천히 걸어서 마침내 브솔 시내에 도착했다. 그곳에는 힘이 없어서 따라오지 못했던 200명의 사람들이 불안해하면서 동료들이 무사히 가족들을 구하고 돌아오기를 애타게 기다리고 있었다. 다윗과 함께 가서 아말렉과 싸웠던 사람들 중 마음이 악한 사람들이 다윗에게 말했다. "그들이 우리와 함께 가지 않았으니까 우리가 도로 찾은 물건은 저 사람들에게 주지 맙시다. 잃었던 사람만 데리고 가게 합시다." 이 악한 자들에게는 약탈한 가축 떼와 물건들에 대한 욕심이 있었다. 자기들이 목숨을 걸었던 위험한 전쟁에 가담하지 않고 편하게 있었다는 이유로 브솔에 머물렀던 사람들에 대한 미움도 있었다. 자기들만 손해 보기 싫다는 억울한 마음도 있었다. 그러므로 그들이 잡혀 갔었던 사람들을 데려가는 것은 허용하지만, 탈취한 물건들은 줄 수 없다고 소리쳤다.

하지만 이 때 다윗은 이후 자기의 왕국에서도 계속되는 하나의 원칙을 정한다. "전장에 내려갔던 자의 몫이나 소유물 곁에 머물렀던 자의 몫을 똑같이 분배할 것이다." 다윗이 이렇게 결정한 이유는 자신들이 얻은 승리가 실제로는 하나님의 은혜이며 선물이라는 것을 알기 때문이다. 골리앗과 싸울 때에 했던 말 그대로 다윗은 "전쟁은 여호와께 속하였다."라는 확고부동한 신념을 갖고 있었다. 다윗에게도 물론 부유하게 살고 싶은 욕심이 있었고, 이런저런 핑계를 대고 위험한 일에 슬그머니 빠져나가는 사람들에 대한 미움도 있었다. 그러나 다윗의 행동과 생각을 결정하는 것은 그자신의 욕심이나 감정이 아니라, 하나님께 대한 믿음이었다. 계획은 사람이 하더라도 일을 이루시는 분은 여호와 하나님이시라는 강한 믿음이 다윗에게 있었다. 더욱이 다윗은 훌륭한 지도자라면 강한 자나 연약한 자나 모두를 품어야 한다는 것을 알았다. 산은 한 점의 먼지도 거절하지 않았기에 산이 되었고, 바다는 한 방울의 구정물도 물리치지 않았기에 바다가 되었기 때문이다. 다윗의 이와 같은 신앙적인 결정은 눈앞의 이익을 포기하는 듯하지만, 궁극적으로는 자신을 따르는 사람들을 하나로 연합시킬 뿐만 아니라 그의 나라를 굳건하게 세우는 기초를 형성하게 만들었다.

다윗은 시글락에 도착하여 불타버린 성읍을 재건하는 한편, 아말렉 사람에게서 탈취한 것들 중 좋은 것을 추렸다. 그리고 그것들을 자신이 그동안 친밀하게 대하고 있었던, 유다 지파 각 지역의 장로들에게 선물로 보냈다. 나발이 자신을 적대하는 것을 보고 크게 상처받았던 다윗은 유다 지파의 지도자들에게 좀 더 관심을 기울이고 그들과의 관계를 좋게 만들어두어야 하겠다는 생각을 했다. 그러므로 다윗은 그동안 자신과의 교분이 조금이라도 있었던 유다 지파의 모든 장로들에게 많은 선물들을 보내주었다. 다윗은 자신이 유다 지파에 속한다는 것을 강하게 인식하고 있었고, 유다 지파의 환심을 얻으려고 하는 일에 언제나 열심이었다. 자신이 사울의 박해를 피해서 살아남고, 하나님께서 기름부음을 통해 약속하신대로 나라의 왕이 될 수 있는 유일한 방도가 유다 지파의 후원을 얻는 것이라고 생각했기 때문일 것이다. 그러므로 유다 지파의 나발이 자신을 비난했을 때, 큰 충격을 받고 분노하였었다. 유다 지파가 아직도 자신을 좋게 생각하지 않는다는 것을 알게 되었기 때문이다. 그런데 과거의 실패를 만회할 수 있는 기회가 마침내 다윗에게 찾아왔다. 다윗은 아말렉과의 전쟁에서 얻은 전리품들을 유다 여러 성읍의 장로들에게 분배해 주었다. 그렇게 함으로써 그들의 호감을 얻는 동시에, 만일 자신이 왕이 되면 더 많은 선물을 줄 수 있다는 것을 그들에게 알려주었다. 또한 자신은 비록 사울에게서 쫓기고 있는 신세이지만 하나님께서 자신을 돕고 계시기 때문에 이렇게 성공했다는 것을 유다 장로들이 알아주기를 기대하였다.

4
사울과
요나단의 죽음
(삼상 31:1-삼하 1:27)

4. 사울과 요나단의 죽음

(삼상 31:1-삼하 1:27)

🎵 사울과 그의 아들들의 죽음(삼상 31:1-13)

다윗이 남쪽의 시글락에서 고군분투하는 동안, 북쪽에서는 블레셋과 사울
의 군대 사이에 대규모 전쟁이 벌어졌다. 엔돌에서 신접한 여인을 통해 들
었던 예고처럼, 블레셋이 처음부터 끝까지 전쟁을 압도했다. 이스라엘 군
인들은 적군의 칼을 피해 도망하기에 바빴는데, 벧산 서편에 위치한 길보
아 산에서 많은 이들이 죽음을 당했다. 항상 사울의 옆을 지키던 용사 아
브넬과 사울의 심복 부하들의 모습이 언제 부터인가 보이지 않았다. 아마
도 적군의 무자비한 공격을 피하던 중 서로 뿔뿔이 흩어져버린 듯했다. 그
때문이었을까, 사울이 사랑하고 신뢰하고 자랑스러워했던 아들 요나단과
아비나답과 말기수아가 전장에서 허무한 죽음을 맞이했다. 사울 역시 도
망치던 중에 화살에 맞아 치명상을 입었는데, 그 때 그는 자신이 살아날
가망이 조금도 없다는 것을 깨달았다. 그러므로 블레셋 사람들에 잡혀서
조롱당하면서 비참하게 죽기보다는 스스로 목숨을 끊는 것이 더 낫다고
생각했다. 하지만 자신에게는 죽을힘도 남아있지 않았다. 그런데 마침 자
기 옆에 칼을 들고 있는 이스라엘 병사 한 명이 있는 것을 알고, 사울이 그

에게 칼을 빼어 자신을 죽이라고 명령했다. 병사는 여호와께서 기름 부어 세우신 왕을 자기 손으로 죽이기를 두려워하여 사울의 명령을 따르지 않았다. 결국 사울은 남아 있는 모든 힘을 짜내어 간신히 칼을 비스듬히 세운 다음, 겨우 칼날 끝에 몸을 대고 쓰러졌다. 사울을 지켜보던 병사는 이스라엘 왕국에 희망이 사라졌다고 생각하고, 자신 또한 자기 칼 위에 쓰러져 죽음을 맞이했다.

전쟁의 패배는 이스라엘의 영토 상실로 이어졌다. 이스르엘 골짜기 서편과 요단 강 주변의 땅들에 거주하던 이스라엘 백성들이 모두 정든 땅을 버리고 도망했고, 그 대신 블레셋 사람들이 들어와 그곳에 살게 되었다. 다음 날 블레셋 사람들이 전리품을 노략하기 위해 전쟁터를 다시 찾았을 때, 사울과 그 아들들이 길보아 산에서 죽어 있는 것을 발견하였다. 그들은 사울의 머리를 베고, 그의 갑옷을 벗겼다. 그리고 그 소식을 블레셋 사람의 땅 사방으로 전파했다. 여기서 "전파하다"라는 단어는 다른 곳에서 "아름다운 소식을 전하다."라는 뜻으로 번역되어 있고, "복음을 전파하다."라는 의미를 갖는다. 이스라엘이 패배했다는 것 그리고 블레셋이 적군의 왕 사울과 그의 아들들을 죽이면서 대승을 거두었다는 것은, 그들의 입장에서 볼 때, 복음이며 아름다운 소식이었다. 그들은 이스라엘이 망하고, 이스라엘의 왕이 죽었다는 그들만의 복음을 널리 전파하며 기쁨을 누렸다. 사울의 갑옷은 마침내 아스다롯 우상의 신전에 보관되었다. 여호와의 기름 부음을 받은 이스라엘의 왕을 상징하는 갑옷이 이방 여신의 신전 (삼상 31:10), 많은 거짓 신들이 모여 있는 신들의 집(대상 10:10) 안에 감금되었다. 사울의 시체와 그 아들들의 시체는 전쟁의 결과로 블레셋의 영토가 되어버린 벧산의 성벽에 못 박혀서 매장되지 못하는 저주받은 시체가 되었다. 잘려진 사울의 머리는 다곤의 신전에 못 박혀서 블레셋 사람들의 조롱거리가 되어야 했다(대상 10:10).

비록 하나님께서 사울을 버리셨다고 하더라도, 사울의 결말이 이렇게될 수는 없었다. 사울은 여호와 하나님의 기름 부음을 받은 자였다. 그가자신의 죄에 대하여 하나님의 벌을 받는 것은 마땅하지만, 이방 민족과 우상의 조롱거리가 될 수는 없다. 그러므로 하나님께서는 길르앗 야베스 사람들의 마음을 움직이셨다. 야베스에 거주하는 모든 용사들이 일심 단결하여 일어나, 야음을 틈타 은밀하게 움직였다. 블레셋 군대의 수비대가 곳곳에서 지키고, 순찰병들이 눈을 부릅뜨고 사방을 돌아다니고 있었지만, 야베스의 용사들은 자원하여 자기 목숨을 걸고 위험한 작전을 수행하였다. 마침내 그들은 하나님의 돌보심 가운데 벧산 성벽에 못 박혀 있던 사울과 그 아들들의 시체를 가지고 야베스로 돌아오는데 성공하였다. 그들은 최고의 경의를 표하면서 그 시체들을 화장하였고, 그 남은 뼈를 야베스에셀 나무 아래 장사하였다. 이스라엘 사람들은 화장하지 않는데, 사울의시체는 블레셋 때문에 남겨둘 수 없어서 화장한 것으로 보인다. 그 후 그들이 칠일을 금식한 것은 그들의 진실한 슬픔과 안타까움을 표현한 것이었다. 야베스 사람들이 이처럼 사울의 명예를 위해 목숨을 걸었던 것은 무엇보다 사울에게 기름을 부으신 여호와께 대한 경외심 때문이었다. 이스라엘 초대 왕으로서 사울의 위대한 업적에 대한 존경심 때문이기도 했다. 그러나 동시에 과거 사울이 암몬과 싸워서 야베스 사람들을 구원하였던그 은혜에 대한 감사의 표현이기도 했다(삼상 11장). 야베스 사람은 과거의 은혜를 잊지 않았다. 그들은 목숨을 걸고 사울에 대한 의리를 지켰다.

바울의 한 설교에 따르면 사울은 이스라엘 왕으로서 40년간 통치하였다(행 13:21). 그렇다면 그가 죽었을 때 나이가 적어도 70세 이상이 되었을 것이다. 사울은 120세까지 건강을 유지했던 모세와 같은 특별한 인물이 아니었다. 그저 남들보다 조금 더 건장한 신체를 갖고 있었을 뿐이다. 이처럼 평범한 그가 고령의 나이에도 불구하고 전쟁터에 나가서 블레셋과 싸워야 했던 것은 이스라엘 왕으로서의 희생적인 책임의식이 있었기 때문일 것이다. 결국 그는 자신의 생명뿐만 아니라, 자기 아들들의 생명까지도 바쳐서 마지막까지 자신의 본분을 다했다.

🔔 아말렉 소년의 보고(삼하 1:1-16)

다윗이 아말렉 사람들을 살육하고 시글락으로 돌아와 머무른 지 3일째 되는 날, 북쪽의 전장에서부터 한 사람이 그를 찾아왔다. 그는 젊은 아말렉 사람인데, 사울의 군사가 되어 전쟁에 참여했던 사람이었다. 다윗이 그에게 어디서 왔는지 물었다. 그 청년은 자신이 이스라엘 진영에서 적군을 피해 도망한 사람이라고 대답하면서, 다윗에게 전쟁터의 상황을 보고했다. 이스라엘 군사들이 많이 죽었고, 또 자기처럼 도망하는 자도 많았으며, 사울과 요나단이 함께 죽었다는 내용이었다. 다윗은 그 보고를 듣고 큰 충격을 받았는데, 무엇보다도 사울이 죽었다는 소식으로 인해 경악할 수밖에 없었다. 다윗은 흥분한 목소리로 그 아말렉 청년에게 "네가 사울이 죽었다는 것을 어떻게 알았느냐?" 하고 물어야 했다. 그러자 그 청년은 잘 준비된 한 편의 이야기, 자신이 중요한 역할을 담당하고 있는 한 이야기를 다윗에게 들려주었다. 사실 그 청년이 전쟁의 상황을 다윗에게 전하면서 충격을 주려고 했던 이유는 바로 여기에 있었다. 다윗이 바로 이와 같은 질문을 자신에게 던지기를 바라고 있었기 때문이다. 자신은 그 질문에 답하기 위해 다윗을 찾아 이 멀리까지 온 것이다. "제가 우연히 길보아산에 있었는데, 치명적인 상처를 입은 사울이 저에게 자기를 죽여주기를 명령했습니다. 저는 사울이 살아날 가망이 없다는 것을 알고, 그를 죽이고 그의 머리에 있던 왕관과 팔찌를 취해서 당신께 가져왔습니다."

이 청년의 말은 사무엘상 31장의 내용과 조화되지 않는다. 사실 이 청년은 지금 다윗에게 거짓을 말하고 있다. 그러나 모든 것이 거짓인 것은 아니다. 대부분의 내용은 진실이었다. 거짓말이 잘 통하기 위해서는 10%의 거짓을 90%의 진실 속에 감추어 두어야 하는 법이다. 전쟁에 패배하여 이스라엘 백성이 많이 죽고 도망했다는 것이나, 사울이 다른 사람에게 자신을 죽이라고 명령했다는 것, 그리고 사울과 요나단이 죽었다는 것은 모두 진실이었다. 하지만 자신에게 필요한 부분은 거짓으로 꾸며 넣었다. 그는 사울이 아말렉 사람인 자신에게 죽여주기를 명령했으며, 자신이 그 명령에 따라 사울을 죽였다고 말했다. 사실은 이와 달랐다. 사울이 명령했던 병기 든 자는 아말렉 사람이 아니라 이스라엘 사람이었을 것으로 추측된다. 왜냐하면 사울은 이방인에게 죽임을 당하는 것을 두려워하고 있었기 때문이다(삼상 31:4). 더욱이 사울이 다른 사람에 의해 죽었다는 것은 확실한 거짓말이다. 사울은 결국 스스로 죽었기 때문이다. 아마도 이 아말렉 청년은 사울이 죽는 순간 그 옆에서 사울의 말을 듣고 있었고, 그의 행동을 지켜보고 있었을 것이다. 그러므로 거짓을 진실 속에 감추면서 마치 정말인 것처럼 생생하게 이야기를 꾸며 낼 수 있었다. 사울은 과거 한 전쟁에서 아말렉 왕 아각의 죽음에 대하여 하나님을 속이려 한 바 있었다. 지금 아말렉의 한 청년이 사울 왕의 죽음에 대하여 다윗을 속이려 하고 있다는 것은 냉혹하기 짝이 없는 역사의 한 단면을 보여준다.

이 아말렉 청년이 거짓말을 만들어낸 이유, 그리고 그 거짓말을 가지고 멀리 떨어져 있는 다윗에게 찾아온 이유는 쉽게 추측할 수 있다. 그는 다윗이 사울의 죽음을 간절히 원하고 있다고 생각했다. 다윗이 자신을 죽이려하는 사울을 증오하기 때문에, 그를 죽이고 증거를 가져오는 사람에게 큰 상을 줄 것이라고 믿고 있었다. 사실 이것은 그만의 생각이 아니라, 사울과 다윗의 관계를 알고 있는 많은 사람들이 갖고 있는 생각이었다. 다윗은 사울을 죽일 수 있는 몇 번의 기회에서 오히려 사울을 공경하는 태도를 보여주었다. 그러나 그럼에도 불구하고 여전히 사람들은 다윗이 사울 죽이기를 간절히 원한다고 생각하였다. 그러므로 사울이 죽는 것을 보는 순간, 아말렉 청년은 다윗에게 사울의 왕관과 팔찌를 가져가서 자신이 사울을 죽였다고 말하면 다윗이 큰 상을 내릴 것이라고 여겼다.

하지만 다윗의 반응은 아말렉 청년이 지레짐작하였던 것과 달랐고, 그 시대의 많은 사람들이 생각하였던 것과 달랐다. 다윗은 사울을 미워하지 않았다. 다윗은 사울이 하나님의 기름 부음을 받은 이스라엘의 왕이라는 사실을 언제나 충심으로 인정하고 있었다. 그것은 사울에 대한 의리이면서, 그를 세우신 여호와 하나님의 주권을 경외하는 마음이었다. 그러므로 다윗은 사울이 죽었다는 사실로 인하여, 그리고 그의 아들 요나단과 많은 이스라엘 군사들이 죽었다는 것 때문에 옷을 찢으면서 슬퍼했는데, 저녁이 될 때까지 통곡하고 금식하였다. 또한 이스라엘 민족이 할례 없는 이방 민족에 의해 유린되어야만 하는 비참함이 다윗의 슬픔을 더욱 크게 하였다. 한편 다윗과 함께 슬퍼하던 백성들은 다윗이 금식하며 통곡하는 모습을 가까이서 지켜볼 수 있었다. 그들은 다윗의 애통 속에는 진심만이 있고, 한 치의 위선도 존재하지 않는다는 것을 분명히 알 수 있었다.

저녁이 되어서야 다윗은 뼈아픈 슬픔과 괴로움을 다소 진정시킬 수 있었다. 그리고 자신이 사울을 죽였다고 주장하는 아말렉 청년에게 물었다. "너는 어디 출신이냐?" "저는 거류민으로서 아말렉 사람입니다." 이 말은 들은 다윗은 그 청년의 말이 거짓일 가능성이 높다는 것을 알았다. 물론 그가 사울의 면류관과 팔찌를 가져온 것을 보면 사울이 죽고 이스라엘이 크게 패배한 것은 분명했다. 하지만 사울이 아말렉 사람에게 자신을 죽여 달라고 말했다는 것은 틀림없는 거짓말처럼 느껴졌다. 이스라엘 사람 중에서 이방 민족에게 자신을 죽여라고 말할 사람은 아무도 없기 때문이었다. 더욱이 아브라함의 자손이라는 자부심이 가장 강한 이스라엘 왕 사울이라면 두말할 필요가 없다. 하지만 다윗은 더 이상 질문하지 않았다. 왜냐하면 그가 자기 입으로 자신이 사울을 죽였다고 주장하고 있기 때문이다. 그의 말이 진실인지 거짓인지는 오직 하나님께서 아실 것이다. 다윗이 할 일은 단지 그의 주장을 받아들이고, 그에 따라 올바르게 행동하는 것이다.

다윗은 준엄한 태도로 아말렉 청년을 질책하였다. "네가 어찌하여 손을 들어 여호와의 기름 부음 받은 자 죽이기를 두려워하지 않았느냐?" 여호와의 기름 부음을 받은 자는 하나님의 사람으로서 오직 그분의 권세 아래 있다. 다윗은 바로 그러한 이유 때문에 사울이 자신을 죽이려함에도 불구하고 그의 권위를 인정했었다. 그러므로 다윗은 옆에 섰던 부하에게 명령하여 그 아말렉 청년을 칼로 쳐 죽이게 하였다. 아말렉 청년은 다윗이 사울을 죽이려한다고 생각하고 그의 칭찬을 얻기 위해 거짓을 만들어 보고했다. 그러나 다윗은 그 아말렉 사람을 죽임으로써 사울을 세우신 하나님의 권위에 순종하는 모습을 보였다. 뿐만 아니라 다윗은 이스라엘 모든 사람들에게 자신이 사울을 대적하지 않으며, 오히려 그의 편에 서 있다는 것을 확실히 알려주었다. 물론 다윗은 사울의 가족과 신하들도 적대시 하지 않을 것이다.

사실 다윗은 길보아 산에서 발생한 사울의 죽음과 관련하여 두 번의 시험을 통과해야 했다. 첫 번째는 전쟁터에서 다윗을 자신의 방패로 삼고자 하는 가드 왕 아기스의 계획이었다. 그 계획에 따라 다윗은 사울이 죽어야 했던 그 전쟁에 하마터면 사울의 적군이 되어 참여할 뻔하였다. 만일 다윗이 아기스 왕의 계획대로 그의 부하가 되어 참가했다면, 그는 사울의 죽음에 직접적으로 개입했다는 비난을 피할 수 없었을 것이다. 만일 그렇다면 그는 그 이후 사울의 원수라는 주홍글씨를 지니고 살아야 했을 것이다. 그러나 하나님께서는 다윗이 그 전쟁에서부터 발을 뺄 수 있도록 다른 블레셋 장군들로 하여금 다윗을 의심하고 싫어하는 마음을 갖도록 만드셨다. 둘째는 아말렉 청년의 보고였다. 그 보고에 다윗이 어떻게 반응하는가 하는 점이 얼마 지나지 않아서 이스라엘 모든 사람들에게 알려질 것이다. 만일 다윗이 사울의 죽음에 대해 기뻐하거나 혹은 적어도 사울을 죽였다고 공공연히 떠벌이는 이방인을 처형하지 않는다면, 다윗의 평판은 급속히 나빠질 것이다. 이스라엘의 모든 사람들이 다윗은 사울의 죽음을 바랐고, 사울의 왕위를 빼앗기를 원했다고 믿고 그를 비난하였을 것이다. 하지만 다윗은 이 두 가지 시험들을 잘 통과했다. 다윗은 자신이 사울의 죽음에 대해 결백함을 보여주었다.

🔺 다윗과 요나단(삼하 1:17-27)

다윗은 사울과 요나단을 애도하는 노래를 지어 불렀다. 다윗은 이전에 〈사울은 천천이요, 다윗은 만만이다.〉라는 짧은 노래가 강한 힘을 가지고 이스라엘뿐만 아니라 블레셋 족속까지 뒤흔들어 놓았던 것을 경험한 바 있다. 그러므로 그는 자신이 지은 이 슬픈 노래를 유다 사람들에게 가르치게 하여, 많은 사람들이 이 두 영웅을 애도할 수 있게 하였다. 더욱이 그들은 이 노래를 통하여 사울과 요나단을 그리워하며 안타까워하는 다윗의 진실한 마음을 알게 될 것이다. 다윗이 아말렉 청년을 죽인 것은 정치적인 쇼가 아니었고, 진심에서 우러나는 행동이었음을 알게 될 것이다. 노래가 감동적으로 표현하는 것처럼 다윗은 사울의 죽음을 슬퍼하였고, 그가 죽을 수밖에 없었던 이스라엘의 현실에 대해 참으로 분노하였다. 후일 이 노래는 이스라엘 사람들에 의해 〈활 노래〉라는 제목을 얻게 되었고, 야살의 책에 기록되었다.[7]

---

7) 〈활 노래〉라는 제목이 붙은 것은 22절에서 요나단의 활이 언급되었기 때문일 것이다. 〈야살의 책〉은 여호수아 10:13에서도 언급된다.

노래를 통해 다윗은 요나단을 특히 그리워하였다. "내 형 요나단이여, 내가 형 생각에 너무 고통스럽습니다. 형은 나를 무척이나 아껴 주었는데, 나에 대한 형의 사랑은 기이하여 여자들의 사랑보다 더 하였습니다(삼하 1:26)." 여기서 〈기이하다〉라는 표현은 자연계에서 발견할 수 없는 특이한 현상을 가리키는 말이다. 다윗은 요나단이 자신을 사랑하는 것이 너무나 깊고 아름다우며, 그의 사랑은 자신이 아직 세상 사람들 사이에서 발견하지 못한 종류의 사랑이라는 것을 깨달았다. 여자가 남자를 사랑하는 정열적인 사랑보다도 더 깊은 요나단의 사랑은 그 사랑의 대상이 된 다윗을 놀라게 하고 감격하게 하는 〈기이한〉 것이었다.

사실 다윗과 요나단은 인류 역사에서 가장 아름다운 사랑을 나눈 두 사람으로 회자된다. 요나단은 다윗을 처음 만나는 순간 자신의 마음이 다윗에게 강하게 이끌리는 것을 느꼈다(삼상 18:1). 요나단은 다윗을 자기 생명처럼 사랑하여, 지금껏 전쟁터에서 자신의 생명을 보호하던 것들, 마치 자신의 분신과도 같았던 겉옷과 군복과 칼과 활과 허리띠를 그에게 주었다. 이러한 것들은 그 순간 자신이 줄 수 있는 가장 좋은 것들이었다. 그 후 그는 다윗에게 자신이 가진 모든 것을 주었다. 우선 그는 다윗이 사울의 장군이 되어서 이스라엘 민족을 위해 봉사할 뿐만 아니라, 명성을 드높일 수 있는 길을 열어주었다(삼상 18:5). 사울 앞에서 담대하게 다윗을 변호한 것도 요나단이었다(삼상 19:4). 사울이 계속하여 다윗을 죽이려하자, 요나단은 다윗을 위해서 자신이 세상에서 가장 존경하는 부친 사울과 격렬하게 싸우기도 했고, 부친의 뜻을 거역하면서 다윗을 은밀하게 남쪽으로 피신시켰다(삼상 20:30-42). 그리고 요나단은 도망자 신세가 되어 하루 앞 일도 예측할 수 없었던 다윗을 미래의 왕으로 인정하면서, 자신의 것이라 할 수 있는 이스라엘 왕국을 다윗에게 넘겨주겠다고 서약했다(삼상 23:17). 마침내 요나단이 길보아 산 위에서 아직 젊은 나이에 죽음을 맞이한 것은, 비록 자신이 의도하지는 않았다고 할지라도, 다윗에게 왕국을 넘겨주기 위한 필연적인 과정을 밟은 것이라고 할 수 있다. 다시 말해 요나단은 다윗에게 자신의 생명까지 내어준 것이다. 이것은 마치 세례 요한이 예수께 모든 것을 주고 난 뒤, 그 분께서 더 크고 훌륭하게 사역하시도록 자신의 생명까지도 내어드렸던 것과 같다. 예수께 세례 요한이 있었던 것처럼, 다윗에게는 요나단이 있었다.

한편 요나단이 다윗에게 준 것 중 가장 귀한 것은 믿음이었다. 요나단은 다윗을 만나기 이전부터 강한 믿음의 소유자로 널리 알려졌고, 이스라엘의 모든 소년들이 가장 닮고 싶어 하는 그 시대의 영웅이 되어 있었다. 무엇보다도 요나단이 "여호와의 구원은 숫자의 많고 적음에 달려 있지 않다(삼상 14:6)."라고 외치면서 블레셋 진영 속에 들어가서 맨 손으로 적군을 쓰러뜨렸던 이야기는 하나의 위대한 전설이 되어 널리 전해졌다. 다윗이 "여호와의 구원은 칼과 창에 달려 있지 않다."라고 외치면서 골리앗과 싸웠던 것은 이와 같은 요나단의 믿음과 행동을 그대로 본받은 것이라 할 수 있다. 다윗과 헤어져야 하는 순간에 요나단은 "여호와께서 너와 나 사이에, 그리고 우리 후손들 사이에 영원히 계실 것이다(삼상 20:42)."라고 하면서 신앙으로 다윗을 위로하고 격려했다. 도망자가 된 다윗을 호레스에서 은밀히 만났을 때에도 요나단은 그에게 "하나님 안에서 힘을 얻어라(삼상 23:16)."하고 용기를 주었다. 결국 다윗의 가장 중요한 특징인 신앙은 요나단에 의해 형성되었다고 말해야 한다. 다윗은 요나단과 같은 신앙의 스승을 가지고 있었다는 점에서 복 있는 사람이었다.

요나단은 다윗에게 모든 것을 주면서도, 그로부터 직접적인 보답을 기대하지 않았다. 그와 같은 점에서 요나단의 사랑은 참으로 가치 있는 것이었다. 그런데 다윗은 마치 의도적으로 요나단에게 전혀 보답하지 않음으로써 그의 사랑을 더욱 아가페다운 사랑으로 만들어 주려고 하는 것 같다. 많은 것을 받았지만, 아무 것도 주지 않았다. 그렇기 때문에 요나단의 사랑은 더욱 아름답게 되었다. 하지만 다윗 자신은 더욱 이기적인 사람이 되었다. 다윗이 요나단에게 준 것은 그가 죽은 후 바친 슬픈 노래 하나가 전부였다. 다윗은 "요나단이 나를 여인들보다도 더 깊이 사랑하였으며 기이할 정도로 사랑하였다."라고 말한다. 하지만 어디에서도 다윗 자신이 요나단을 사랑한다고는 말하지 않는다. 다윗과 요나단 사이는 일방적인 사랑의 관계가 형성되어 있었다. 요나단은 사랑을 베푸는 자였고, 다윗은 사랑을 받는 자였다. 그러므로 요나단은 다윗의 친구라 불리기보다 그의 후견인으로 불려야 마땅하다. 요나단은 다윗을 돌보고 키워주는 사람이었다. 반대로 다윗은 요나단을 자신의 멘토요 후원자로서 여겼을 것이다.

사울의 죽음은 그를 따르던 많은 사람들에게 불안감을 주었다. 결국 사울의 왕국은 그의 죽음과 함께 서서히 분열되고 있었다. 사울과 그의 가족에 대한 충성심이 견고했던 사람들과, 사울 시대에 2인자로서 군대의 총사령관이었던 아브넬을 신뢰하는 사람들은, 아브넬을 좇아서 사울 왕국을 그대로 보존하려고 힘썼다. 그러나 아브넬을 신뢰하지 못하는 사람들은 더욱 강력해진 블레셋과 이방 민족들의 위협에서부터 살아나기 위해 다른 대안을 찾으려고 했다. 그리고 그들에게 가장 좋은 대안은 다윗이었다. 그러므로 심지어 베냐민 지파에서조차, 그리고 갓 지파와 므낫세 지파에서도 많은 용사들이 다윗에게로 가서 충성을 맹세하였다(대상 12:1-22). 이들은 다윗에게 큰 힘을 주었고, 다윗은 비로소 왕이 될 용기를 얻게 되었다.

5
유다 지파의 왕
(삼하 2:1-4:12)

5. 유다 지파의 왕

(삼하 2:1-4:12)

🎵 유다 지파의 기름부음을 받다(삼하 2:1-4a)

사울이 죽은 뒤, 그의 장군이었던 아브넬이 아마도 이스라엘 왕국을 한동안 다스렸을 것이다. 그러나 아브넬은, 비록 그가 사울의 사촌 형제이었음에도 불구하고, 왕으로서 정통성을 갖춘 인물이 아니었다. 사울이 죽었을 때, 이스라엘은 많은 영토를 블레셋에게 빼앗겼다. 그런데도 아브넬은 그 축소된 영토조차 전부를 보호할 수는 없었다. 그가 장군으로서 자신의 군대를 동원하여 통치할 수 있는 영역은 이스라엘의 영토 중에서 일부에 불과했다. 이스라엘의 많은 영토와 가족들이 블레셋을 위시한 가나안 민족들의 무서운 공격에 무방비 상태가 되었다. 이런 상황에서 다윗은 자신이 기름부음을 받아 선택된 지도자라는 책임 의식을 강하게 느꼈다. 우선적으로 다윗은 유다 지파를 자신의 직접적인 관할 아래 두기 원했다. 자신이 속한 유다 지파에 대해서 다윗은 항상 남다른 애착을 느끼고 있었다. 왜냐하면 다윗은 과거 자신을 인정하지 않았고 지금도 여전히 불안한 눈으로 자신을 지켜보고 있는 가족과 친족들에게 자신의 능력을 입증해 보이고 인정받으려는 강한 욕구를 지니고 있었기 때문이다.

사실 다윗이 요나단을 부러워하였던 이유 중 하나는 요나단과 사울 사이에 존재하는 *끈끈한* 가족애다. "사울과 요나단이여 살았을 때 사랑스럽고 아름다웠던 자여, 그들은 죽을 때에도 헤어지지 않았다(삼하 1:23)." 요나단은 부친 사울의 사랑을 받았을 뿐만 아니라, 부친의 확고한 신뢰를 얻고 있었다. 그는 사울의 통치 초기에 이미 군사령관으로 임명되었는데, 사울은 요나단으로 하여금 비록 적은 숫자지만 이스라엘 군대의 1/3을 통솔하게 하였다(삼상 13:2). 사울은 애초부터 요나단을 자신의 다음 왕으로 정해두고 있었으며, 자랑스러운 아들에게 왕위를 물려주는 것을 자기 인생에 있어서 가장 보람 있는 일로 생각했다(삼상 20:31). 비록 사울은 요나단이 자신과 함께 전장의 이슬로 사라지는 것을 결코 바라지 않았겠지만, 죽음의 길인 것을 알고도 자신을 끝까지 따라오는 요나단을 보면서 자신의 마지막 순간이 전혀 외롭지 않다는 것을 알았을 것이다. 한편 요나단과는 다르게 다윗은 부모의 인정을 받지 못했다. 다윗과 그의 다른 가족들 사이에는 가족애가 나타나지 않는다. 오히려 그의 부모는 중요한 자리에 그를 동참시키지 않았고, 맏형은 그를 지나칠 정도로 책망하고 비난하기도 했다. 어린 시절 부모와 가족의 인정을 받지 못했던 다윗은 장성한 이후 항상 그들의 인정을 받으려는 욕구를 느끼고 있었다. 이러한 다윗의 성향이 그로 하여금 유다 지파에 대한 과도한 집착을 나타내 보이게 하였다.

사울이 죽은 후, 다윗은 자기 부하들과 함께 헤브론에 올라갔다. 이때 다윗은 자기 아내들을 데려갔고, 그의 부하들도 공공연히 가족들과 함께 생활하기 시작했다. 왜냐하면 이미 상황이 위험하지 않게 되었고, 적어도 유다 지파의 땅에서는 그들을 위협할만한 세력이 없다고 여겼기 때문이다. 심지어 그들은 한 곳에 모여 있지도 않았고 몇몇 성읍들에 흩어져 거주하는 자신감을 과시했다. 당시 요단 서편 가나안 땅에서 가장 위협적인 세력은 블레셋이었는데, 블레셋은 여전히 사울의 왕국과 대적하고 있었다. 왜냐하면 사울이 죽었음에도 불구하고, 사울의 총사령관이었던 아브넬이 계속하여 사울의 군대를 이끌고 있었기 때문이다. 아브넬이 블레셋과 계속해서 싸우는 동안, 블레셋은 다윗의 행보에 대해 관심을 가질 틈이 없었다. 블레셋이 자신들에게 고용되어 용병 생활을 했던 다윗을 어느 정도는 무시하고 있었기 때문이기도 했다. 그러므로 다윗은 가나안의 남부 유다 지파의 땅에서 한 동안 여유로운 생활을 누릴 수 있었다. 그가 더 이상 숨어 있지 않고 헤브론으로 올라가려고 결심한 것도 마치 어부지리와 같은 평화를 얻었기 때문이었다.

다윗이 자신의 본거지로 선택한 헤브론은 유다 지파 영토의 가운데 부분에 위치해 있다. 특히 이곳은 아브라함이 헷 사람들에게서 구입했던 매장지가 있는 곳으로서, 아브라함과 사라, 이삭과 리브가, 그리고 야곱과 레아가 여기에 묻혀 있었다. 그러므로 헤브론은 이스라엘 민족에게 가장 중요한 역사적 의미가 있는 곳이었다. 갈렙이 아낙 사람들을 쫓아내고 이곳을 정복한 이후, 이곳은 유다 지파의 수도와 같은 역할을 하고 있었다. 다윗이 작정하고 헤브론에 머물게 되자, 유다 지파 전체가 서서히 다윗에게로 돌아오게 되었다. 마침내 유다 사람들은 헤브론에 모여서 다윗에게 기름을 붓고, 유다 족속의 왕으로 삼았다. 다윗은 과거 선지자 사무엘에 의해서 기름부음을 받았다. 선지자가 기름을 부은 것은 하나님께서 그를 이스라엘의 왕으로 선택하셨다는 것을 표현하는 영적인 의식이다. 한편 유다 사람들이 다윗에게 기름을 부은 것은 그를 자기들의 왕으로 모시고 충성을 다짐하는 정치적인 의식으로서 실제적인 즉위식이다. 헤브론에서 비록 한 지파를 다스리는 왕이지만, 다윗이 정식으로 왕이 되자, 이스라엘의 모든 지파에서부터 이전보다 더 많은 사람들이 다윗을 찾아와 그의 신하가 되었다. 아브넬이 죽고 이스보셋까지 죽었을 때는 온 이스라엘이 헤브론으로 와서 다윗을 왕으로 모시려 하였다(대상 12:23-40).

🔔 야베스 사람들의 의리(삼하 2:4b-7)

다윗이 왕이 되었을 때, 그는 길르앗야베스 사람들이 큰 위험을 감수하면서 사울을 장사했다는 것을 알게 되었다. 그는 야베스 사람들의 의리와 선행에 대하여 크게 치하했다. "여호와께서 너희에게 인애와 진실을 베푸시며, 또한 나도 너희에게 선한 것으로 갚을 것이다(삼하 2:6)." 인애와 진실은 여호와 하나님의 성품이다. "주님은 긍휼히 여기시고, 은혜로운 하나님이시며, 노하기를 더디 하시고 인애와 진실이 많으시다(시 86:15)." 인애는 받을 자격이 없는 자에게 베푸시는 하나님의 사랑을 뜻한다. 진실은 하나님께서는 약속을 성실히 지키시는 분이며, 거짓이 없으신 분임을 나타낸다. 사울에 대한 의리를 자기 스스로 끝까지 지켰었던 다윗은 야베스 사람들이 사울에게 선을 행한 것을 듣고 기쁜 마음으로 그들을 축복하기를, 하나님께서 인애와 진실로 그들을 대하실 것이라 했다. 뿐만 아니라 다윗 자신도 그들이 사울에게 베푼 것과 같은 선한 일을 그들에게 행하겠다고 약속했다.

이어서 다윗은 야베스 사람들에게 손을 강하게 하고 용감하게 행동하라고 격려했다. 왜냐하면 사울은 이미 죽었고, 유다 사람들은 다윗을 자기 지파의 왕으로 삼았기 때문이다. 요단 강 동편 길르앗에 위치한 야베스는 이방 민족들의 공격에 가장 취약한 지역들 중의 하나다. 야베스 사람들은 사사 입다의 시대에 암몬의 공격을 받아 큰 고난을 겪어야 했었다. 또한 사울이 막 왕이 되었을 때도, 암몬 왕 나하스가 무자비하게 야베스를 공격해 왔다. 이 때 야베스 사람들은 사울의 도움을 받아 위기를 간신히 벗어날 수 있었다.

사울이 죽었을 때 야베스 사람들은 주변의 여러 민족들로부터 오는 위험에 직면하게 되었다. 길르앗 지역이 원래 자신의 영토라고 주장하는 암몬은 사울과 싸운 이후로도 호시탐탐 야베스를 공격할 기회만 찾고 있었다. 야베스 사람들은 사울의 시체를 몰래 빼돌리느라 블레셋의 미움을 사기도 했으므로, 상황은 더욱 위험해졌다. 뿐만 아니라 아람에 속한 여러 도시들은 그들의 힘이 강성해질 때마다 길르앗 지역을 약탈하고 정복하는 것을 관행처럼 여기고 있었다. 하지만 이와 같은 위기 상황 속에서 야베스 사람들을 보호해줄 사울은 이미 죽었다. 그들은 이방 민족들의 공격을 막아줄 든든한 울타리를 상실하였다. 이제 야베스 사람들에게 필요한 것은 진정한 용기였다.

한편 다윗이 생각할 때, 야베스 사람들이 용기를 내어야 하는 또 다른 이유는 자신이 유다의 왕이 되었다는 것이다. 야베스 사람들은 사울의 왕가와 다윗 사이에서 한 편을 택해야 한다. 다윗은 야베스 사람들을 크게 칭찬하고 그들에게 선을 베풀겠다고 약속하였다. 이와 같은 다윗의 말은 야베스 사람들이 자기편이 되어주기를 바라는 자신의 마음을 은근히 표현하고 있다. 하지만 그러한 다윗의 마음에 부응하여 야베스 사람들이 사울의 왕국을 대표하는 아브넬을 거부하고 다윗의 편이 되기 위해서는 매우 큰 용기가 필요하다. 왜냐하면 다윗의 편이 된다는 것은 아브넬과 그의 군대의 분노를 감당해야 한다는 것을 의미하기 때문이다. 더욱이 왕으로서 다윗의 능력은 아직 증명되지 않았다. 뿐만 아니라 헤브론에 자리 잡은 다윗은 야베스로부터 지나치게 멀리 떨어져 있다. 그렇다면 다윗이 과연 사울처럼 야베스를 보호할 수 있을까?

🔔 아브넬의 선택(삼하 2:8-11)

이즈음 블레셋에게 계속해서 쫓기던 아브넬은 결국 요단강을 건너기로 결심했다. 그리고 그는 자신이 계속해서 사울의 군대를 통솔하고 있으나 왕이 없는 상태에서 더 이상 나라를 보존하기 힘들다는 것을 통감하였다. 왕이라는 구심점이 없는 나라는 블레셋을 위시한 주변 민족들의 끊임없는 도전에 강하게 대응할 수 없었다. 저항다운 저항을 해보지도 못하고 요단강을 건너 도망할 수밖에 없는 이유가 바로 강력한 왕권을 상실했기 때문이라는 것을 아브넬 뿐만 아니라 그를 따르는 많은 사람들이 깨닫고 있었다. 아브넬이 아무리 탁월한 장군이라고 할지라도, 그는 왕이 아니었다. 장군으로서 그는 백성들의 절대적인 충성을 얻기 힘들었다. 그러므로 그는 강력한 나라를 세워서 블레셋과 싸우고, 잃었던 영토를 회복하기 위해, 그동안 차일피일 미루던 새 왕의 즉위식을 거행해야만 했다. 더욱이 유다 지파가 발 빠르게 행동하였다. 그들은 사울이 죽자마자, 보란 듯이 다윗을 자신들의 왕으로 기름 부어 세웠다. 그리고 아브넬이 패전을 거듭하는 가운데, 아마도 3-4년 정도의 세월이 지나는 동안, 유다 지파는 다윗 왕의 리더십 아래 하나로 뭉쳐서 강한 힘을 발휘할 수 있게 되었다. 사울의 나라가 정통성 있는 왕을 중심으로 당장 일치단결하지 않는다면, 백성들은 점점 다윗의 왕국에 의지하게 될 것이다. 이와 같은 상황들이 아브넬로 하여금 새 왕을 옹립하는 일에 더 이상 머뭇거리지 못하게 만들었다.

그렇다면 문제는 이것이다. 누가 왕이 되어야 할까? 아브넬은 사울의 사촌이지만 왕으로서의 정통성을 인정받을 수 없었다. 왜냐하면 사울의 아들 이스보셋이 살아있기 때문이다. 사울에게는 모두 네 아들이 있었는데, 그 중에 막내가 이스보셋이다. 그의 이름은 원래 에스바알이었으나(대상 8:33; 9:39, "바알의 사람"), 바알이라는 우상의 이름을 피하기 위해 이스보셋("수치의 사람")이라고 불리게 되었다. 결국 아브넬은 미덥지 못한 이스보셋을 왕으로 세우는 한편, 자신이 그 뒤에서 후견인의 역할을 하기로 결심했다. 그리고 아브넬이 이스보셋을 위해 새로운 왕도로 선택한 도시는 마하나임이었다. 이곳은 야곱이 얍복 강가에서 하나님의 천사들을 만났던 장소이기 때문에 "하나님의 군대"라는 뜻의 마하나임이라는 이름을 얻었다(창 32:2). 모세는 마하나임을 갓 지파에게 분배하였는데, 사실 이 성읍은 갓 지파와 므낫세 지파의 경계선에 해당한다.

아브넬이 마하나임을 왕도로 선택한 것은 그 이름의 유래에서 알 수 있는 것처럼 이스라엘 민족에게 있어서 신앙적으로 중요한 의미가 있기 때문이며, 동시에 그보다 중요한 이유로서 이곳이 요단 동편 영토에서 가장 중심이 되기 때문일 것이다. 마하나임이 이스보셋의 왕도가 되었을 때, 은밀하게 진행되던 야베스와 다윗 사이의 물밑 거래가 중단되어야만 했다. 왜냐하면 유다 지파의 땅에서부터 야베스 사람들의 땅으로 가는 길이 막혔기 때문이다. 요단 강 서편의 산지 길을 따라 북진하여 벧산 주변에서 요단 강을 건너 야베스로 가는 길은 블레셋이 차지하고 있었다. 왜냐하면 길보아산 전투의 결과로 요단 강 서편 므낫세 지파의 땅이 블레셋의 수중에 들어갔기 때문이다. 그리고 여리고 주변에서 요단 강을 건너 왕의 대로를 이용하여 야베스로 가는 길은 이스보셋의 왕국에 의해 가로막히게 되었다. 결국 야베스 사람들은 선택의 여지없이 이스보셋의 백성이 되어야만 했다. 결과만으로 본다면 마치 아브넬이 야베스 사람들과 다윗 사이에 은밀한 접촉이 있다는 것을 알고서 의도적으로 다윗과 야베스 사람들 사이를 가로막으려 했던 것 같다. 다윗은 야베스를 포기해야만 했고, 야베스로 대표되는 길르앗 지역의 주민들은 이스보셋의 백성들 중에 가장 첫 번째로 언급되었다(삼하 2:9). 다윗은 유다 지파만의 왕이라는 지파적 한계를 넘어서는 왕이 되기를 원하면서, 그 첫 번째 단계로서 야베스 사람들을 선택했었다. 달콤한 말로 그들을 유혹하면서 자기편에 끌어들이려 했지만, 야베스는 아브넬의 군대를 등에 업고 등장하면서 사울의 아들이라는 정통성을 내세우는 이스보셋의 백성이 되어야 했다. 결국 다윗의 시도는 무산되었고, 그는 7년 6개월 동안 한 지파의 왕으로서 만족해야만 했었다 (삼하 2:11).

이스보셋은 나이 40세에 왕이 되었으며, 불과 2년만 통치하였다. 한편 다윗이 유다 지파의 왕으로 통치한 기간은 7년 6개월이었다. 그러므로 이스보셋 사후에 그의 백성이 다윗을 왕으로 삼기까지 어느 정도 시간이 소요되었다고 하더라도, 이스보셋이 즉위하기 전 아브넬이 장군의 신분을 갖고서 독자적으로 이스라엘을 다스렸던 기간이 적어도 3-4년 혹은 최대 5년 정도 되었을 것으로 추측할 수 있다. 짧은 시간이나마 이스보셋이 다스린 지역은 "길르앗과 아술과 이스르엘과 에브라임과 베냐민과 온 이스라엘"이라고 기록된다. 길르앗은 여기서 요단 동편 지역 전체를 가리킬 것이다. 아술이 어느 지역을 뜻하는지는 아직 알려지지 않고 있으나, 아마도 갈릴리 호수 주변의 어느 지역을 가리킬 것으로 추측해 볼 수 있다. 이스르엘은 갈릴리 남서부의 평원에 해당한다. 그리고 에브라임과 베냐민 지파의 땅들이 이스보셋의 통치 아래 있게 되었다. 하지만, 비록 베냐민과 에브라임의 영토가 이스보셋의 통치를 받는다고 할지라도, 그 지역들은 블레셋의 영향을 크게 받아야 했다.

당시 블레셋의 영토는 유다 남부에서부터 해안 평야 지역을 거쳐서 므낫세 지파의 땅으로 이어지면서 요단 강 근처의 벧산까지 이른다. 블레셋이 사울과 마지막으로 싸웠던 길보아 산 전쟁에서 대승을 거둔 것이 그들의 영토를 크게 확장시켰는데, 요단 서편에 거주하던 므낫세 지파의 땅을 대부분 흡수하였다. 그러면서 그들은 벧산을 교두보로 하여 언제든지 요단강을 넘어 길르앗 땅으로 들어갈 수 있는 길을 확보할 수 있게 되었다. 마침내 블레셋의 한쪽 창날이 이스라엘의 영토인 이스르엘과 에브라임 사이를 꿰뚫고 있는 형상이 되었다. 그리고 이러한 블레셋의 땅은 유다와 베냐민 그리고 에브라임 땅들을 서쪽과 북쪽에서부터 감싸 안는 초승달 모양을 형성하고 있었다. 그 가운데 존재하는 유다의 왕인 다윗은 그 때까지 블레셋의 직접적인 공격 대상이 아니었기 때문에 다소 안전할 수 있었다. 하지만 이스보셋과 아브넬은 블레셋의 공격을 항상 경계해야 했다. 블레셋은 그들의 가장 큰 원수인 사울을 죽였고 내친 김에 그의 왕국을 완전히 진멸하고 그 영토를 차지하려는 의도를 품고 있었다. 따라서 이스보셋과 아브넬은 블레셋의 위협 아래 있는 요단 강 서편 지역인 에브라임이나 특히 베냐민 땅에 자신들의 본거지를 마련할 수 없었고, 요단 동편으로 가서 마하나임을 왕도로 선택해야만 했다.

⚗ 두 왕국 시대(삼하 2:12-3:5)

이스라엘에 두 명의 왕이 존재하게 되었다. 유다 지파를 제외한 나머지 이스라엘을 다스리는 왕이 된 이스보셋과 유다 지파만을 다스리는 왕 다윗이다. 블레셋은 사울의 왕국이 결국 둘로 나뉘게 되자, 잠시 이스라엘에 대한 적극적인 공세를 중단하고 사태의 추이를 관망하기 시작했다. 이스보셋과 아브넬을 요단강 건너편으로 쫓아내면서, 영토에 대한 게걸스런 탐욕이 어느 정도 충족되었기 때문에 블레셋은 이런 여유를 만끽할 수 있었다. 그러면서 블레셋은 이스보셋과 다윗의 두 왕국 사이에 전쟁이 벌어지기를 기대했다. 언제 어디서나 어부지리는 최고의 기쁨을 주기 때문이다. 그리고 이스보셋과 다윗은 블레셋의 기대 이상으로 잘 움직여주었다. 그들 두 왕은 서로 평화롭게 공존할 수 없었다. 왜냐하면 이스보셋이 보기에 다윗은 자신의 부친 사울을 배반하고 도망하였고, 자신의 왕국이 되어야 할 유다 지파의 땅을 불법적으로 점거하고 있는 반역자이기 때문이다. 반대로 다윗은 자신이 여호와의 기름부음을 받은 사람으로서 이스라엘 민족 전체를 다스리는 것이 당연하다고 생각했다. 더욱이 이스보셋은 다윗이 보기에 왕이 될 만한 인물도 아니며, 사울이 인정한 후계자도 아니었다.

첫 번째 충돌은 기브온에서 벌어졌다. 이스보셋의 장군인 아브넬은 군사들을 이끌고 요단강을 건넜는데, 이것이 유다 지파와 그들의 땅을 이스보셋의 왕국으로 복속시키기 위해 처음으로 시도한 군사 작전이었다. 기브온은 예루살렘에서부터 북북서쪽으로 9km 거리에 있는 성읍이며, 베냐민 지파에게 속한다. 아브넬이 군사들을 이끌고 기브온에 왔다는 소식을 들은 다윗의 장군 요압 역시 군사들을 이끌고 아브넬의 침입에 대응하기 위해 기브온으로 나아갔다. 아브넬이 인솔하는 군대는 주로 베냐민 지파에 속하는 병사들로 구성되었다(삼하 2:15, 25). 다른 지파들은 같은 민족인 유다 지파와의 전쟁에 적극적인 태도를 보이지 않았기 때문일 것이다. 양편의 군대가 아침 시간에 기브온의 한 큰 연못을 사이에 두고 마주섰다. 그런데 막상 싸움을 시작하기는 쉽지 않았다. 원래 같은 편에 속하던 사람들이 각자 모시는 왕이 달라졌다는 이유로 서로 적군이 되었다고 해서 상대를 쉽게 죽일 수 있는 것은 아니었다.

이스라엘 민족이 자기들끼리 서로 싸운 때가 몇 번 있었다. 사사 시대에 베냐민 지파가 나머지 11지파의 연합군과 싸웠던 때가 있었다. 그러나 그 때는 도덕적이며 신앙적인 분명한 이유가 존재했다. 베냐민 지파의 불량

배들에 의해 자행된 심각한 죄가 그 싸움을 불러 일으켰다. 입다 시대에도 므낫세 지파의 길르앗 사람들과 에브라임 지파 사이에 전쟁이 있었다. 하지만 이런 경험에도 불구하고 같은 민족 사이의 싸움은 여전히 익숙하지 않고, 어색하기만 했다. 실제로 엘리 제사장 시대부터 이스라엘은 사사 시대와 달리 12지파가 함께 행동해 왔기 때문이다. 그러므로 요압의 군대와 아브넬의 군대가 서로 대치하는 상황은 마치 친한 두 명의 이웃이 아무런 이유 없이 서로 싸우도록 내몰린 것과 같았다. 아브넬이 유다 지파와 싸우기 위해 군사들을 이끌고 기브온에 왔지만, 그가 이제 막 시작하려고 하는 싸움은 이미 죽은 왕에 대한 충성심이라는 허울뿐인 명분을 내세우고 있다. 그들 사이에 복수심이 있는 것도 아니었고, 상대방을 향한 의로운 분노가 있는 것도 아니었다.

한참을 마주 보다가 아브넬이 꾀를 내었다. "병사들 중 몇을 대표로 뽑아서 서로 싸우게 하자." 아브넬과 똑같이 어떻게 싸움을 시작할지 몰라 고민하던 다윗 군대의 장군인 요압이 그의 제안을 크게 고마워하면서 말했다. "좋다. 서로 싸우게 하자." 아브넬과 요압은 각각 자기 병사들 중에서 12명을 뽑았다. 그 열두 명이 상대방 진영에서 한 사람씩 맡아서 싸웠는데, 서로 상대방의 목을 잡고 칼로 그의 옆구리를 동시에 찔러서 함께 죽었다. 자기편이 죽는 것을 본 각 부대의 병사들이 흥분하여 뛰어나가면서 본격적인 전투가 시작되었다. 한 번 시작된 싸움은 병사들 마음속에 상대방에 대한 적의와 살의를 점점 강하게 불러일으켰다. 매우 치열한 전투가 벌어졌는데, 시간이 지나면서 요압의 부대가 아브넬의 부대를 서서히 압도해나가기 시작했다.

한편 그곳에는 세 형제, 요압과 아비새와 아사헬이 있었다. 그들은 모두 스루야의 아들들이었다. 스루야에게는 아비가일이라는 자매가 있었다. 스루야와 아비가일의 어머니 이름은 알려지지 않았으나, 그들의 아버지는 나하스이다(삼하 17:25). 나하스가 죽은 뒤, 그의 아내는 두 딸 스루야와 아비가일을 데리고 이새와 결혼했다. 그러므로 스루야와 아비가일은 다윗의 누이가 되었다(대상 2:16). 아비가일은 이스마엘 사람 이드로(= 예델)와 결혼하여 아마사를 낳는다.

요압의 동생 아사헬은 산 위의 노루처럼 빨리 달리는 사람이었다. 젊은 그가 공명심에 사로잡혀 적군의 장수 아브넬의 뒤를 쫓아갔다. 아브넬이 뒤를 돌아보면서 말했다. "아사헬아, 너는 나를 쫓지 마라. 아무나 다른 병사 한 명을 쫓아가 잡고, 그의 무기를 뺏어 전리품으로 삼아라." 그러나 아사헬이 계속해서 그의 뒤를 쫓아오자, 그가 또 말했다. "너는 나 쫓는 것을 멈춰라. 내가 너를 죽이게 되면, 네 형 요압을 어찌 볼 수 있겠느냐?" 아브넬은 자신과 교분이 있었던 요압의 동생인 아사헬, 아직 젊은 그를 죽이는 것이 내키지 않았다. 뿐만 아니라 아사헬은 유다의 왕 다윗의 조카로서 함부로 죽일 수 없는 사람이었다. 그러나 아사헬이 겁 없이 자신을 계속 추격하면서 위협하자, 다른 선택의 여지가 없었다. 아브넬이 기회를 보아 갑자기 멈춰서면서 번개같이 창을 뒤로 뻗었다. 아사헬은 미처 창을 피하지 못하고 그대로 창에 배를 꿰뚫렸다. 등 뒤까지 뚫고 나온 창은 아사헬의 생명을 순식간에 뺏어갔다. 비명을 지를 틈도 없었다. 아사헬이 죽은 것을 본 그의 형들 요압과 아비새가 비탄과 분노에 사로잡혀서 아브넬의 뒤를 맹렬하게 쫓아갔다. 요압과 아비새 그리고 아브넬 사이에 쫓고 쫓기는 질주가 온 종일 쉴 사이 없이 계속되었다. 해가 져서 어두워졌을 때, 비로소 요압과 아비새가 추격을 멈추고 병사들과 함께 한 산 위에 섰다. 그 때 아브넬은 베냐민 지파의 병사들과 함께 맞은 편 언덕 위에 머물러 있었다.

아브넬이 큰 소리로 요압에게 말했다. "칼이 끝없이 사람을 해치기를 원하느냐? 시간이 지날수록 더 큰 고통만 있음을 알고 있지 않느냐? 도대체 언제 싸움을 멈추라고 명령할 것이냐?" 요압은 아브넬의 이 말이 사실상 전쟁에서의 패배를 인정하는 말이라고 받아들였다. 요압 역시 더 이상 싸움을 계속하기에는 어려움이 있다는 것을 알았다. 날이 어두워졌고 병사들은 기진맥진하여 쉬어야 하기 때문이다. 이런 상황에서 요압이 할 수 있는 것은 그나마 작은 자존심이라도 세우려고 한 마디 말을 덧붙이는 것뿐이었다. "네가 싸움을 포기하는 말을 하지 않았더라면, 맹세코 내일 아침까지 계속 너희들을 쫓아다녔을 것이다." 마침내 그는 나팔을 불어 전쟁이 끝났음을 알렸다. 더불어 허무하게 죽은 동생의 복수는 기약 없이 미루어야만 했다. 이 첫 번째 전쟁의 결과로 요압의 군대에서는 아사헬을 포함하여 모두 20명의 사망자가 생겼고, 아브넬의 군대에서는 360명의 사망자가 생겼다. 한편 아브넬은 다시 요단강을 건너서 북쪽으로 올라가 마하나임에 도착하였다. 그리고 요압은 동생 아사헬을 베들레헴에 있는 그의 아버지의 무덤에 장사한 뒤, 남하하여 다음날 새벽 헤브론에 도착했다.

이 일 이후 사울의 집과 다윗의 집 사이에 전쟁이 계속되었다. 그러면서 다윗의 집은 계속 강해졌으나, 사울의 집은 점점 약해져 갔다. 이스보셋과 아브넬 사이의 권력다툼이 사울 왕국을 약하게 만들었다. 더욱이 이스보셋은 하나님께서 선택하신 지도자가 아니었던 반면에, 다윗은 하나님의 기름 부음을 받은 왕이었기 때문이다. 다윗의 왕가가 안정되고 성장하고 있다는 것은 그가 많은 자녀를 낳아서 큰 가족을 형성하였다는 기록에서 쉽게 추측할 수 있다. 다윗은 헤브론에서 6명의 아들을 낳았는데, 이들은 암논, 길르압, 압살롬, 아도니야, 스바댜, 그리고 이드르암이었다. 이외에도 기록되지 않은 딸들이 있었을 것으로 생각된다.

⚜ 아브넬과 이스보셋의 갈등(삼하 3:6-11)

사울의 집과 다윗의 집 사이에 전쟁이 계속되는 동안, 군대를 이끌고 전쟁을 수행하는 아브넬에게 큰 권력이 주어진 것은 자연스런 일이었다. 사실 이스보셋은 장군 아브넬이 자기 스스로 이스라엘을 다스리기 위해 고육지책으로 내세운 허수아비 왕에 불과했다. 하지만 왕이 된 이스보셋은 자신의 이와 같은 처지를 인정하지 않았고, 아브넬의 전횡에 사사건건 제동을 걸었다. 아브넬은 자신이 조종할 수 있을 것이라고 믿고 왕으로 세웠던 이스보셋이 자신의 손아귀에서 벗어났다는 것을 알았다. 왕이 된지 고작 2년이 채 못 되어 이스보셋은 자신이 통제할 수 없는 사람이 되어 있었다. 사울의 아들이라는 명분이 이스보셋에게 힘을 실어주고 있었기 때문이다.

한편 이스라엘 백성은 사무엘이 사울 앞에서 "여호와께서 왕의 나라를 오늘 이미 왕보다 나은 왕의 이웃에게 넘기셨다(삼상 15:28)."라고 선언한 것을 그 때 이후로 늘 기억하고 있었다. 그리고 사무엘이 말했던 그 "왕의 이웃"은 결국 다윗을 가리키는 것이라고 받아들이는 사람이 점차 많아지고 있었다. 아브넬 역시 다윗과 전쟁을 하면 할수록 그와 같은 생각이 굳어져가는 것을 느꼈다. 뿐만 아니라 만만하게 보고 왕으로 세워주었던 이스보셋이 슬그머니 자신의 행동에 간섭하기 시작하는데도, 자신이 그를 쫓아낼 수 없다는 사실에 대해 불쾌한 감정이 점점 커지고 있었다. 사울이나 특히 요나단의 훌륭했던 모습들이 이스보셋 위에 실루엣처럼 겹쳐 보이면서 그에 대한 실망감과 배신감이 더해만 갔다. 나아가 이스보셋이 토사구팽 하듯 자신을 죽일 수도 있다는 생각이 마치 확신처럼 자리 잡았다. 한번 시작된 불신과 의심의 수레바퀴는 멈추지 않았고, 종내에는 적국의 왕인 다윗보다도 오히려 이스보셋이 더 미운 존재가 되었다. 마침내 아브넬은 망해가는 사울의 왕국을 끝까지 지켜야 할지, 아니면 포기해야 할지 선택할 때가 되었다고 생각하였다. 하지만 전자를 위해서는 적어도 자신의 지위가 영구히 확고부동할 것이라는 확신이 있어야 했고, 후자를 위해서는 남들에게 내세울 수 있는 적당한 명분이 있어야 했다.

이런 때에 사울의 첩 리스바가 눈에 뜨였다. 고대 세계에서 이전 왕의 아내를 차지하는 것은 새로운 왕의 특권으로 여겨지기도 했다. 그러므로 자기에 대한 이스보셋의 마음을 한 번 시험해 보자는 생각으로 평소부터 마음에 품고 있었던 리스바와 동침하였다. 이스보셋이 자신을 존중한다면 적어도 사울의 첩을 자기가 취하는 것 정도는 기꺼이 허락할 것이다. 반대로 이스보셋이 자신을 무시하고, 전쟁할 때나 필요한 개 같은 존재로 생각한다면, 사울의 첩과 동침한 자신을 비난하려 할 것이다. 만일 그렇다면 자신은 이스보셋을 버리고 사울의 왕국을 떠날 수 있는 명분을 얻게 될 것이다. 사울 왕국에 대한 변함없는 충성에도 불구하고 이스보셋이 자신을 버렸다는 것은 그가 다윗에게로 넘어갈 수 있는 가장 좋은 명분이 될 것이기 때문이다. 시험의 결과는 안타까웠다. 이스보셋은 자신을 존중하지 않았다. 사울 왕국을 보존하고, 이스보셋을 왕으로 세워주었던 자신의 공헌을 조금도 인정하지 않았다.

이스보셋은 아브넬을 비난하였다. "어찌하여 네가 내 아버지의 첩과 동침하였느냐?" 이스보셋은 이 기회에 꼬투리를 잡아서 아브넬의 전횡을 조금이나마 제어해 보고 싶었을 것이다. 그런데 그의 힐책을 들은 아브넬의 반응은 이스보셋이 도무지 예상하지 못했을 정도로 과격했다. 적반하장일까? 이스보셋에 대한 아브넬의 분노가 하늘을 닿을 듯했다. "내가 유다와 싸우는 개 대가리로 보이냐? 내가 너를 다윗에게 넘기지 않았기 때문에 네가 수치를 당하지 않았다는 것을 모르냐? 오히려 내가 너를 왕으로 세워주었는데, 기껏 여자 문제로 나를 비난하느냐?" 이스보셋은 깜짝 놀랐다. 그러면서 그 순간 갑자기 자기의 왕좌가 허울뿐이라는 것을 통감했다. 자신에 대해 증오심을 품고 소리치는 아브넬을 통제할 수 있는 힘이 자기에게 없다는 것을 뼈저리게 깨닫고 두려워하면서, 아무 말도 하지 못하고 잠잠히 있어야 했다.

사실 아브넬은 리스바와 동침하면서, 내심 마음을 졸이고 있었다. 그는 가능하면 사울의 왕국에서 왕 같은 권세를 누리며 살고 싶었다. 스스로 그만한 자격이 된다고 생각했기 때문이다. 그런데 이스보셋이 사울의 아들이라는 알량한 혈통 하나를 믿고서 자신을 내칠 수도 있다는 불안감을 억누를 수 없었다. 만일 그렇다면 자신은 이때까지 마음껏 조롱하면서 칼을 들이댔던 다윗에게 늙은 몸을 땅 바닥까지 굽히고 자신을 받아주기를 간청해야 한다. 물론 다윗은 자신을 받아줄 것이다. 그러나 그것은 수치스러운 일이다. 평생을 전장에서 호령하고 지내왔던 자신의 자존심은 제발 그렇게 되지 않기를 간절하게 바라고 있다. 그 큰 간절함에도 불구하고 아브넬은 이스보셋의 어리석음을 알기 때문에 그가 자신을 힐난할 것이라고 내심으로는 예상하고 있었다. 그러므로 리스바와 동침하면서 그는 이스보셋의 반응을 불안스럽게 기다리고 있었다.

리스바와 동침했다는 것 때문에, 이스보셋의 책망을 들은 아브넬은 이제 자신이 사울의 왕국을 떠나야 할 때가 되었음을 확실하게 알았다. 평생을 바쳐 수고한 자신의 희생이 보상받지 못한다고 생각하자 깊은 허무가 자신을 둘러쌌다. 이스보셋에 대해서는 섭섭한 마음과 원망이 생겼다. 부귀와 권세를 빼앗겼다는 비통한 심정 역시 이루 말할 수 없었다. 이렇듯이 이스보셋이 자신에게 왕같이 영화로운 삶을 주지 않는다면, 망해가는 그의 왕국에 연연할 필요는 없다. 그렇다면 끓어오르는 화를 억누를 필요도 없다. 이스보셋을 향해 가식적이나마 신하의 예절을 갖출 필요도 없다. 마침내 이스보셋에 대한 평소의 불만과 증오가 거세게 터져 나왔다. 그러면서 평소에 마음속으로 은밀하게 생각하던 것을 분별없이 털어놓았다. 그는 여호와께서 이미 이스보셋의 나라를 다윗에게 넘겨주시겠다고 맹세하셨는데, 그 맹세가 이루어지도록 자신이 앞장서겠다고 외쳤다. "너는 나를 유다의 다윗과 싸우는 개로 키우고 있다고 생각하지만, 나는 오히려 너의 나라를 다윗에게로 넘겨주겠다." 서로 당숙과 조카가 되는 두 사람의 관계가 여기서 완전한 파국을 맞이하였다.

🏺 아브넬의 죽음(삼하 3:12-39)

아브넬은 다윗에게 은밀하게 전령을 보내어, 그에게 사울의 왕국을 넘겨주겠다고 말하면서, 그를 만나 협상하고 싶다는 자신의 뜻을 알렸다. 다윗은 이스보셋 왕국의 실질적인 지배자가 아브넬인 것을 알고 있었다. 그러므로 다윗은 그의 제안을 크게 반가워하면서, 만일 아브넬이 자신의 한 가지 요구를 들어준다면 그와 만나겠다고 말했다. 다윗이 아브넬에게 원한 것은 그가 자신을 만나러 올 때 사울의 딸이며 자신의 본처였던 미갈을 데려오는 것이었다. 다윗이 그에게 미갈을 데려오라고 요구한 것은 그와의 협상을 시작하기 전에 사울의 사위라는 자신의 지위를 먼저 회복하려고 했기 때문이다. 만일 다윗이 사울의 사위라는 신분으로 아브넬과 협상한다면, 그는 사울의 왕국에 대해 자신에게도 이스보셋 못지않은 정당한 권리가 있음을 내세울 수 있을 것이다.

과거 사울은 다윗과의 관계를 완전히 끊었다고 생각하고, 자신의 딸 미갈을 다윗에게서 빼앗아 라이스의 아들 발디엘(= 발디)에게 아내로 주었었다(삼상 25:44). 발디엘은 기브아와 예루살렘 사이에 위치한 갈림이라는 곳에 거주하고 있었다(사 10:30). 다윗이 이스보셋에게 사람을 보내어 자신의 아내 미갈을 돌려보내라고 요청하였는데, 이스보셋이 이러한 요청의 배후에 숨어 있는 다윗의 의도를 정확히 알고 있었는지 판단하기 어렵다. 어쨌든 이스보셋은 적어도 법적인 권리가 다윗에게 있다는 것을 알고 있기 때문에 그 요청을 거절하기 힘들었다. 더욱이 자신은 힘없는 왕으로서 적국의 왕인 다윗의 눈치를 보아야 할 신세였다. 아브넬까지 나서서 다윗의 요구에 응낙하도록 자신에게 압력을 넣었으므로, 이스보셋에게 다른 대안은 존재하지 않았다. 결국 그는 아브넬을 보내어 미갈을 데리고 다윗에게 가게 했다. 미련한 이스보셋은 아브넬이 다윗에게 미갈만 데려다주고 올 것으로 생각했겠지만, 그것은 큰 착각이었다. 아브넬은 미갈과 함께 이스보셋의 나라를 다윗에게 넘겨주기 위해 가는 것이다. 그것도 이스보셋의 명령을 받아 당당하게 길을 떠날 수 있었다.

아브넬은 미갈을 찾아가기에 앞서서 이스라엘 장로들과 은밀하게 연락을 취했다. 그리고 베냐민 지파의 사람들과 다른 모든 이스라엘 사람들로 하여금 이스보셋을 떠나 다윗에게 가기로 결심하게 만들었다. 이미 사람들은 이스보셋의 무능력 때문에 나라의 앞날에 대해 비관적인 생각을 품고 있었다. 그러던 중 아브넬로부터 다윗과의 물밑 협상에 대해 듣게 되자, 그들은 아브넬과 행동을 같이 하기로 쉽게 마음을 모을 수 있었다. 자신들이 아브넬을 우두머리로 삼고 하나의 세력을 형성한다면, 다윗도 자신들을 무시하지 못하고 환영할 수밖에 없을 것이기 때문이다. 어차피 하나였던 나라이며, 하나가 되어야 할 나라였다. 그렇다면 희망이 없는 이스보셋보다는 다윗을 왕으로 모시는 것이 나았다. 더욱이 다윗은 선지자 사무엘을 통해 하나님의 기름부음을 받은 자라는 사실이 이미 사람들에게 알려져 있었다.

아브넬은 이스라엘 장로들과의 비밀 접촉에서 만족할만한 결과를 얻고 기뻐하면서, 미갈을 데리러 갔다. 미갈은 어렸을 때 소년 장수 다윗에게 반하여 그와 결혼했었다. 다윗이 사울에게 쫓겨 목숨이 경각에 달렸을 때, 미갈은 지혜와 용기를 발휘하여 사랑하는 남편 다윗을 피신시켰다. 다윗과 헤어진 후에, 부친의 강요에 의해 평범하지만 성실한 발디엘과 살게 되었다. 원하지 않은 결혼이었다. 그러나 새로 얻은 남편 발디엘이 자신을 진심으로 아껴주었기 때문에 미갈은 점차 마음의 상처를 씻어내고 위로를 얻을 수 있었다. 부친과 형제들의 죽음으로 인한 충격과 슬픔도 발디엘과 함께 이겨냈다. 어느덧 미갈은 새 남편 발디엘과의 평온한 삶에 익숙해져 있었다. 그 때 아브넬이 찾아와서 미갈이 다윗에게로 가야한다는 왕의 명령, 자신의 오라버니 왕의 명령을 전했다. 다시 한 번 미갈은 남편과 헤어져야 했는데, 발디엘이 울면서 베냐민과 유다의 경계선인 바후림까지 따라오는 것을 착잡한 심정으로 지켜보았다.

다윗은 미갈을 데려온 아브넬을 위해 큰 잔치를 베풀었는데, 이는 아브넬이 자신을 위해 세 가지 선물을 가져왔다고 생각했기 때문이었다. 첫째 선물은 미갈이다. 미갈은 자신에게 사울의 사위라는 신분을 회복시켜 줄 것이다. 둘째 선물은 베냐민 지파를 포함하여 온 이스라엘의 사람들이다. 아브넬은 온 이스라엘 사람들을 설득하여 다윗의 백성이 되게 만들 자신이 있었고, 다윗도 그 사실을 잘 알고 있었다. 이미 이스라엘 사람들은 아브넬을 우두머리로 삼고 다윗에게로 가기로 마음먹고 있었다. 세 번째 선물은 아브넬 자신이다. 다윗은 이스라엘 온 군대를 통솔할 수 있는 능력 있는 장군을 원했는데, 아브넬이 가장 적합한 인물이었다. 경험과 리더십을 갖추었으며, 백성의 신망을 얻고 있었다. 다윗은 아브넬에게 기꺼이 일인지하 만인지상의 권력을 부여할 용의가 있었고 또 그럴 계획이었다. 사실 아브넬이 이 모든 과정에서 적극적으로 나서는 것은 그 역시 자신의 가치를 잘 알고 있었으며, 다윗이 자신에게 2인자 자리를 줄 것이라고 확신하고 있었기 때문이었다. 잔치가 파한 뒤에 다윗은 아브넬과의 만남과 협상이 모두 성공적이었다고 자찬하면서 그를 평안히 돌려보냈다.

아브넬이 떠나자마자, 전쟁터에서 적군과 싸우던 요압이 많은 노략물들을 가지고 헤브론으로 돌아왔다. 그는 아브넬이 헤브론에 왔다가 평안히 돌아간 것을 알고, 크게 격분하였다. 그리고 다윗 왕에게 가서 아브넬이 말하는 것은 모두 거짓말이며 왕의 행적을 염탐하기 위해 온 것에 불과하다고 소리쳤다. 다윗이 자기 말을 믿기를 바란 것은 아니었다. 단지 이제부터 자신이 행할 일에 대한 명분을 미리 확보하기 위해서였다. 그런 다음 다윗 왕의 말을 듣지도 않고 나와서 부하들에게 아브넬을 다시 불러오라고 명령했다. 부하들이 즉시 달려가서 헤브론에서 북쪽으로 약 1.5km 떨어진 시라 우물가에서 아브넬을 만나 그를 데리고 돌아왔다. 요압은 돌아온 아브넬을 붙잡고 비밀스런 말을 전달하려는 듯이 구석진 곳으로 데려간 다음 번개같이 그의 배에 칼을 찔러 넣었다. 아브넬은 영문도 모른 채 죽음을 맞이했다. 요압이 아브넬을 죽인 것은 한편으로 자기 동생 아사헬에 대한 복수였다. 그러나 다른 이유도 있었다. 요압은 아브넬이 다윗의 총애를 받아서 총사령관이 되면 그와 대립하고 있는 자신의 위치가 크게 흔들린다는 것을 알고 있었다. 그러므로 자신의 경쟁자가 될 사람을 미리 제거하자는 것이 요압의 뜻이었다.

아브넬의 죽음은 다윗에게 충격과 번민을 안겨주었다. 다 잡아 놓은 물고기를 놓쳤을 뿐만 아니라, 상황을 오히려 더 악화시켰다. 아브넬은 다윗이 자기와 온 이스라엘 백성을 환영한다고 이스라엘의 지도자들에게 말했다. 다윗이 사울의 왕국을 계승하고 있는 이스라엘 다른 지파들에게 유다 지파와 동등한 지위를, 아니 협상에 따라서는 유다 지파보다도 더 우월한 지위를 줄 것이라고 설득했다. 그러나 그 자신만만하던 아브넬이 다윗의 본거지 헤브론에서 살해되었다. 사람들은 이제 다윗이 아브넬을 속였고, 그를 죽였다고 믿을 것이다. 다윗이 평화적인 방법으로 이스라엘 백성들의 왕이 되기를 거절하고, 무력으로 그들을 굴복시켜서 압제하고 착취하기를 원한다고 여길 것이다. 그렇다면 결국 다윗이 온 이스라엘을 다스릴 기회는 사라지고, 두 나라 사이에 전쟁이 다시 시작될 것이다.

다윗은 백성들의 오해를 풀기 위해 꼬리에 불붙은 소처럼 서둘렀다. 마치 왕의 장례를 치르듯 최고의 예우를 갖추어서 아브넬의 장례를 거창하게 진행하였다. 주변에 있는 모든 신하들에게 옷을 찢고 슬퍼하라고 말하고, 다윗 자신은 아브넬의 상여 뒤를 따라가며 큰 소리로 통곡했다. 헤브론에 아브넬을 장사한 뒤에는 그 무덤 앞에서 애가를 지어 아브넬의 억울함과 자신의 비통하고 안타까움을 감동적으로 노래했다. 저녁이 되어 사람들이 음식을 권할 때, 다윗은 단호히 거절하고 자신이 해 지기 전에 음식을 먹으면 저주를 받을 것이라고 외쳤다. 이 같은 다윗의 노력이 효과를 나타냈다. 이스라엘 모든 사람들이 아브넬을 죽인 것은 다윗이 아니며, 그가 원한 것도 아니라는 사실을 알게 되었다. 그들은 다윗을 비난하는 대신 오히려 그를 칭송하기 시작했다. 다윗은 화를 복으로, 위기를 기회로 바꾸었다. 뿐만 아니라 아브넬의 죽음에 대한 책임을 요압에게 돌림으로써, 군대의 힘을 믿고 자신에게 항상 압박을 주던 요압을 적절하게 견제할 수 있게 되었다.

6
유다와 온
이스라엘의 왕

(삼하 5:1-10:19)

6. 유다와 온 이스라엘의 왕

(삼하 5:1-10:19)

⚜ 이스라엘 모든 지파의 기름 부음을 받은 다윗(삼하 5:1-5)

아브넬이 헤브론에서 죽었다는 소식을 처음 접한 이스보셋과 이스라엘 백성들은 큰 충격을 받았다. 이것은 다윗이 그동안 보여주던 온건한 유화 정책을 버리고, 전면적인 전쟁을 시작할 징조로 받아들여졌다. 이스보셋은 두려움으로 몸을 떨었다. 그동안 눈엣가시와 같던 아브넬의 빈자리가 그렇게 크게 보였다. 모든 사람들이 마음을 옥죄는 긴장 가운데 사건의 추이를 지켜보았는데, 얼마 지나지 않아서 아브넬을 죽인 사람은 다윗이 아니라는 사실이 밝혀졌다. 오히려 다윗은 아브넬을 죽인 요압에 대해 크게 분노하면서 여호와께서 그를 벌하시기를 소원했다고 하였다. 드디어 사람들은 아브넬의 장례에서 보여준 다윗의 태도나 그가 부른 노래를 알고서, 다윗이 즉시 이스보셋의 왕국을 공격하지는 않을 것이라고 생각하게 되었다. 모든 백성이 안도의 한숨을 내쉬었고, 잠깐이나마 평온한 나날이 이어졌다. 하지만 아브넬이 진행하다가 미처 끝내지 못한 일을 대신할 적당한 사람이 없었다. 이것은 다윗에게나 다윗을 왕으로 모시고 싶었던 이스라엘 지파들에게나 모두 답답함을 안겨주었다.

도무지 풀릴 것 같지 않았던 이와 같은 난감한 상황이 갑작스럽게 해결되었다. 브에롯 출신의 림몬에게는 두 아들이 있었는데, 바아나와 레갑이었다. 이 두 사람은 모두 이스보셋의 군대를 이끄는 대장들이었다. 이스보셋이 한낮의 뙤약볕을 피하여 침실에서 낮잠을 자고 있을 때, 그들은 마치 밀을 가지러 온 것처럼 가장하고 왕궁으로 들어갔다. 그리고 자고 있는 이스보셋의 배를 칼로 찔러 죽이고, 그의 머리를 잘랐다. 그들은 그 죽은 자의 머리를 들고 밤새도록 달려서 헤브론에 도착했다. 그들이 왕궁에서 다윗을 알현하게 되었을 때, 애써 가져온 머리를 바치면서 "여기에 왕의 원수 사울의 아들 이스보셋의 머리가 있습니다. 여호와께서 당신의 원수를 갚아 주셨습니다." 하고 말했다. 그러나 다윗은 이것을 기뻐하지 않았다. 다윗은 비록 이스보셋과 전쟁을 하고 있었지만, 그것이 사울의 가문을 미워하기 때문은 아니었다. 오히려 다윗은 항상 사울과 그의 가문을 존중하였다. 왜냐하면 하나님께서 사울에게 기름을 부으셔서 그를 왕으로 삼으셨기 때문이다. 그러므로 다윗은 자기들이 이스보셋을 죽였다고 자랑스럽게 떠벌이는 바아나와 레갑을 죽이라고 명령했다. 그 뒤 다윗은 이스보셋의 머리를 아브넬의 무덤에 함께 장사하였다.

왕과 장군을 상실한 이스라엘 사람들에게 다른 대안은 남아있지 않았다. 결국 이스라엘의 모든 지파, 실제로는 유다 지파를 제외한 모든 지파가 헤브론에 있는 다윗을 찾아왔다. 그리고 그들은 다윗에 관하여 세 가지 사실을 인정했다. 첫째 다윗과 자신들은 한 민족이라는 점, 둘째 사울 왕국에서 이스라엘 온 백성을 이끌었던 경력이 다윗에게 있다는 점, 그리고 셋째 하나님께서 다윗을 이스라엘의 목자와 주권자로 선택하셨다는 사실이다. 그들은 이와 같은 사실들을 언급하면서, 다윗에게 기름을 붓고 그들의 왕으로 삼았다. 그러면서 그들은 자신들이 다윗의 힘에 굴복했기 때문이 아니라, 하나님의 뜻에 순종하기 위해 다윗을 왕으로 삼는다고 말함으로써 마지막 자존심을 지켜내고자 했다.

다윗은 헤브론에서 한 지파의 왕으로서 7년 6개월 동안 유다를 다스렸다. 그 후 이스라엘 모든 장로들이 그에게 기름을 부으면서 왕으로 삼았다. 마침내 다윗은 33년 동안 12 지파 모두의 왕으로서 나라를 다스렸다. 그러나 이 기간 동안 다윗은 열두 지파로 구성된 한 나라를 다스리는 왕이 아니라, 〈온 이스라엘〉이라는 한 나라와 〈유다〉라는 한 나라를 다스리는 왕이었다(삼하 5:5). 이처럼 다윗은 외형적으로는 하나의 통일왕국의 왕이었으나, 내면적으로는 각기 따로 존재하는 두 나라의 왕이었다.[8] 유다 지파와 나머지 지파들 사이에 이와 같은 분열의식이 나타난 것은 왕을 배출한 유다 지파가 지나치게 강하였기 때문이다. 다윗은 유다 지파의 왕으로서 자신의 지파를 강하게 만들었다. 그리고 그들의 힘을 배경으로 삼아서 전체 이스라엘의 왕이 될 수 있었다. 그러나 막상 전체 이스라엘을 다스리게 되었을 때, 강력한 힘을 가진 유다 지파는 아이러니하게도 오히려 다윗에게 부담이 되었다. 사울은 베냐민 지파를 특별히 대우하면서도 12 지파 모두의 충성을 얻을 수 있었다. 베냐민 지파의 세력이 그다지 강하지 않아, 사울의 공평무사한 통치에 방해되지 않았기 때문이다. 그러나 유다는 다르다. 만일 다윗이 유다를 특별히 대우한다면, 다른 지파들은 이스라엘의 국정에 참여할 기회를 상실하고 왕국의 번영이 가져다 줄 이권을 나누

8) A.A. Anderson, *2 Samuel*, WBC 11 (Word Books, 1989) 76.

어 가질 기회도 잃어버릴 것이다. 다른 지파들은 유다 지파에게 예속될 수
밖에 없다. 그렇다고 하지만 다윗이 유다 지파를 완전히 배제할 수도 없는
일이었다. 결국 다윗은 양편을 분리시켜 둔 채, 그 둘 사이를 오가며 두 나
라의 왕으로서 행동해야 했다.

예루살렘 정복(삼하 5:6-16)

　이렇게 〈온 이스라엘〉과 〈유다〉를 각각 다스려야 하는 다윗은 헤브론
이 왕국의 수도로서 부적절하다는 것을 알았다. 헤브론은 유다 지파의 전
통적인 수도로서 지나치게 남쪽으로 치우쳐 있다. 또한 헤브론을 수도로
하고 있는 한은 유다 지파가 다윗의 왕국 안에서 다른 지파들보다 우월
한 위치를 차지할 수밖에 없기 때문이다. 다윗이 왕도의 후보지로서 새로
찾아낸 곳은 예루살렘이었다. 예루살렘은 사해 북쪽 끝 지점에서 서쪽으
로 35km가량 떨어져 있는 도시다. 이곳은 골짜기들로 둘러싸인 언덕 위
에 견고한 성벽으로 보호되고 있었으므로, 난공불락의 요새였다. 뿐만 아
니라, 예루살렘은 원래 유다 지파에게 할당된 성읍이었으나(수 15:63), 나
중에 베냐민 지파에게 주어졌다(수 18:28). 사사 시대의 초기, 한 때 유다
지파가 예루살렘을 공격하여 성읍을 불태웠었다(삿 1:8). 하지만 유다 지
파는 그 도시를 지속적으로 지배하지 못하고, 어떤 이유에서인지 물러나
야 했다. 그 후 여부스 사람들이 다시 그곳을 차지하여 이전보다 더 견고
한 성벽을 쌓고, 300년 이상 살고 있었다(수 15:63). 베냐민 자손이 비록

그 성벽 안의 여부스 사람들을 쫓아내지는 못하였지만, 성 주변에서는 여부스 사람들과 섞여서 일부 땅을 차지하고 살게 되었다(삿 1:21). 그러므로 예루살렘은 어떤 지파도 소유권을 주장할 수 없는 지파-중립적인 도시였고, 그곳을 정복하는 사람이라면 누구라도 그 도시에 대한 자신의 소유권을 정당하게 주장할 수 있었다. 다윗은 사울의 신하였던 시절, 한동안 예루살렘 성읍 주변에 거주하였는데, 이때부터 예루살렘 정복의 꿈을 키우고 있었다.

마침내 왕이 된 다윗이 예루살렘을 공격하려고 했을 때, 여부스 사람들은 "너희는 이리로 들어오지 못할 것이다. 맹인이나 다리 저는 사람이라도 너를 물리칠 것이다."라고 다윗과 그의 군대를 조롱하였다. 그들에게는 지형상의 이점과 함께 견고한 성벽이 있었다. 그들은 다윗이 그 성벽을 무너뜨리고 예루살렘 안으로 들어오지 못할 것이라고 믿었다. 이 때 다윗은 자기 휘하의 장수들에게 누구든지 예루살렘을 정복하는 자에게 2인자 자리를 주겠다고 약속했다(대상 11:6). 그러자 스루야의 아들 요압이 부하들을 이끌고 예루살렘 성의 안팎을 연결하는 수로를 통과하여 성 안으로 진격해 들어갔다. 그리고 달려드는 여부스 병사들을 물리치고 마침내 성문을 열어 다윗의 군대를 안으로 불러들이는데 성공했다. 성문이 열리자, 여부스 사람들이 자랑하던 견고한 성벽은 무용지물이 되었다. 용맹스런 요압과 그 부하들을 앞세운 다윗의 부대는 예루살렘을 정복하는데 성공했다.

요압은 헤브론에서 다윗이 유다 지파만을 다스리고 있는 7년 6개월의 기간 동안 사실상 다윗의 2인자로 이미 여겨지고 있었다(삼하 2:13). 하지만 요압은 다윗의 명령을 어기고 아브넬을 살해함으로써 다윗의 눈 밖에

났다. 그 때 다윗은 자신의 힘이 약하여 스루야의 아들들을 제어할 수 없다고 한탄하면서 요압을 저주했었다. 이후 다윗은 오만불손한 요압을 견제하면서, 그를 쫓아낼 기회를 항상 찾고 있었다. 하지만 무적의 용사 요압은 예루살렘을 정복하는 데 가장 큰 공을 세웠다. 요압이 없었더라면 예루살렘은 결코 쉽게 정복되지 않았을 것이다. 뿐만 아니라 요압은 앞장서서 많은 돈과 인력을 들여서 예루살렘 성을 재건하는 일에 참여하였다(대상 11:8). 예루살렘이 영원히 〈다윗의 성〉이라 불리게 된 데에는 요압의 공로를 부정할 수 없게 되었다. 다윗은 울며 겨자 먹기로 할 수 없이 요압을 다시 2인자로 인정해야만 했다. 더욱이 유다 지파의 군대만을 통솔하던 과거와는 달리 이제 요압은 열두 지파 전체 군대를 이끄는 총사령관으로서 명실상부한 일인지하 만인지상의 지위를 차지했다.

다윗이 예루살렘을 왕도로 삼고 이스라엘을 33년 동안 다스렸다. 이 때 두로의 왕 히람은 예루살렘으로 사신을 보내어 동맹을 체결하고, 또 백향목과 목수와 석수를 보내어 다윗을 위한 왕궁을 짓도록 도왔다. 다윗이 히람의 도움을 받아서 자신의 왕궁을 건축한 연대에 관해 학자들 사이에 많은 논란이 있으며, 여전히 해결되지 않은 문제로 남아있다. 다수의 학자들이 다윗의 왕궁은 다윗 통치 말기에 건축되었다고 주장한다. 하지만 왕궁의 건축 연대가 다윗 통치 전반기, 특히 재위 10-20년 사이의 한 시점일 것이라고 생각할 수도 있다.

두로(Tyre)는 페니키아 연안의 주요 항구 도시로서, 악고에서부터 약 45km 북쪽에 있다. 두로에서부터 다시 40km 정도 해안선을 따라 북쪽으로 올라가면 그곳에 또 다른 항구 도시 시돈이 자리 잡고 있다. 리타니 강이 두로의 북부를 지나가고 있어서 물이 풍부한 곳이며, 그 강의 북쪽으로 사렙다(= 사르밧)에 이르기까지 넓은 평야가 펼쳐져 있다. 시돈이 블레셋의 공격을 받았을 때, 그곳의 많은 주민들이 두로에 이주하여 왔기 때문에 시돈의 딸이라고도 불렸다(사 23:12). 아셀 지파에게 할당된 땅의 경계선에 해당하며, 견고한 요새로 유명하였다(수 19:29; 삼하 24:7). 오랜 기간 동안 이집트의 지배를 받았는데, 이집트의 쇠퇴와 함께 두로는 독립왕국으로서의 위치를 회복할 수 있었다.

다윗의 왕궁 건축에 히람이 막대한 물자와 기술을 제공한 것은 다윗의 권세와 그 왕국의 힘을 인정하고 존중하였기 때문이다. 뿐만 아니라 히람은 다윗을 진심으로 좋아하였다(왕상 5:1). 다윗은 자신의 왕궁이 아름답게 건축되는 것을 보고 여호와께서 이스라엘을 위해 자신을 왕으로 세우시고 그 왕국을 크게 높이셨다는 것을 더욱 실감하고 하나님께 영광을 돌리면서 감사드렸다. 사울은 왕이 되기 전에 겸손하였지만 왕이 된 후에는 자신의 힘을 의지하고 하나님께 영광을 돌리지 않았다. 그러나 사울과 달리 다윗은 자신이 왕위에 오른 것과 부귀와 권세를 누리는 것은 하나님의 은혜라는 것을 항상 깨닫고 있었다.

🔔 블레셋과의 전쟁(삼하 5:17-25)

한편 다윗이 이스라엘 전체의 왕이 되었을 때, 가장 충격을 받은 사람들은 블레셋이었다. 블레셋은 항상 다윗을 은근히 후원하거나 혹은 적어도

방임하고 있었는데, 왜냐하면 자신의 오래된 적이었던 사울의 왕국과 다
윗이 싸우기를 바랐기 때문이다. 또한 블레셋은 아기스 왕에게 고용되어
보잘 것 없는 용병으로서 활동하던 시절의 다윗을 생생하게 기억하고 있
었기 때문에 다소 그를 무시하기도 했다. 다윗이 헤브론에서 유다 지파의
왕이 되었을 때, 블레셋은 내심 환영하는 마음이었다. 사울의 아들 이스보
셋의 왕국이 다윗이라는 악성 종양 때문에 블레셋과의 전쟁에 전력투구하
지 못할 것으로 보았기 때문이었다. 처음에는 블레셋의 의도대로 되어갔
다. 이스라엘은 다윗의 나라와 이스보셋의 나라로 나뉘어 언제 끝날지 알
수 없는 전쟁을 벌였다. 하지만 갑작스럽게 두 나라 사이의 전쟁이 끝나버
렸고, 블레셋이 어리둥절해 있는 동안 두 나라는 전격적으로 그리고 평화
적으로 통일되었다. 그리고 곧바로 다윗은 신속하게 예루살렘이라는 천연
의 요새를 왕도로 선택하여 왕국을 안정시키고, 외적에 방비하였다. 블레
셋은 두 나라가 모두 망하든지, 적어도 한 나라가 망할 것으로 생각하고
느긋하게 관망하다가 뒤통수를 맞은 격이 되었다.

　블레셋은 급히 군대를 모아서 예루살렘 남편의 르바임 골짜기로 왔다.
시간을 끌면 끌수록 다윗의 왕국이 강화될 것을 염려한 블레셋은 최대한
빨리 그리고 압도적인 힘으로 공격하여 다윗의 기세를 완전히 꺾어버리려
하였다. 블레셋 군사들의 수가 얼마나 많았던지 르바임 골짜기를 가득 채
울 정도가 되었다. 전쟁을 할 엄두가 쉬 나지 않았던 다윗이 절박한 심정
으로 여호와께 기도하여 물었다. "제가 올라가서 블레셋과 전쟁하는 것이
좋을까요?" "올라가라. 내가 블레셋 사람들을 반드시 네 손에 넘겨줄 것이
다." 하나님의 응답을 듣고 힘을 얻은 다윗이 가서 블레셋 사람들을 치니,

전력의 절대적인 약세에도 불구하고 뜻밖의 대승을 거두게 되었다. 블레셋은 살길을 찾느라 바빠서 자기들의 우상들까지 내버려두고 도망하였다.

　다윗은 자신이 긴장과 두려움 가운데 시작한 블레셋과의 첫 번째 전쟁에서 예상을 뛰어넘는 놀라운 승리를 거두게 되자 크게 기뻐하였다. 그리고 그곳의 이름을 바알-브라심, 즉 "파멸시키는 주"라고 불렀다. 왜냐하면 여호와께서 물을 파멸시키듯(=쳐서 흩어 버리듯) 원수를 파멸시키셨기 때문이다. 그러나 블레셋은 아직 포기하지 않았다. 그들이 다시 와서 르바임 골짜기를 가득 채웠다. 기도하던 다윗은 "적군의 뒤편으로 가서 매복하였다가 뽕나무 꼭대기에서 행진하는 소리가 들리면 재빠르게 공격하여라." 하는 하나님의 신비로운 말씀을 들었다. 뽕나무 꼭대기에서 행진하는 사람들은 하나님의 군대였음에 틀림없다. 다윗이 하나님의 명령대로 군사들을 이끌고 블레셋을 공격하였을 때, 그들은 제대로 저항해보지도 못하고 일패도지하였다. 이제 블레셋은 다윗이 이전의 무기력하고 비굴했던 사람이 아니라는 것을 확실히 깨달았다. 괄목상대(刮目相對)라는 말이 무색할 정도로 다윗은 변했다. 자신들이 두려워하던 사울보다도 다윗이 더 무서운 대적이 되었음을 블레셋은 알게 되었다.

🛕 법궤(삼하 6:1-19)

　다윗은 가장 위험한 적인 블레셋의 기세를 꺾어놓은 뒤 자신의 왕권과 나라가 비로소 어느 정도나마 안정되었다는 것을 알 수 있었다. 이제 그는 그동안 마음속에 품고 있었던 일을 행할 때가 되었다. 그것은 하나님의 법 궤를 왕궁으로 모시는 일이었다. 아직까지는 블레셋의 공격 가능성을 여전히 생각해야 하는 위험한 때였지만, 법궤를 모셔오는 일을 더 이상 미루지 않았다. 법궤는 엘리 시대에 블레셋에게 탈취되었다가 돌아온 뒤, 벧세메스("태양의 집")를 거쳐서 기럇여아림("숲의 성읍")에 수십 년 동안 보관되어 있었다. 기럇여아림은 원래 기브온 사람들이 거주하던 주요 도시들 중의 하나였다(수 9:17). 유다와 베냐민 지파의 경계선에 위치해 있으며, 원래 유다지파에 할당된 성읍이었으나 나중에는 베냐민 지파에게로 주어졌다(수 15:60; 18:14-15, 28). 이 성읍은 기럇바알, 바알라, 바알레 유다 그리고 기랴다림(스 2:25)으로도 불린다. 정확한 위치는 알려져 있지 않지만 아마도 예루살렘에서 서쪽으로 14km 정도 떨어져 있는 곳으로 생각된다.

법궤가 벧세메스에서부터 기럇여아림으로 옮겨진 이유는 불분명하다. 기럇여아림은 제사장들이나 레위 지파에게 주어진 성읍이 아니었기 때문이다. 아마도 벧세메스에서 실로로 가는 큰 길 가에 있는 성읍들 중에서 가장 가까웠기 때문에 벧세메스 사람들이 기럇여아림으로 법궤를 옮기기를 원했을 것이다. 이 도시가 바알이라는 이름으로도 불리는 것을 볼 때, 바알 신당이 그곳에 있어서 법궤를 옮겨 놓기에 편리했을 가능성도 있다. 물론 이스라엘 사람들은 바알 우상을 치우고, 여호와의 제사장이 그곳을 관리하면서 여호와의 법궤를 임시로 보관하는 장소로 사용했을 것이다. 실로가 건재했다면 얼마 지나지 않아서 그곳으로 법궤를 옮겨갔을 것이다. 그러나 블레셋의 공격을 받아서 파괴된 실로는 더 이상 이스라엘 백성의 종교와 정치의 중심지가 되지 못했다. 그리고 그때로부터 한동안 이스라엘은 법궤를 영구히 모셔둘만한 종교의 중심지를 갖지 못했다. 더욱이 사울은 자신의 긴 통치 기간 동안 한 번도 법궤에 대한 관심을 나타내지 않았다. 관례에 따라 법궤를 전쟁터에 가지고 나가기도 했지만, 법궤에게 묻는 것이 절대적으로 필요하다고는 생각하지 않았다(대상 13:3). 그는 법궤에게 물으려 하다가도 중간에 그만두는 것을 개의치 않았다(삼상 14:19). 법궤를 자신의 왕도인 기브아에 모시려는 생각은 털끝만큼도 해보지 않았다.

하지만 다윗은 사울과 달랐다. 다윗은 마치 자신이 왕이 된 이유가 하나님의 법궤에게 영광을 돌리기 위함인 것인 양 법궤에 관심을 기울였다. 왕궁을 건축하고 나라가 조금이나마 안정을 구하는 즉시 법궤를 모셔오려고 했다. 블레셋과의 전쟁을 위해 이스라엘 백성을 소집한 바 있었던 다윗은 이스라엘 가운데서 다시 용사 3만 명을 모았다. 이번은 전쟁을 위해서가 아니라 법궤를 가져오기 위해서였다. 이스라엘을 쫓아내고 다윗을 죽이려고 호시탐탐 기회를 엿보는 블레셋의 코앞에서 다윗은 많은 군사들을 모아서 블레셋이 감히 공격하려는 생각조차 품지 못하게 만들었다.

왕 중의 왕이신 여호와의 법궤를 운반하기 위해 다윗은 3만 명의 군사들을 동원하여 바알레유다 즉 기럇여아림으로 갔다.[9]

그 궤는 그룹들 사이에 앉으신 만군의 여호와의 이름으로 불리는 가장 거룩한 것이었다. 사람들은 아비나답의 집에서 궤를 가지고 나와서 소가 끄는 수레에 실었다. 그리고 아비나답의 두 아들인 웃사와 아효가 수레 앞에서 소를 몰았다. 이 때는 법궤가 기럇여아림에 있은 지 거의 100여년 가

---

9) 시편 132:6 [개역] "우리가 그것이 에브라다에 있다 함을 들었더니 나무 밭에서 찾았도다." 여기서 나무 밭이 기럇여아림을 가리킬 수 있다. Mitchell Dahood, *Psalms III*, AB 17A (Doubleday, 1983) 244.

까이 되었을 때였다. 왜냐하면 사무엘이 에벤에셀에서 블레셋과의 전쟁에서 승리했을 때 이미 20여년이 지나있었고, 그 후 사무엘과 사울의 시대를 보냈고, 또 다윗이 왕이 된지 최소 10여년은 지났기 때문이다. 과거 하나님의 법궤가 블레셋 진영에서부터 돌아왔을 때, 아비나답의 아들 엘르아살이 법궤를 돌보는 책임을 맡았다(삼상 7:1). 그러나 많은 시간이 흘러 이제 다윗이 거기서부터 법궤를 옮기려고 했을 때 엘르아살은 등장하지 않는다. 아비나답의 아들이라고 불리는 웃사와 아효가 법궤를 돌보는 책임을 지고 수행하였다. 얼핏 보기에 아비나답에게는 엘르아살, 웃사 그리고 아효라는 이름을 가진 세 명의 아들들이 있는 것처럼 여겨진다. 혹자는 아효가 엘르아살이라고 설명하기도 한다. 왜냐하면 아효라는 이름이 단순히 "그의 형제"를 의미할 수 있기 때문이다. 그렇다면 아비나답에게는 웃사와 엘르아살이라는 아들들이 있었는데, 삼하 6장에서 엘르아살은 "그의 형제"라고 불리는 것으로 이해할 수 있다. 그러나 다르게 설명하는 것이 더 좋을 것처럼 보인다. 삼상 7장과 삼하 6장 사이에 약 100년 가까운 세월이 가로놓여 있다는 것을 생각한다면, 웃사와 아효는 실제로 엘르아살의 아들이거나 손자이고, 따라서 아비나답의 손자 혹은 증손자라는 것이다.

다윗은 이 일을 계획하면서 군대의 장군들과 함께 다른 많은 지도자들과 의논하고 중지를 모았다(대상 13:1-4). 새 수레를 사용하여 법궤를 운반하는 방식이 많은 논의를 거쳐서 신중하게 선택되었다. 그러나 법궤를 수레, 특별히 만든 새 수레에 싣고 운반한 이유는 불확실하다. 아비나답의 집이 산 위에 있다는 것 때문에 운반의 편의를 위해 수레를 사용했을 가능성은 높지 않아 보인다. 오히려 여기서는 과거 블레셋 사람들이 법궤를 소가 끄는 새 수레에 실어서 벧세메스로 돌려보냈던 것을 고려해 볼 수 있다. 그들에게 있어서 이것은 법궤에게 최고의 경의를 표하는 방법이었을 것이다. 그러므로 아마도 이스라엘 사람들은 그 당시 가나안 지역에서 통용되는 방법을 본받아서, 법궤에 대한 자신들의 존경심을 표현하려 했을 것으로 생각된다. 다윗과 이스라엘 사람들은 법궤를 싣고 가는 새 수레 앞에서 온갖 악기를 연주하면서 기쁨의 춤을 추었다(삼하 6:5).[10]

수레가 나곤의 타작마당에 이르렀을 때, 소들이 갑자기 뛰었다. 이 때 웃사가 본능적으로 손을 내밀어 하나님의 법궤가 수레에서 떨어지지 않도록 붙잡았다. 웃사가 비록 선한 동기에서 그렇게 했을지라도, 하나님의 법궤를 손으로 잡는 것은 큰 죄가 되었다. 모세는 법궤를 지성소 안 캄캄한 곳에 모셔두고 사람들이 가까이 가는 것은 물론 보지도 못하게 하였다. 심지어 대제사장조차도 일 년에 한 번만 그 앞에 나아갈 수 있었다. 물론 손을 댄다는 것은 엄격하게 금지되었고, 법궤의 거룩함을 침범할 때는 대제사장이 지성소 안에서 가장 거룩한 예배 의식을 드리는 동안에도 죽을 수 있다는 사실을 명심해야 했다. 운반 중에라도 법궤 자체를 만지지 않아야 한다. 그러므로 웃사는 법궤를 만지는 순간 하나님의 거룩하심을 침범했다. 사람은 무의식중에라도 하나님의 거룩하심을 침범하지 않도록 항상 조심해야 한다. 웃사는 오랜 세월 동안 자신의 집에서 하나님의 법궤를 돌보았다. 그의 수고와 헌신은 대단한 것이었다. 그러나 그 모든 수고에

---

10) 개역성경이 "주악하다"로, 그리고 개정성경이 "연주하다"로 번역한 히브리어 〈사하크〉는 "춤추다"라는 뜻으로 번역될 수도 있다. 바른성경의 번역을 참고하라.

도 불구하고 하나님의 용서를 받지 못했다. 그 어떤 경우에도 하나님의 거룩하심이 훼손되지 않아야 하기 때문이다. 하나님께서 진노하시고 웃사를 그 자리에서 치셨으므로, 웃사가 법궤 옆에서 죽음을 맞이했다.

다윗이 큰 근심 가운데 빠졌다(삼하 6:8). 하나님께서 진노하셨을 때, 다윗은 괴로움으로 몸부림쳤다.[11] 하나님을 향한 자신의 모든 열심이 하나님께 인정되지 않았다는 사실에 큰 충격을 받았다. 다윗은 하나님을 사랑하였다. 그리고 하나님의 법궤를 모셔오는 일에 최선을 다해 준비했다. 법궤의 행렬 앞에서 너무나 기쁜 나머지 노래하며 춤을 추었다. 그러나 다윗이 자신의 진실한 마음을 드리고 온갖 예물을 마련해 놓고 있는 그 순간 하나님은 재앙을 준비하고 계셨다. 왜냐하면 하나님께서 명하신 방식이 아니라, 사람들이 선택한 방식으로 하나님께 영광을 돌리려 했기 때문이다. 모세 율법에 따르면 마땅히 고핫 족속이 법궤의 양편 앞뒤에 있는 고리에 채를 끼워서 법궤를 들고 운반해야 한다. 그런데도 다윗과 이스라엘은 하나님이 정하신 원칙을 따르지 않고, 자신의 생각대로 행동했다. 때로는 지식이 없는 열심히 화를 초래하는 법이다. 그러므로 하나님의 일을 하는 사람들은 자신의 열심이 오히려 하나님의 영광을 가리지 않는지 조심해야 한다.

다윗은 하나님의 거룩하심을 더욱 절실하게 깨닫고, 그 분을 마땅히 두려워해야 할 분으로 경외하게 되었다. 그러므로 하나님의 용서를 기대하면서, 일시적으로 법궤를 가드 사람 오벳에돔의 집에 맡겨 두었다. 오벳에돔은 레위 지파 고핫 족속에 속한 사람으로 언급된다(대상 26:4). 그는 가

---

11) 한글 성경들이 보통 "진노하다" 혹은 "화를 내다"라고 번역하는 단어는 히브리어 〈하라〉이다. 삼하 6:8에서 이 〈하라〉는 "몹시 괴로워하다"라는 뜻으로 이해되어야 한다. 참고, 삼상 15:11.

드 사람이라고 불리는데, 아마도 여기서 가드는 블레셋의 중심 도시들 중 하나인 가드가 아니라, 단 지파의 영토로 할당되었으나, 고핫 족속에게 주어진 가드림몬을 가리킬 것이다(수 21:24). 법궤는 오벳에돔의 집에서 3개월을 머물렀다. 그동안 하나님께서 오벳에돔과 그의 가족에게 큰 복을 내리셨다. 뿐만 아니라 성경은 하나님께서 오벳에돔의 재산에도 복을 주셨다고 말한다(삼하 6:12). 또한 역대기는 오벳에돔이 3개월의 헌신을 통해 자자손손 복을 받게 되었다고 말한다(대상 26:8). 하나님의 임재를 상징하는 법궤를 모시고 돌본다는 것은 복을 받을 수 있는 가장 좋은 조건이 된다. 하나님은 두려우신 분이시지만, 무엇보다도 자신을 섬기는 자에게는 큰 복의 원천이시다. 하나님은 아브라함에게 "아브람아, 두려워하지 마라. 나는 너의 방패요, 너의 지극히 큰 상급이다."라고 말씀하셨다(창 15:1).

다윗은 하나님께서 오벳에돔에게 복을 내리시는 것을 보고서, 법궤를 모시려고 했던 자신의 원래 의도가 나쁜 것이 아니라 선한 것이었음을 확신할 수 있었다. 그는 하나님께서 진노하셨던 이유가 다름 아니라 법궤를 옮기는 방법에 있어서 하나님의 지시를 따르지 않았다는 것임을 깨달았다. 이러한 모든 과정을 통해서 다윗은 하나님을 점점 더 잘 알게 되었고, 그의 믿음은 더욱 견고해졌으며, 마음속에는 기쁨이 충만하였다. 이제 다윗은 용기를 내어 법궤를 오벳에돔의 집에서부터 예루살렘으로 다시 옮기려 하였다. 이번에는 모세 율법에서 규정하고 있는 것처럼, 레위 사람들로 하여금 법궤를 메고 가게 하였다. 다윗은 모든 사람들 앞에서 "레위 사람 외에는 아무도 하나님의 궤를 멜 수 없다."라고 공포하였는데, 이는 하나님께서 특별히 구별하여 거룩한 일을 섬기도록 한 사람들을 존중하는 것이 하나님을 기쁘시게 한다는 것을 그가 알았기 때문이다(대상 15:2). 다윗은 사독과 아비아달 제사장과 함께 다른 레위 지파 지도자들을 불러서 법궤 옮기는 일을 진행하게 하였다. 그리고 성가대를 세워서 악기와 노래로 하나님을 찬양하게 하였다.

법궤가 운반되는 동안 얼마나 많은 제사가 드려졌는지 알 수 없다. 단지 성경은 행렬이 처음 출발할 때, 즉 법궤를 멘 사람들이 여섯 걸음 움직였을 때, 모든 의식의 시작을 알리고 하나님의 은혜를 기원하는 제사가 드려졌다고 말한다(삼하 6:13). 아마도 법궤가 움직이는 동안 그 길을 따라 제사장들이 계속하여 제사를 드리고 있었을 것이다. 그리고 온갖 악기 소리와 찬양소리가 울려 퍼지는 동안 다윗은 베옷을 입고 온 힘을 다하여 법궤 앞에서 춤을 추었다. 마침내 레위 사람들이 법궤를 예루살렘 안으로 인도하여 들이고, 다윗이 정성을 다해 준비한 천막 가운데 모셔놓았다. 다윗이 다시 많은 제물을 바쳐서 번제와 화목제를 드리니, 모든 절차가 끝나게 되었다. 그리고 이스라엘 사람 모두가 하나님께서 그들의 왕 다윗을 총애하심을 보고 크게 기뻐하였으며, 선지자 나단과 제사장 사독도 다윗의 신앙이 진실한 것을 보고 함께 기뻐하였다.

🔔 미갈(삼하 6:20-23)

법궤가 다윗의 장막에 영광스럽게 안치되었을 때, 제사장들과 선지자들 그리고 모든 백성과 지도자들이 기뻐하였다. 다윗도 마음 가운데 기쁨이

충만함을 느끼면서, 그 기쁨을 가족들과 함께 나누기 위해 왕궁으로 들어
갔다. 그런데 세상 모든 사람들이 기뻐하는데도, 유독 혼자서만 화가 나는
사람이 있었다. 그는 다윗의 첫째 아내 미갈이었다. 미갈은 다윗이 체통
없이 법궤 앞에서 춤추는 것을 보고서 화를 참을 수 없었다. 자기의 남편
이자 이스라엘의 왕인 다윗이 그렇게 경박한 모습을 보였다는 것이 자신
에 대한 모독이며, 이스라엘에 대한 수치라고 여겼다. 미갈은 공주로서 자
라났는데, 왕의 품위와 체통에 대해서 자신의 아버지인 사울로부터 배웠
다. 사울은 항상 왕으로서의 권위를 지키는 것에 최고의 우선순위를 두었
다. 더욱이 그는 법궤에 대하여 관심을 크게 두지 않았고, 법궤나 법궤를
모시는 제사장들에 대해서 존중하는 마음이 부족했다. 그러므로 다윗이
법궤 앞에서 하체가 드러날 정도로 격렬하게 춤추는 것을 보았을 때, 미갈
은 다윗의 출신이 천박하였다는 것을 상기하고 그를 비웃을 뿐만 아니라,
그의 행동이 아내인 자신을 수치스럽게 한다고 느꼈다. 치솟는 화를 참지
못하고, 그 화를 퍼붓기 위해 나오던 미갈이 왕궁 뜰에서 다윗과 만났다.
얼음조각을 뿌려대듯이 차가운 얼굴을 하고 저주와 비난을 남편에게 쏟아
부었다. "방탕한 자가 염치없이 자기의 몸을 드러내는 것처럼, 오늘 왕께
서 그 신복의 계집종의 눈앞에서 몸을 드러내더군요(삼하 6:20)."

　세상 모든 사람들이 칭찬하는 것을 듣고 하늘에 올라가는 것 같았던 다
윗의 마음이 아내의 경멸어린 목소리에 한순간 무저갱 속으로 추락했다.
하지만 육체의 싸움에도 능숙하지만 말로 하는 싸움에는 지지 않는 다윗
이었다. 그는 아내의 비난에는 비난으로, 저주에는 저주로 대응했다. "이
는 여호와 앞에서 한 것이다. 그분께서 네 아비와 그 온 집을 버리시고 나

를 선택하셔서 이스라엘의 주권자로 삼으셨다. 그러므로 내가 이보다 더 낮아져서 비천하게 보일지라도 네가 말한 계집종에게서는 내가 높임을 받을 것이다(삼하 6:21-22)." 여호와 앞에서 자신은 얼마든지 낮아질 수 있겠지만, 미갈에 대해서만큼은 높아질 것이라는 다윗의 단호한 결심이 표현되었다. 성경은 이와 같은 다윗의 저주가 실현되었고, 미갈이 죽는 날까지 다윗의 아들을 낳지 못했다고 기록하고 있다. 다윗의 가장 합법적인 아내이면서 사울의 딸인 미갈에게 아들이 있었다면, 그 아들은 출생 순서와는 상관없이 사울의 옛 신하들의 지지를 받으면서 다윗의 후계자가 될 가능성이 상당히 높았을 것이다. 하지만 자신의 아버지처럼 왕으로서의 체통을 중요하게 생각하던 미갈은 바로 그것 때문에 아들을 얻지 못하는 저주를 받았고, 결국 이 사건으로 인하여 사울의 혈통이 왕권에서부터 완전히 멀어지게 되었다.

🔔 다윗 언약(삼하 7:1-29)

법궤를 자신의 왕궁으로 모신 다윗은 이후의 전쟁들에서 승승장구하였다. 다윗은 시급한 전쟁들을 모두 끝낸 후, 마침내 왕궁에서 평안을 누릴 수 있게 되었다. 이 때 그는 선지자 나단에게 말했다. "나는 백향목 궁에 거하지만 하나님의 법궤는 천막 속에 있구나(삼하 7:2)." 다윗은 이 말을 통하여 법궤를 위한 성전을 지어야겠다는 자신의 마음을 에둘러서 표현하였다. 물론 다윗이 살고 있는 백향목 궁은 고급스럽고 화려한 집이었다.

하지만 솔로몬이 이 백향목 궁에 만족하지 못하고 13년의 기간을 투자하여 새로운 왕궁을 지었다는 것(왕상 7:1)을 생각한다면 다윗의 백향목 궁이 지나치게 좋은 것은 아니었음을 알 수 있다. 하지만 다윗은 자신이 하나님의 법궤보다 더 나은 곳에 거주하는 것을 참을 수 없었다. 자신은 어쨌거나 집에 사는데, 법궤는 천막 안에 있다는 사실이 다윗을 괴롭혔다. 선지자 나단은 성전을 짓겠다는 다윗의 말을 듣고 깜짝 놀랐다. 성전을 짓는다는 것은 항상 하나님의 뜻을 묵상하는 것이 본분인 자신으로서도 전혀 생각해보지 않았던 것이다. 그렇지만 반대할 이유가 없었다. 나단은 왕에게 원하는 대로 행하라고 격려한 뒤, 자신의 집으로 돌아갔다. 밤중에 나단이 쉬고 있는데, 하나님께서 찾아오셨다. 그리고 다윗의 제안에 대해 나단의 생각과는 완전히 다른 하나님 자신의 뜻을 가르쳐주셨다. 그러므로 나단은 다음 날 다윗에게 가서 하나님의 뜻을 전해주었다.

사실 다윗이 자신의 소원, 즉 법궤를 위해 성전을 건축하겠다는 자신의 마음을 나타내었을 때, 그 말을 처음 들은 선지자 나단은 크게 놀랐다. 하나님을 기쁘시게 하려는 다윗의 마음이 이렇게 진실하고 깊은 줄 미처 알지 못했기 때문이다. 동시에 하나님을 이런 방법으로도 영화롭게 할 수 있다는 것을 이제야 깨달았기 때문이다. 한편 하나님께서 다윗의 소원을 들으셨을 때, 하나님 자신도 놀라셨다. "내가 언제 성전에 관해서 이스라엘 지파들 중에 누구에게라도 말한 적이 있느냐(삼하 7:7)?" 그 소원은 하나님을 놀라게 할 정도로 하나님을 기쁘시게 하는 소원이었다. 지금까지 하나님은 장막과 회막 곧 텐트에 거주하시는 것으로도 만족해하셨다. "내가 이스라엘 자손을 이집트에서 인도하여 내던 날부터 오늘날까지 집에 거하지 아니하고 장막과 회막에 거하며 행하였다(삼하 7:6)." 왜냐하면 비록 텐트에 불과할지라도, 그 분께서 사랑하시는 이스라엘 백성과 함께 머물 수 있으셨기 때문이었다. 이스라엘 백성이 방랑하며 떠도는 그곳에 하나님께서 함께 떠돌고 계셨고, 그들이 고난 받는 그곳에 하나님도 함께 계셨다. 죄를 지은 이스라엘이 형벌을 받아서 물 없는 곳을 전전할 때, 하나님께서는 그들을 떠나지 않으시고 그들이 가는 인고(忍苦)의 길 어디서나 함께 동행 하셨다. 그것은 하나님께서 자신의 피조물이며 선택의 대상인 이스라엘에 대하여 육신의 부모보다도 더 깊은 사랑을 갖고 계셨기 때문이다.

　하나님께서는 어느 사사에게도 성전에 대해 말씀하지 않으셨다(대상 17:6). 사실상 사사 시대에는 법궤를 돌볼 수 있는 마땅한 사람이 존재하지 않았다. 이스라엘 민족 전체를 돌보고 다스리는 사람이 없었기 때문이다. 그 후 엘리가 대제사장으로 섬길 때, 그는 그나마 책임감을 갖고서 법궤를 돌보았다. 하지만 엘리는 법궤를 블레셋에게 빼앗기는 수치를 겪게 되고, 그 일로 인해 충격을 받아서 죽음을 맞이해야 했다. 비록 법궤는 블레셋이라는 적진(敵陣) 속에서 벌이는 자신만의 전쟁에서 승리한 후에 영광스럽게 돌아왔지만, 법궤가 자리할 실로의 성소는 이미 파괴된 상태였다. 사람들은 궁여지책으로 법궤를 기럇여아림에 일시적으로 보관해 두었다. 그들은 빠른 시간 안에 법궤를 제대로 준비된 장소로 옮길 의도가 있었으나, 상황은 여의치 않았다. 얼마간의 시간이 흐르자, 사람들은 법궤에 대해 더 이상 관심을 기울이지 않게 되었다. 그 당시는 엘리를 뒤이어 사무엘이 이스라엘의 지도자가 되어 있었다. 하지만 사무엘은 엘리 시대에 무너진 성소를 재건하고 법궤를 영화롭게 안치할 수 있는 힘을 갖지 못했다.

사무엘이 가져온 에벤에셀의 승리는 이스라엘이 느낀 크나큰 감격과는 달리 실상 그 효과가 크지 않았다. 블레셋은 여전히 위협적이었고, 암몬을 위시한 다른 가나안 민족들이 호시탐탐 이스라엘을 공격하고 약탈할 기회를 엿보고 있었다. 결국 법궤를 돌보아야 할 최고의 적임자는 사울 왕이었다. 이스라엘의 초대 왕인 사울은 아말렉과의 전쟁에서 압도적으로 승리할 수 있는 힘을 갖추고 있었다. 그는 백성들의 전폭적인 지지를 얻고 있었고, 제사장들 역시 사울 왕의 선정(善政)을 위해 일심으로 도움을 베풀었다. 하나님께서는 사울 왕에게 기대하는 바가 컸다(삼상 9:16). 하지만 하나님의 기대는 무산되었다. 사울은 하나님을 배반했고, 자신의 올챙이 시절을 기억하지 않았다. 그는 왕으로서의 신분이 주는 화려함과 영광스러움에 만취하여, 하나님의 은혜와 그분께 대한 책임을 망각했다. 하나님은 기대가 크셨던 만큼 실망도 크셨으므로, 즉각적으로 사울을 버리셨다.

　이때 이와 같은 하나님의 마음을 한 여름의 얼음냉수처럼 시원하게 만든 사람이 다윗이다. 다윗은 예루살렘을 정복하여 드디어 왕도(王都)를 얻게 되었을 때, 가장 먼저 하나님의 법궤를 그곳으로 모셔왔다. 하나님은 크게 기뻐하셨고, 만족하셨다. 하나님께서 양떼를 뒤따르던 목동 다윗을 이스라엘의 왕으로 선택하신 것은 사람들의 생각에는 이해할 수 없는 결정이었다. 그러나 그것은 최고의 선택이었다. 다윗에게 기름 붓는 것을 머뭇거리던 사무엘에게 "이 사람이 바로 선택받은 사람이니, 주저하지 말고 일어나서 기름을 부어라(삼상 16:12)." 하고 명령하셨던 때가 있었다. 그때 다윗은 왕이 되기에 부족한 점이 많아보였다. 하지만 다윗은 사울이 하지 못한 일을 해내었다. 법궤를 왕도에 모심으로써 온 백성을 기쁘게 하고,

무엇보다도 하나님을 기쁘시게 하였다. 그러나 그것은 단지 시작이었다. 다윗에게는 또 다른 소원이 여전히 있었다. 성전을 짓는 것, 그것은 모든 사람들의 기대를 뛰어넘는, 심지어 하나님조차 생각하지도 않으셨던 당돌한 소원이었다.

선지자 나단은 본래 다윗의 멘토 역할을 하는 사람이다. 그는 다윗이 행하려고 하는 일에 대해서 언제나 논리적으로 잘 설명하면서 좋은 판단을 내려주었을 것이다. 그러나 다윗이 성전을 짓겠다고 자신의 마음을 넌지시 표현하였을 때, 나단은 평소의 모습과는 전혀 다르게 무슨 말을 해야 할지 몰랐다. 그는 자신의 본분에 따라 지혜롭게 왕에게 조언해야 했었는데, 그 순간에는 너무 놀란 나머지 아무 말도 하지 못하고 단지 "저는 잘 모르겠으니 왕께서 원하는 대로 행하십시오." 라고 말할 뿐이었다. 그리고 그 날 밤에야 비로소 그 문제에 대해서 하나님의 음성을 들을 수 있었다. 한편 하나님께서는 세상을 창조하신 분으로서 인간 세상의 어떤 사건도 그분을 놀라게 할 수 없는 크신 분이시다. 사람은 하나님께서 하신 일 때문에 놀란다. 하늘 기둥들조차도 하나님 때문에 놀란다(욥 26:11-14). 그러나 하나님은 사람이 무슨 일을 하여도, 우주에 무슨 일이 벌어져도, 놀라실 필요가 없다. 하나님께는 우주조차도 너무 가벼워 중력의 영향도 받지 않고 떠오르는 한 톨의 먼지와 같을 뿐이다. 그러므로 하나님을 놀라게 할 일이란 세상에 존재하지 않는다. 그런 하나님께서 다윗의 말을 들으셨을 때, 마치 놀라서 당황하시기라도 한 듯 갑자기 말씀이 많아지셨다. 마치 사람이 대화 중에 자기 감정의 허점을 찔려서 어쩔 줄 모르고 주절주절 말을 늘어놓는 것 같다. 다윗은 길게 말하지 않았고, 직설적으로 말하지도 않았다. 그저 짧게 한 마디만, 그것도 매우 간접적으로 둘러서 말했을 뿐이다. 이런 다윗의 말에 대하여 하나님은 그동안 밖으로 표현하지 않고 자신의 속에만 가지고 있었던 모든 감정과 생각을 다 털어놓으시는 것처럼 장황하게 말씀하신다.

하나님께서는 먼저 지금까지 다윗에게 베푸신 은혜를 상기시키신다. 하나님은 목동 다윗을 이스라엘의 왕으로 삼으셨으며, 그가 어디로 가든지 항상 동행하시면서 그의 적들을 모두 멸망시키셨다. 이와 같은 과거의 은혜만으로도 다윗은 세상에서 가장 큰 복을 받은 사람이다. 다윗이 법궤를 왕궁으로 모실 뿐만 아니라 성전을 건축하려 하는 것도 그 사실을 잘 알았기 때문이다. 하지만 하나님께서는 과거의 복과는 비교할 수도 없는 새로운 복을 다윗에게 내려주실 것이다.

다윗과 관계되는 복은 모두 네 가지다. 첫째, 다윗의 이름을 세상에서 가장 위대한 이름으로 만드실 것이다(삼하 7:9b).[12] 실제로 인류 역사상 가장 유명한 왕은 다윗이며, 하나님께서는 유다의 왕들이 다윗의 이름을 의지하여 간구하는 내용들을 들어주셨다(왕상 8:25). 무엇보다 예수님을 다윗의 후손이라고 부르거나 심지어 다윗 자신이라고 부르심으로써 다윗의 이름을 존귀하게 하셨다(겔 37:24). 둘째, 이스라엘 백성에게 외적의 침입을 걱정하지 않으면서 평안히 거주할 수 있는 땅을 주실 것이다. 그 땅에서는 정의가 실현될 것이므로 악한 자가 선한 사람을 괴롭히지 못할 것이다(삼하 7:10). 셋째, 다윗에게 안식을 주실 것이다(삼하 7:11a). 넷째, 그를 위해 집을 세우실 것이다(삼하 7:11b). 집을 세우신다는 것은 다윗의

---

12) 여기에 사용된 동사 <베아시티> ("내가 만들 것이다.")는 일반적으로 바브 연속 완료형으로 여겨진다. 하지만 선행하는 미완료 형태의 동사가 존재하지 않기 때문에, 단순 접속사 <바브>와 연결된 완료형으로 생각되기도 한다

왕조가 견고하여 영원토록 지속되게 만드신다는 뜻이다. 다윗의 뒤를 이어 그의 자손들이 대대에 걸쳐 이스라엘의 왕이 될 것이다.

그런데 다윗이 가장 기뻐하는 것은 자기 아들에게도 복이 이어진다는 사실이다. 다윗의 아들들 중 하나님의 선택을 받은 한 사람에게도 네 가지 복이 약속되었다. 첫째, 다윗이 죽을 때 그를 왕으로 세우실 것이다(삼하 7:12a). 둘째, 그의 왕국과 보좌를 영원히 견고하게 하실 것이다(삼하 7:12b, 13b). 셋째, 그 사람이 성전을 건축할 것이다(삼하 7:13a). 다윗 자신이 성전을 지으려는 소원을 가졌지만 하나님께서는 그것을 허락지 않으셨다. 그러나 하나님을 위해 품은 선한 소원은 대를 이어서라도 성취된다. 넷째, 성전을 지을 다윗의 후손은 하나님의 특별한 사랑을 받을 것이다(삼하 7:14-15). 하나님께서 그의 아버지가 되시며 그는 하나님의 아들이라고 불릴 것이다. 또한 그가 죄를 지을 때, 하나님은 비록 그를 징계하시더라도 사울처럼 버리지는 않으실 것이다. 이 네 가지는 솔로몬에게 적용된다. 하지만 솔로몬은 단지 완전한 것의 모형이며 예표일 뿐이다. 궁극적으로 이 약속들은 다윗의 아들로서 다윗의 보좌에 앉으신 예수 그리스도에게서 완전히 성취되었다(눅 1:32-33). 예수님은 가장 완전한 성전을 지으신 분이시다(요 2:19-22). 예수님은 영광의 보좌에 앉으실 것이며(마 19:28), 사라지지 않는 왕국을 소유하실 것이다(요 18:36). 무엇보다, 이스라엘 왕들은 하나님의 아들로 입양된 아들이지만, 예수님은 하나님의 유일하시며 참되신 아들이시다(막 1:1; 요 20:31). 그리고 예수님은 자신의 죄가 아니라, 우리의 죄 때문에 하나님의 징계를 받으셨다(히 5:8-9).

하나님으로부터 이와 같은 말씀을 전해 들었을 때, 다윗은 깜짝 놀랐다.

그가 성전을 지으려 한 것은 하나님의 복을 얻기 위해서가 아니었기 때문
이다. 그는 단지 자신에게 이미 베풀어주신 하나님의 은혜에 감사하는 마
음으로 그와 같은 소원을 품었다. 그리고 그는 자신이 무엇인가 특별하고
도 자랑할 만한 일을 한다고 생각지 않았고, 하나님의 자녀라면 마땅히 해
야 하는 일을 할 뿐이라고 생각했다. 그러므로 당연히 할 일을 한다고 해
서 상을 받을 것이라고는 조금도 예상하지 않았다. 하지만 하나님의 반응
은 다윗을 놀라게 하기에 충분했다. 애초에 다윗의 말을 들은 나단이 놀랐
고, 나단의 말을 들으신 하나님께서 놀라셨고, 마침내 하나님을 놀라게 했
다는 이유로 다윗 자신이 하나님의 말씀을 듣고 놀라야 했다.

　놀란 다윗은 자신이 마련한 성소로 뛰어 들어갔다. 그리고 그는 무릎 꿇
고 앉아서 두 손을 들고 여호와 앞에 기도했다. 다윗은 이처럼 엄청난 하
나님의 복을 받을 자격이 자신에게 없다는 것을 누구보다도 자기 스스로
잘 알고 있었다. 그러므로 "도대체 나는 무엇이고, 내 가문은 어떠하기에
이처럼 큰 은혜를 베푸십니까(삼하 7:18)?" 하고 소리쳤다. 다윗이 하나님
의 사랑을 받는 이유는 바로 이것이다. 그는 하나님 앞에서 겸손했다. 그
리고 자신에게 좋은 일이 있다면, 혹은 자신이 무엇이라도 한 가지 성취한
것이 있다면, 그것은 모두 하나님께서 은혜로 베풀어 주신 일이라고 생각
하고 감사드렸다. "저를 지금까지 이끌어 주셨습니다(삼하 7:18)." 과거의
은혜만으로도 충분하고 또 넘친다고 생각했다. 그러나 하나님께서 그것을
오히려 작게 여기시고, 장래에 더 큰 일을 이루어주시겠다고 말씀하시므
로 다윗은 너무 놀라 입을 벌리고 말을 하지 못하고 있을 뿐이다. "저는 주
님께 다시 드릴 말씀이 없습니다(삼하 7:20)." 단지 다윗은 "노래 잘 하는

자(삼하 23:1)"라는 자신의 장기를 살려서 하나님께 찬양을 드렸다. "주님
은 위대하시니, 주님과 같으신 분이 없고, 주님 외에는 하나님이 없습니다
(삼하 7:22)." 그리고 하나님께서 자신에게 약속하신 것을 이루시기를, 하
나님의 뜻이 이루어지기를, 그럼으로써 하나님의 이름이 영광을 받으시기
를 기도하였다(삼하 7:25-26).

🏺 승승장구(삼하 8:1-14)

다윗은 하나님의 은혜를 받아서 모든 전쟁에서 승리하였고, 해가 갈수
록 나라를 부강하게 만들었다. 블레셋 사람들을 쳐서 쫓아내고, 그들에게
서부터 메덱암마를 빼앗았다. 메덱암마는 아마도 "어미의 굴레"를 뜻하는
말로서 중심도시와 그 주변지역, 즉 역대기에서 설명하는 것처럼 가드와
그 주변 지역을 가리킬 것이다(대상 18:1). 또 다윗은 모압을 공격하여 많
은 사람들을 죽였고, 거기서 살아남은 사람들은 종으로 삼았다. 이 때 다
윗의 장군들 중 한 명인 브나야가 모압 사람 아리엘("하나님의 사자," 아
마도 모압왕?)의 아들 두 명을 죽였을 것이다(대상 11:22). 과거 다윗이 사
울에게서 쫓겨 다닐 때, 그는 모압 왕의 도움을 받기도 했었다(삼상 22:3-
4). 하지만 모압 왕이 다윗을 환대한 것은 단지 그를 통해 사울의 왕국 안
에 혼란을 조장하려는 의도였을 뿐이다. 사울이 죽게 되자, 모압과 다윗의
관계가 완전히 변했다. 모압은 과거와 다를 바 없이 여전히 이스라엘을 괴
롭혔는데, 다윗 또한 사울을 대신하는 사람으로서 그들의 가장 큰 적으로

여겼다. 그러므로 다윗은 모압을 점령한 후, 전쟁에 참여했던 적군의 2/3
는 일말의 자비심도 없이 죽이고 나머지 1/3은 살려주었다. 그 후로 모압
이 다윗의 속국이 되어서 조공을 바쳤다.

한편 소바는 아람의 주요 도시들 중의 하나다. 정확한 위치는 알려지지
않았으나, 다메섹 보다는 더 북쪽에 있었고, 하맛보다는 더 남쪽에 있었을
것이다. 다윗 시대에 그 도시의 왕은 하닷에셀이었는데, 그는 아람의 다른
도시들에게 강력한 리더십을 발휘하고 있었다. 아람과의 전쟁 기록은 사무
엘하 10장에서 보다 상세하게 나타난다. 아람은 암몬을 돕기 위해 와서 먼
저 다윗의 장수인 요압과 싸웠다. 이 처음 전쟁에서 아람과 암몬은 크게 패
배하고 도망하였다(삼하 10:13). 그러므로 하닷에셀은 자신의 세력을 회복
하기 위해 두 번째 전쟁을 계획하고 유프라테스 주변 지역에서 군대를 모
았다(삼하 8:3). 이 소식을 듣게 된 다윗은 재빨리 북쪽으로 올라가서 하닷
에셀의 군대를 격파하고 완벽한 승리를 거두었다(삼하 8:4-8; 10:15-19).

하맛이라는 이름은 창세기 10:18에서 가나안의 후손들 가운데 처음 나
타난다. 민수기와 여호수아서는 르보-하맛 즉 "하맛 입구"라는 용어를 하
나님께서 약속하신 이스라엘 영토의 북쪽 경계선으로 언급한다(민 34:8;
수 13:5). 다윗 시대에 도시 하맛은 시리아 지역의 패권을 차지하기 위해
소바와 경쟁하고 있었다. 그러므로 다윗이 소바 왕 하닷에셀의 군대를 격
파했을 때, 하맛의 왕 도이는 크게 기뻐하였다. 도이는 자신의 아들 요람
을 보내어서 다윗에게 많은 공물을 전달하고 그와 평화 조약을 체결했다
(삼하 8:9-10). 다윗은 요람이 가져온 공물들을 그가 정복한 다른 도시들
에서부터 얻은 보물들과 함께 여호와께 드렸다.

아람과의 전쟁을 위해 다윗이 군대를 이끌고 북쪽으로 올라갔을 때, 에돔은 좋은 기회라고 여기고 유다의 남부 경계선을 넘어서 공격해 왔을 것이다. 그러므로 다윗은 아람과의 전쟁을 끝내자마자 쉬지 않고 군대를 남쪽으로 인도하여 에돔과 싸워야 했다. 다윗은 염곡 즉 소금 골짜기에서 요압의 동생 아비새를 시켜서 에돔 군인들 1만 8천명을 죽였는데(대상 18:12; 참고 시 60편 표제), 염곡은 사해 남부에 있는 골짜기로서 유다와 에돔의 경계선을 형성하고 있는 곳이었다. 이 때로부터 200년이 좀 더 지난 후, 역시 같은 장소 염곡에서 유다 왕국의 10대 왕인 아마샤가 에돔 사람 1만명을 죽이게 된다(왕하 14:7). 전쟁이 끝난 후 다윗은 자신의 최고 사령관 요압을 에돔으로 보냈다. 요압은 무려 6개월 동안이나 그곳에 머물면서 조금이라도 반란의 소지가 있는 남자들을 모조리 찾아내어 처형하였는데, 이 때 죽은 사람이 매우 많아서 살아있는 남자를 찾기가 힘들 정도였다(왕상 11:16). 비참한 살육의 현장에서 마치 영화의 주인공처럼 구사일생으로 살아난 소년 왕자 한 명이 있었다. 에돔의 왕자 하닷은 자신을 잡으려고 돌아다니는 이스라엘 군사들의 삼엄한 경계를 뚫고 극적으로 탈출하여 이집트로 피신할 수 있었다. 이후 다윗은 에돔에 수비대를 두었는데, 에돔은 솔로몬 시대까지 유다의 지배를 받게 되었다.

🔔 관료들(삼하 8:15-18)

전쟁에 대한 요약적인 기록이 있은 다음, 다윗의 초기 정부를 형성하는 최고위층 관료들의 이름이 제시된다. 다윗의 조카 요압은 다윗 군대의 총사령관이 되었다. 아힐룻의 아들 여호사밧은 사관이었다. 그는 다윗의 말기에 형성된 정부의 각료 명단에도 사관으로 등장할 뿐만 아니라(삼하 20:24), 솔로몬 통치 초기에도 사관의 직책을 여전히 갖고 있었다(왕상 4:3). 여기서 사관이라는 직책이 무엇을 의미하는지 분명하지 않으나, 왕의 모든 행동과 명령들을 기록하면서 왕의 충실한 조언자가 되었을 것이다.

제사장은 아히둡의 아들 사독과 아비아달의 아들 아히멜렉이 공동으로 맡았다. 사독은 아론의 아들 엘르아살의 후손이다(대상 6:8). 반면에 아비아달의 아들 아히멜렉은 아론의 다른 아들 이다말의 후손이다(대상 24:3). 사무엘상 22:20에 따르면, 아비아달이 아히멜렉의 아들이다. 그러므로 그들의 족보를 순서대로 정리한다면, 사울에 의해 죽은 아히멜렉에게는 아비아달이라는 이름의 아들이 있었고, 이 아비아달이 다윗에게로 피난해 왔다. 아비아달에게는 그의 부친과 동일하게 아히멜렉이라는 이름을 가진 아들이 있었다. 아비아달과 아히멜렉은 다윗의 통치 초기부터 함께 제사장 직분을 수행하였다. 그러므로 성경에는 이 두 사람의 이름이 때때로 교환되면서 등장한다. 그리고 아비아달은 다윗의 후계자를 결정할 때 아도니야를 지지하였기 때문에, 솔로몬의 통치 초기에 대제사장직에서 파면되어 쫓겨났다(왕상 2:27). 이 때 아히멜렉은 등장하지 않는데, 아마도 그는 이미 부친보다 먼저 죽었을 가능성도 존재한다. 아비아달의 다른 아들 요나단은 압살롬의 반란 때에 다윗에게 소식을 전하기 위해 목숨을 걸고 달려갔었다(삼하 15:36).

스라야는 서기관이 되었는데, 그는 역대기에서 사워사로 불리고 있다 (대상 18:16). 서기관은 국가의 문서들을 총괄하는 직책으로서 현대의 국무장관에 해당된다. 여호야다의 아들 브나야는 그렛 사람과 블렛 사람들의 대장이 되었다. 이들은 왕과 왕궁을 경호하는 경호부대이면서 왕의 명령을 직접 실행하는 친위부대에 해당하며, 모두 용병 직업 군인들로 구성된다.

다윗의 정부 조직에 대한 설명에서 마지막으로 언급되는 직책은 대신이다. 다윗의 아들들이 대신이 되었는데, 여기서 대신이라는 말은 히브리어 〈코헨〉, 즉 제사장이라는 단어로 나타난다. 그러나 이 칭호는 그들이 실제로 제사장이 되었다는 뜻이 아니라, 성전과 관련되어 종교적 업무를 처리하는 행정 관료가 되었다는 것을 가리킨다.

🔔 므비보셋(삼하 9:1-13)

한편 다윗은 요나단에 대한 의리를 저버리지 않았다. 다윗이 사울의 미움을 받아 그 생명이 위험에 처해 있었을 때, 요나단이 그를 살려주면서 언약을 맺은 바가 있었다. "여호와께서 너 다윗의 대적들을 지면에서 다 끊어버리신 때에도 너는 네 인자를 내 집에서 영영히 끊어 버리지 말라(삼상 20:15)." 이 언약을 기억하는 다윗은 요나단의 자손 중에 남은 사람이 있다면, 그에게 요나단의 은혜를 갚으리라고 생각했다. 그러므로 다윗은 사울의 신하였었던 시바를 불러 사울의 후손들에 대해 물어보았다. 시바는 사울의 신하였는데, 처세술에 능하였다. 사울의 왕국은 망했지만, 그 자신은 아들 열다섯을 낳고, 종도 스무 명이나 거느린 채 떵떵거리며 살고 있었다. 그는 다윗에게 요나단의 아들인 므비보셋이 살아있다고 보고하였다.

므비보셋은 사울 왕의 손자로서 이스라엘 가운데 가장 훌륭한 혈통을 가지고 태어났다. 더욱이 그는 얼마 지나지 않아서 왕위를 물려받을 것이 확실한 황태자 요나단의 아들이었다. 그의 이름 므비보셋은 "수치(=바알)를 파괴하는 사람"이라는 뜻이다. 역대기는 그의 이름을 므립바알("바알이 싸운다.") 혹은 므리바알("바알의 영웅"?)이라고 기록한다(대상 8:34; 9:40b). 히브리 사람들은 이방신을 가리키는 바알이라는 이름 대신에 보셋("수치")이라는 이름을 사용하려는 성향이 있었으므로, 그를 원래의 이름 대신에 므비보셋이라고 불렀다. 이 므비보셋은 사울의 아들 므비보셋과는 다른 인물이다(삼하 21:8). 그가 누린 유년기의 짧은 행복은 사울과 요나단의 죽음과 함께 끝났다. 재앙이 찾아올 때 그는 자신에게 어떤 일이 생겼는지조차 이해하기 힘든 불과 다섯 살 어린아이였다. 더욱이 불행은 항상 무리를 지어 찾아온다. 그의 모친은 아마도 이미 죽었으리라 생각되는데, 당시 그를 돌보고 있었던 유모가 블레셋이 사울의 왕궁까지 공격해 올 것을 예상하고 급히 아이를 데리고 도망하려 했다. 그러나 지나치게 서두르다가 그를 떨어뜨리는 바람에 그는 두 발을 다 저는 절뚝발이가 되었다(삼하 4:4).

그 이후 오랫동안 므비보셋이 어떻게 살았는지 알려지지 않았다. 아마도 유모의 손에 이끌려서, 블레셋이나 다른 원수들을 피해 정처 없이 떠돌아다녔을 것이다. 그리고 사울의 아들 이스보셋이 마하나임에 왕국을 세웠을 때 요단 건너편으로 그에게 찾아가서 일시 정착하였다. 하지만 이스보셋의 왕국은 하루살이와 같았다. 3년도 못되어 이스보셋이 죽고, 왕국은 다윗의 손에 넘겨졌다. 나라와 민족이 천지가 흔들리는 듯한 엄청난 격변기를 겪는 동안, 기껏해야 열서너 살이 된 홍안의 미소년 므비보셋은 또 한 번 줄 끊어진 연처럼 고립무원의 신세가 되었다. 이 때 그에게 도움의 손을 펼친 사람이 있었다. 그는 길르앗 북쪽 지역에 위치한 로드발에 거주하는 마길이었는데, 그의 부친은 암미엘이었다. 마길은 부자였을 뿐만 아니라, 마음이 넓고 자비로우며, 시대를 파악하는 지혜가 있는 사람이었다. 사울에게 충성하던 신하들 중 한 사람이었던 그는 므비보셋의 불행을 외면하지 않았다. 누구보다도 고귀하게 태어났지만 어린 나이에 견디기 힘든 시련을 겪고 있는 므비보셋을 기꺼이 자신의 집으로 데려가서 대략 15년 가까이 마치 아들처럼 돌보아주었다. 이 기간 동안 므비보셋은 평안과 행복을 누릴 수 있었는데, 결혼하여 미가라는 이름을 가진 아들을 낳았다 (삼하 9:12). 시간이 흐른 뒤 마길은 다윗이 므비보셋을 찾는다는 소식을 들었다. 그 때 그는 다윗에게서 요나단을 향한 진실한 마음을 보았으므로, 사울과의 인연을 생각하면서 소중히 돌보고 있던 므비보셋을 다윗에게 보내주었다.

다윗은 사람을 보내 요나단의 아들 므비보셋을 왕궁으로 데려온 후, 그에게 먼저 "두려워하지 마라." 하고 말했다. 고대에는 이전 왕의 후손들을 몰살시켜서 자기 왕권을 확고하게 만드는 것이 보편적이었기 때문이다. 하지만 다윗은 그의 조부 사울이 소유하고 있던 밭을 모두 그에게 돌려주었다. 그리고 그를 왕자처럼 대우하여 항상 왕궁에서 왕과 함께 식사하게 하였다. 사울의 신하였던 시바에게 므비보셋을 주인으로 모시고, 그의 밭과 재산을 관리하면서 그를 돌보게 하였다. 므비보셋은 갑작스럽게 찾아온 뜻밖의 행복을 불안한 마음으로 지켜보았다. 그가 어려서부터 겪은 삶의 굴곡이 너무나 커서, 막 얻게 된 행복을 현실로 받아들이기에는 시간이 필요했을 것이다.

은혜를 기억하고 보답하는 것에 대해서 "의리를 지켰다."라고 말한다. 사람이 지켜야 할 기본적인 도리를 의리라고 한다면, 그 의리에 있어서 가장 중요한 덕목은 은혜에 보답하는 것이다. 다윗은 의리의 사람이다. 그는 자신이 과거에 받았던 은혜를 잊지 않고, 요나단을 기억하여 그 아들 므비보셋을 돌보았다. 한편, 후일(後日) 베냐민 지파의 세바가 반란을 일으켰을 때, 므비보셋이나 사울의 가문에 대해서 전혀 고려하지 않는다. 이러한 사실은 사울의 가문이 더 이상 다윗의 통치에 위협이 되지 않았다는 것을 보여준다. 다윗도 이러한 점을 알고 있었을 것이다. 그럼에도 불구하고 다윗이 므비보셋을 돕는 근원적인 이유는 그가 요나단에 대한 의리를 지키려고 했기 때문이라는 점을 부인할 수 없다.

🜹 암몬과 아람(삼하 10:1-19)

다윗이 요나단의 아들 므비보셋에게 은혜를 베풀고 있을 때, 마침 암몬의 왕 나하스가 죽고 그의 아들 하눈이 즉위하였다는 소식을 들었다. 나하스가 다윗에게 어떤 은혜를 베풀었는지 기록되지 않았지만, 다윗은 자신이 은혜를 받았다는 사실을 분명하게 기억하고 있었다(삼하 10:2). 아마도 나하스가 사울과 적대적인 관계에 있었기 때문에, 그는 사울의 또 다른 원수인 다윗에게 호의를 베풀면서 사울의 왕국 안에 혼란을 조장하려는 의도를 가졌었을 수 있다. 만일 나하스가 다윗을 이용하려는 목적에서 그렇게 행동했다면, 그의 호의는 순수한 은혜라기보다 오히려 정치적 술수라고 표현될 수도 있을 것이다. 하지만 나하스의 의도와는 상관없이, 다윗은 그가 자신에게 베푼 은혜를 기억했다. 은혜를 흐르는 물에 기록하고, 원한을 돌에 새기는 것이 사람의 본성이다. 하지만 다윗은 자신이 받은 은혜를 돌에 새겨놓고 있었다.

다윗은 신하들을 보내서 죽은 나하스에 대해 조문하게 하였다. 그러나 당시의 상황은 암몬 사람들로 하여금 다윗의 호의를 순수하게 받아들이지 못하게 하였다. 왜냐하면 다윗은 왕이 된 이후, 주변 민족들과 계속하여 전쟁하고 약탈하며 정복하고 있었기 때문이다. 이러한 사실을 잘 알고 있는 암몬은 아마도 다윗이 자기들의 영토를 빼앗아 지배하려고 하지 않을까 불안해하고 있었다. 그러므로 암몬의 고위관료들은 조문 사절을 보내는 다윗의 속셈이 다른 곳에 있을 것이라고 지레짐작하였다. "다윗이 그 신하를 보내어 이 성을 엿보고 탐지하여 함락시키고자 함이 아니겠습니까(10:3)?" 한편 이제 즉위한 지 얼마 되지 않아서 주변 정세를 파악하는 지혜가 부족했던 하눈은 신하들의 조언에 절대적으로 의지하고 있었다. 그러므로 그들의 말을 듣고는 다윗의 사절단을 잡아서 수염을 자르고 옷을 엉덩이부분까지 잘라버리는 등 심한 모욕을 준 다음 돌려보냈다. 다윗은 자신의 사절단원들이 크게 부끄러워하는 것을 알고, 그들이 수염이 다 자라기까지 여리고에 머물다가 돌아올 수 있도록 배려해주었다.

다윗은 자신의 선한 의도를 악으로 보답한 암몬에 대하여 분노하고, 그들의 도발에 무력으로 맞대응하기로 결심했다. 암몬 역시 다윗과의 전쟁이 임박한 것을 알고, 현대의 시리아에 해당하는 아람의 여러 도시들에게 은 1천 달란트(1 달란트 = 30kg)의 돈을 주고 군대를 고용했다(대상 19:6). 이 때 용병 부대에 참여했던 도시들은 아람에 속한 벳르홉과 소바, 그리고 마아가와 돕이었고, 이들의 연합군을 이끄는 사람은 소바의 왕이며, 르홉의 아들인 하닷에셀이었다. 이스라엘의 총사령관인 요압은 군대를 두 부대로 나누었는데, 자신이 정예 중의 정예들로 구성된 한편 부대를 이끌고 아람의 용병 부대와 싸웠다. 그리고 자신의 동생 아비새에게는 다른 부대를 맡겨서 자신이 아람과 싸우는 동안 암몬의 군사가 함부로 움직이지 못하도록 견제하게 하였다. 요압이 하나님을 의지하고 싸웠을 때, 하나님께서 그를 도우셨으므로 아람 군대가 일패도지하였다. 암몬 군대는 아람이 정신없이 도망하는 것을 보고, 사기가 땅에 떨어져 더 이상 버티지 못하고 그들의 왕도(王都)인 랍바 성 안으로 들어가 버렸다. 요압은 동생 아비새와 함께 개선장군이 되어 예루살렘으로 당당하게 돌아왔다.

패주한 하닷에셀은 재기의 기회를 찾기 위해 유프라테스 강 건너편 아람 사람들의 군대를 불러들였다. 하지만 다윗은 직접 군대를 이끌고 북진하여 아람 군대를 물리치고, 군대 장관이었던 소박을 죽였으며, 아람의 여러 왕들과 하닷에셀을 굴복시켰다. 아람의 왕들은 이스라엘과 불평등 평화조약을 맺고 다윗에게 많은 조공을 바쳐야 했는데, 다윗은 그 공물들을 하나님

께 드렸다. [이 전쟁에 관해서는 삼하 8장에서 이미 언급한 바 있었다.]

하닷에셀이 다윗에게 패배하여 많은 군대를 잃고 도망할 때, 그의 신하였던 르손은 자기를 지지하는 사람들을 모아 다메섹으로 가서 그곳의 왕이 되었다(왕상 11:24). 다메섹은 헤르몬 산 동편의 평원에 위치한 도시로서 현대 시리아의 수도다. 르손이 하닷에셀에게서 독립하여 스스로 왕이 된 일의 배후에는 다윗의 암묵적인 후원이 있었을 것이다. 그리고 다윗은 다메섹에 수비대를 두고, 르손을 조종하면서 그 도시를 통해 아람 전체에 지배권을 행사하였다(삼하 8:6). 이와 같은 다윗의 정책 때문에 그 때까지 아람의 다른 도시들과 다를 바 없는 평범한 도시 다메섹이 점차 중심적인 역할을 맡게 되었으며, 마침내 르손의 손자 벤하닷 때에 이르러 아람 전체의 왕도가 될 수 있었다.

7

밧세바와 다윗의 죄

(삼하 11:1-12:31)

7. 밧세바와 다윗의 죄

(삼하 11:1-12:31)

🎵 밧세바(삼하 11:1-5)

겨울 동안 잠시 소강상태에 있던 암몬과의 전쟁이 봄이 되면서 다시 시작되었다. 다윗은 총사령관 요압에게 모든 군대를 맡겨서 암몬을 공격하게 했다. 몇 번의 전쟁에서 승리하면서 요압은 암몬의 군대를 그들의 수도 랍바에 가두고, 그 성을 포위할 수 있었다. 이미 전쟁은 상당 시간 계속되어 왔지만, 언제 끝날 수 있을지 짐작하기는 힘들었다. 왜냐하면 용맹하면서도 탁월한 지략을 가진 요압의 영술 하에 이스라엘이 항상 승리하고는 있지만, 아군의 희생을 최소화하면서 랍바 성을 함락하는 것은 쉽지 않았기 때문이다.

다윗은 처음부터 전쟁에 나가지 않고 예루살렘에 머물러 있었다. 전쟁 능력에 관한 한 자신의 조카 요압은 믿을 수 있는 사령관이었기 때문이다. 더욱이 암몬과의 전쟁이 비록 빠른 시간 안에 끝나지 않는다고 할지라도 이스라엘이 처음부터 계속하여 전쟁을 주도하고 있었으며, 다윗이 직접 나서야 할 정도로 위급한 일은 발생하지 않았다. 요압이 암몬을 정복하는 것은 단지 시간문제라는 것을 모두가 알고 있었다. 다윗은 예루살렘에 가만히 앉아서 전령이 가져다주는 낭보를 기다리기만 하면 되었다. 사실 그가 왕위에 있은 지 이미 20년 이상이 지났고, 그 동안 이스라엘의 군대는 완전한 체계를 갖추었고 잘 훈련되어 있었다. 다윗 휘하의 장수들은 이제 왕이 직접 전쟁에 참여하는 것보다 자신들에게 전적으로 맡겨주기를 원했다(삼하 21:17). 그러므로 다윗은 구태여 자신이 직접 출전하려 하지 않고 예루살렘에 남아 있었는데, 물론 왕궁에서 수행하는 왕의 업무도 쉬운 것은 아니었다. 이 무렵 그는 분주한 하루일정을 끝내고 저녁이 되면 왕궁 지붕 위를 거닐면서 피부를 스쳐 지나가는 서늘한 바람을 즐기고 사색에 잠기는 것을 좋아하게 되었다.

그 날도 침상에서 잠깐 눈을 붙였다가 일어나서, 평소의 습관처럼 지붕 위를 거닐었다. 그러다가 문득 왕궁에 인접한 한 집에서 목욕하고 있는 여인을 보게 되었다. 그 여인은 매우 아름다웠으므로 눈을 뗄 수 없었는데, 밤이 새도록 그 여인에 대한 생각뿐이었다. 날이 밝기만을 기다리던 다윗은 아침이 되자마자 신하를 불러 그 여인에 대해 알아보게 하였다. 다윗의 명령을 받은 신하가 다녀와서 왕에게 보고했다. "그 여인은 밧세바가 아닙니까?" 밧세바는 엘리암의 딸로서 헷 사람 우리야의 아내였다. 다윗은 미처 몰랐었지만, 이미 밧세바는 아름다운 미모로 유명하였다. 밧세바라는 이름의 뜻은 "7의 딸"인데, 아마도 어느 달 7일에 태어났기 때문에 이 이름을 가졌을 것이다. 혹은 7번째 딸일 수도 있다. 이 밧세바는 다윗과 매우 깊은 관계를 가진 가문 출신이다. 그의 아버지 엘리암(= 암미엘, 대상 3:5)은 다윗의 30인 특수부대에 속한 용사였다(삼하 23:18). 그리고 엘리암의 아버지, 즉 밧세바의 조부(祖父) 아히도벨은 비록 이름의 뜻이 "어리석음의 형제"이지만 실제로는 매우 지혜로운 사람이었고, 다윗의 조언자로서 활동하고 있었다. 압살롬이 반란을 일으켰을 때 다윗이 예루살렘에서 도망하면서 가장 두려워 한 것은 압살롬의 군대가 아니라 아히도벨의 모략이었다(삼하 15:12, 31-34). 밧세바의 남편 우리야는 비록 헷 사람이지만 다윗의 인정을 받아서 엘리암과 함께 30인 특수부대의 용사들 중에 속하였다. 아마도 엘리암은 자신이 아끼는 후배 장수 우리야가 늦은 나이에 이르도록 미혼인 것을 보고, 딸 밧세바와 결혼시켰을 것이다.

밧세바의 남편 우리야가 전쟁에 나간 지 제법 시간이 흘렀다. 젊고 예쁜 여자 밧세바가 남편 없이 여러 날 혹은 몇 주를 보내면서 몸가짐이 흐트러졌다. 저녁이라고는 하지만, 높은 곳에 있는 사람들이 쉽게 내려다 볼 수도 있는 곳에서 숨기는 듯 혹은 보여주는 듯 목욕 하였다. 머리 위로 쏟아붓는 차가운 물이 그녀의 마음을 식혀주지 못했다. 다윗이 주변의 이목을 생각지 않고 사람들을 보내 불렀을 때, 그녀는 기다렸다는 듯이 다윗과 동침하였다. 이 때는 밧세바가 부정함에서부터 이미 정결하게 된 때, 즉 생리 기간이 끝나 있는 때였으므로 임신 가능성이 있는 날이었다. 밧세바와 다윗의 불륜이 얼마나 지속되었는지 알 수 없다. 하룻밤의 관계로 끝났거나 아니면 여러 날 지속되었을 수도 있다. 불같이 타오르던 욕망의 때가 끝나고 밧세바는 다윗과 한동안 만나지 않고 있었다. 그러다가 자신이 임신한 것을 알게 되고는, 사람들을 보내 다윗에게 알려주었다.

이스라엘에서는 왕에게 고할 일이 있는 사람은 누구든지 왕과 대면할 수 있었다. 그런데도, 어찌 보면 가장 비밀스러워야 할 일을 사람들을 시켜서 전달하는 이유가 무엇일까? 밧세바는 이 일을 사람들에게 알리고 싶었을까? 그렇기 때문에 밧세바의 목욕이나 왕과의 동침, 왕자의 수태, 그리고 우리야의 죽음에 이르는 모든 과정이 그녀의 은밀한 의도에 따라 이루어졌다고 생각하기도 한다. 의도적이었든지 아니면 우연하게 일어난 일이었든지 어쨌거나 밧세바는 사람들의 비난에서부터 자유로울 수 없다. 간음은 십계명이 금지하는 심각한 죄다. 그러므로 비록 왕의 요구라고 할지라도, 왕에게 자신의 의사를 분명히 표현하는 것이 필요하다. 밧세바의 죄는, 가장 최소한으로 말했을 때, 소위 "소리를 지르지 않은 죄"에 해당한다(신 22:23-24). 이러한 경우 간음을 행한 남녀를 반드시 둘 다 죽여야 하는 것이 하나님의 명령이다(레 20:10).

하지만 성경은 밧세바의 죄에 대해서 침묵한다. 왜냐하면 다윗의 죄가 더 크기 때문이다. 하나님의 마음을 아프게 한 장본인은 밧세바가 아니라 다윗이다. 밧세바를 처음 볼 때부터 그는 주체할 수 없는 사랑에 빠졌다. 뒤늦게 찾아온 그 사랑은 그의 이성을 잃게 만들었다. 그러나 자신이 왕이라고 하더라도 타인의 아내를 취할 수는 없다. 하나님의 계명은 누구에게나 공평하게 적용된다. 사실 하나님께서는 동일한 죄라 할지라도 평민보다 지도자들에게 더 큰 책임을 물으신다. 우리야가 집을 떠나 있었기 때문에 그의 아내 밧세바를 자신의 침실로 불러들일 용기는 생겼지만, 자신과 밧세바의 관계를 공개적으로 인정하거나, 우리야에게서 그녀를 빼앗아올 용기는 감히 가질 수 없었다. 그러므로 다윗은 밧세바와의 짧은 관계를 정리하고 간신히 마음을 추슬렀다. 그리고 굳게 결심하고 그녀를 한동안 만나지 않았다. 아마도 그동안 그는 자신의 결심을 지키기 위해 앞으로는 더 이상 만나지 않을 것이며 아예 그녀를 잊어버리겠다고 계속해서 자신에게 속삭여야 했을 것이다.

　하지만 아기가 생겼다는 말을 듣는 순간 밧세바를 잊어버리겠다는 과거의 결심은 유명무실하게 되었다. 다시 그녀는 다윗의 삶 한 가운데 자리를 차지했다. 이제 그는 자신의 죄를 고백하고 그 책임을 지든지, 아니면 어떻게 해서든 자신과 밧세바와의 관계 그리고 그 아기와의 관계를 부정하든지, 양자택일해야 하는 기로에 섰음을 알았다. 하지만 이러한 경우 죄를 지은 사람들은 언제나 마치 손으로 하늘을 가릴 수 있는 것처럼 생각하고 자신의 죄를 감추려고 하는 법이다. 다윗도 밧세바와의 관계를 부인하여 자신의 죄를 숨기려고 결심했다. 만일 밧세바와의 관계를 인정하고 율법에 규정된 방식대로 책임을 지려면, 자신의 왕위를 포기하는 것은 물론 심지어 사형선고 받는 것을 감수해야 할 것이다. 자신뿐만 아니라 밧세바도 죽어야 한다. 그는 밧세바가 가진 아기가 자신의 아기라는 것을 조금도 의심하지 않았다. 하지만 다윗에게는 모태에 있는 아기까지 염려할 마음의 여유가 전혀 없었다. 이 순간만큼은 그 아기가 자신의 아들이라는 사실이 중요하지 않게 여겨졌다.

🏺 우리야(삼하 11:6-12:31)

　다윗은 랍바 성을 공격하고 있는 총사령관 요압에게 편지를 보내어, 휘하 장수인 우리야를 예루살렘으로 보내게 했다. 우리야가 도착하여 왕궁에 들어왔을 때, 다윗은 그에게 전쟁의 진행 상황을 보고하게 하고, 요압

과 다른 장수들과 군사들의 안부를 물었다. 그리고 우리야에게 집으로 가
서 발을 씻으라고 명령하였다. 뿐만 아니라 좋은 음식들을 보내 그가 아내
와 함께 즐거운 시간을 가질 수 있게 하였다. 만일 우리야가 밧세바와 함
께 밤을 지낸다면, 그녀가 잉태한 아기의 아버지가 우리야라고 우길 생각
이었다. 다윗은 이렇게 되면 자신의 허물이 완전히 감추어질 것으로 예상
했다. 그러나 우리야는 자기 집이 왕궁에 붙어 있음에도 불구하고 그곳으
로 가지 않았다. 그는 왕궁 수비대 병사들의 막사에서 퀴퀴한 냄새를 맡으
며 병사들 사이에 끼어 새우잠을 자면서 밤을 지냈다. 왜냐하면 우리야도
이미 다윗과 자기 아내 밧세바의 관계에 대해, 그리고 그녀가 가진 아기에
대해서 소문을 듣고 있었기 때문이다. 다윗이 하필이면 자신을 불러서 전
쟁의 상황을 묻는 것부터 이상했다. 그리고 집에 가도록 명령하여 자신이
아내와 동침하도록 유도하는 것 또한 들리는 소문이 사실이라는 것을 보
여주었다. 만일 자신이 아내와 함께 밤을 지낸다면, 다윗과 밧세바 사이의
불륜은 어둠 속에 완전히 묻혀버릴 것이다. 우리야는 다윗의 의도를 쉽게
짐작할 수 있었다. 다윗과 자신의 아내에 대한 의심이 확신으로 변했다.
그러므로 그는 왕의 분명한 지시에도 불구하고 집으로 내려가지 않았다.

아침 조례(朝禮) 시간에 신하들이 다윗에게 우리야가 자신의 집으로 내
려가지 않았다는 것을 보고했다. 그러자 다윗은 깜짝 놀라 우리야를 다시
불러서 물었다. "왜 너의 집에 가지 않았느냐?" 우리야는 자신의 본 마음
을 감추고, 하나님의 언약궤가 전쟁터에 나가 있을 뿐만 아니라 이스라엘
의 모든 병사들 그리고 자신의 상관인 요압조차 들판에서 야영하고 있는
데 자신이 편안한 집에서 자기 아내와 동침할 수는 없었다고 대답했다. 이

와 같은 대답은 그가 왕의 명령에 복종하지 않았다는 사실에도 불구하고 다윗이 그를 책망할 수 없게 만들었다. 그는 "왕께서 살아계시고 왕의 영혼이 살아있는 한" 자신의 아내와 동침할 수 없다고 말했다. 이스라엘 사람들은 맹세할 때, 흔히 "여호와께서 살아계시는 한" 이러이러하게 하겠다고 말한다. 여호와께서는 영원히 사시는 분이시므로 그와 같은 맹세는 반드시 지켜져야 하는 것이다. 물론 우리야가 다윗의 생명을 걸고 맹세하는 것이 틀린 것은 아니다. 성경에는 하나님이 아니라, 자신보다 신분이 높은 사람의 생명을 걸고 맹세를 하는 경우들이 나타난다. 하지만 우리야가 처해 있는 상황을 생각한다면, 그가 마치 다윗이 빨리 죽기를 바라는 듯한 암시를 주고 있다. "당신이 살아있는 한 내가 아내와 동침할 수는 없소. 그러나 만일 당신이 죽기만 한다면 기꺼이 아내와 동침하겠소."라고 말하는 듯하다.

그러나 우리야의 말에서 드러내놓고 꼬투리 잡을 만한 것은 없었다. 다윗은 자신이 너무 쉽게 생각했다는 것을 알았다. 그는 우리야에게 내일 전장(戰場)으로 보내주겠다고 말한 뒤 그가 하루 더 예루살렘에 머물도록 명령했다. 그러나 그 날 밤에도 우리야는 여전히 자신의 집으로 들어가지 않았다. 아침이 되어 다윗이 우리야를 보내주겠다고 약속한 날이 되었다. 이제 약속한대로 그를 보내주어야 하지만, 지금은 약속이 문제가 아니었다. 우리야와 밧세바가 동침할 수 있도록 적당한 장소와 시간과 분위기를 마련하기 위해 필사적인 된 다윗은 노골적으로 행동하기 시작했다. 우리야를 불러다가 오랜 시간 데리고 있으면서 잔뜩 술을 먹여 고주망태가 되게 했다. 우리야가 충분히 정신을 잃었다고 생각되었을 때에야, 그를 집으로 보냈다. 하지만 우리야는 용의주도한 면에서 다윗을 능가했다. 술에 만취한 듯 행동하면서도, 이성을 유지하고 있었다. 자신이 자칫 실수하면, 다윗의 계략에 걸려든다는 것을 알고 있었다. 우리야는 다시 왕궁 병사들의 막사에 누워 잠에 빠져들었다. 결국 다윗은 자신의 계획이 성공할 수 없다는 것을 깨달았다. 더 이상 우리야를 예루살렘에 붙잡아 둘 수는 없었다.

새날 아침이 되었을 때, 다윗은 우리야를 랍바 성 전쟁터로 돌려보냈다. 우리야는 마침내 예루살렘에 마련되어 있던 다윗의 올가미를 무사히 벗어날 수 있었다. 하지만 그렇기 때문에 더 궁지에 몰린 다윗은 극단적인 해결책을 사용해야 했다. 그는 우리야에게 편지를 주어 요압에게 전달하도록 하였는데, 거기에는 우리야를 격렬한 전쟁터에 홀로 남겨두어 죽임을 당하게 만들라는 자신의 명령을 기록해 두었다. 우리야는 자신의 생명을 앗아갈 서신을 자기 손으로 가져가는 비참하면서도 슬픈 신세가 되었다. 한 때 다윗을 위해 목숨이라도 내어놓을 각오가 되어 있었던 불굴의 용사 우리야가 죄책을 모면하려고 필사적인 다윗에 의해 만인의 조롱거리로 전락해버렸다.

요압이 우리야를 통해 다윗의 서신을 받았을 때, 그는 다윗의 의도가 무엇인지 쉽게 알 수 있었다. 그러므로 그는 우리야를 죽이라는 다윗의 명령을 수행하면서 동시에 전쟁을 이길 수 있는 작전을 구상해야 하지만 쉽지 않았다. 가장 위험한 장소에 우리야와 그의 동료 장수들을 배치하였는데, 이것은 이스라엘 군대의 움직임에 상당한 제한을 주게 되었다. 반면에 암몬은 훌륭한 전술을 구사했다. 그들은 먼저 소수의 사람들을 성 밖으로 내보내 싸우게 하였다. 잠시 후 암몬의 병사들은 마치 전투에 져서 성 안으로 도망해 들어가는 것처럼 하면서 이스라엘 군대를 자기들의 성 방향으로 유인하였다. 이스라엘 군대는 자신들이 구축해놓았던 강한 진영을 해체하고, 도주하는 적군을 쫓아서 랍바 성벽 가까이 왔다. 그 때 성 안에 머물러 있던 암몬의 병사들이 성벽 위에서 화살을 마구 쏘아댔다. 하늘을 까맣게 만들면서 소나기처럼 쏟아지는 화살에 깜짝 놀란 이스라엘이 부리나케 방향을 돌려서 도주하였다. 당황한 병사들이 자기 목숨을 구하려고 하면서 큰 혼란이 발생했고, 가장 용감하게 적들을 쫓아갔던 용사들부터 시작하여 많은 자들이 죽음을 맞이했다. 이 때 우리야도 같이 죽임을 당했다.

요압은 이 전투의 결과를 다윗에게 알려주기 위해 전령을 보냈는데, 다윗이 크게 분노할 것이라고 예상하였다. 그러므로 그는 왕의 진노를 피할 수 있도록 전령이 해야 할 말을 가르쳐주었다. 전령은 요압의 지시에 따라 다윗에게 전쟁의 패배를 보고한 뒤, 재빠르게 우리야가 죽었다는 사실을 덧붙여 말했다. 그러자 다윗은 자신이 우리야를 죽게 만들었다는 사실의 심각성을 전혀 인식하지 못하고, 앓던 이가 빠졌다는 생각으로 내심 크게 안도하였다. 따라서 그는 패배에 대한 책임을 조금도 묻지 않고, 위축되어 있는 전령을 오히려 위로하고 심지어 그를 통해 요압을 격려하기까지 했다. 한편 밧세바는 우리야가 죽었다는 소식을 듣고 애곡하는 시간을 보냈다. 그리고 애도의 기간이 끝났을 때 다윗은 시간을 낭비하지 않고 곧바로 밧세바를 왕궁으로 데려와 자신의 아내로 삼았다. 태어날 아기를 생각한다면 시간이 촉박했을 것이다. 마침내 밧세바는 다윗의 합법적인 아내라는 신분으로 그의 아기를 낳을 수 있었다.

사람이 아무리 자신의 죄를 감추려고 하더라도, 하나님의 눈을 피할 수는 없다. 하나님께서 다윗의 죄에 대해 진노하시고 나단 선지자를 그에게 보내 벼락같은 목소리로 책망하셨다. "네가 어찌하여 나 여호와의 말을 업신여기고 내가 보고 있는데도 악을 행하였느냐? 네가 암몬 사람의 칼을 빌려서 헷 사람 우리야를 죽이고 그 처를 빼앗아 네 처로 삼았다. 이제 네가 나를 업신여기고 헷 사람 우리야의 처를 빼앗아 네 처를 삼았으니 칼이 네 집에서 영원히 떠나지 않을 것이다. 내가 네 집에 재앙을 일으키고, 네 처들을 네 눈앞에서 다른 사람들에게 주겠다(삼하 12:9-11)." 여호와 하나님께서는 창조주요 구원자이시며, 사람이 마땅히 경외해야 할 분이시다. 더욱이 다윗에게 베푸신 하나님의 은혜는 무궁하였는데, 하나님께서는 그 외에도 얼마든지 더 많은 은혜를 주시려는 기꺼운 마음을 품고 계셨다. "만일 그것이 부족하였을 것 같으면 내가 네게 이것저것을 더 주었을 것이다(삼하 12:8)." 그러므로 하나님께서는 다윗에게 큰 배신감을 느끼시고, 그가 자신을 업신여겼다고 두 번이나 말씀하셨다. 여기서 업신여긴다는 단어는 에서가 자신의 장자권을 업신여겼다고 할 때 사용된 단어다. 에서는 장자권을 한 그릇 죽보다도 못한 것으로 업신여겼다. 이와 같이 다윗은 자신을 위해 온갖 은혜를 베푸시는 여호와 하나님을 자신의 욕망이나 위신보다도 못한 존재로 업신여겼다.

다윗의 모든 잘못에도 불구하고 하나님께서 그를 여전히 사랑하시는 이유는 그가 하나님의 책망을 받을 때 즉시 자신의 죄를 깨닫고 진심으로 회개한다는 것이다. 다윗은 하나님께 변명하지 않았다. 나단 앞에서 그는 "내가 여호와께 죄를 지었습니다."하고 자백하였다. 시편 51편은 나단 선지자의 책망을 받은 후 다윗이 회개하면서 지은 시라고 알려진다. 그는 자신이 태어날 때부터 악한 사람이었다고 겸손하게 고백하면서, 자기 안에 깨끗한 마음을 창조하여 주시기를 간절하게 기도한다(시 51:5, 10). 하나님께서는 상한 심령으로 통회하는 다윗을 보시고, 그의 죄를 용서하시고 그의 생명을 살려주셨다. 하지만 죄는 용서받았으나, 죄가 뿌려놓은 씨앗들은 여전히 남아 있다. 다윗은 자신의 죄가 가져올 수많은 재앙들을 남은 평생 동안 짊어져야 할 것이다. 그 재앙들 중 첫 번째는 아들의 죽음이었다. 다윗은 밧세바가 낳은 아들이 자신의 간절한 기도에도 불구하고 하나님의 심판을 받아서 고통 가운데 죽음을 맞이하는 것을 보았다. 그는 안타까워하면서도 하나님의 뜻에 순복하고, 성소에 들어가 여호와께 경배하였다(삼하 12:20). 한편 자신이 낳은 어린 아들이 괴로움을 겪다가 죽어가는 것을 지켜보는 어머니 밧세바에게는 말로 표현할 수 없는 큰 아픔이 있었을 것이다. 그러므로 다윗은 슬퍼하는 밧세바를 위로하고, 그녀와 함께 지내면서 또 다른 아들이 태어나기를 기대하였다.

이 무렵 요압은 암몬과의 전쟁을 거의 마무리할 수 있었다. 이제 성 안으로 진격해 들어가는 일만 남았을 때, 그는 다윗을 불러 전장으로 오게 했다. 왜냐하면 랍바 성을 함락시켰다는 영광과 명예를 다윗에게 넘겨주려고 했기 때문이었다. 다윗은 마지막으로 남은 암몬의 무기력한 군대와 싸워서 손쉽게 물리치고 랍바 성을 점령했다. 그는 거기서 암몬 왕의 왕관을 빼앗았는데, 그것은 금으로 한 달란트 즉 30kg이나 되었다. 암몬의 백성들을 데려다가 톱질, 곡괭이질, 도끼질이나 벽돌 굽는 일과 같은 힘든 노역에 종사하게 만들었으며, 그 외에도 많은 전리품을 가지고 당당하게 개선하였다. 이 일은 다윗이 여전히 하나님의 보호 아래 있다는 것을 모든 백성들에게 알리는 상징적 사건이 되었다. 다윗은 우리야를 살해하고, 그 아내 밧세바를 취한 후 백성들의 마음이 자기에게서 거의 떠나고 있음을 알았다. 자칫 반란이 일어날 수도 있다는 불안감을 느꼈다. 이런 때에 랍바성을 정복하고 암몬을 완전히 속국으로 만든 것은 다윗을 한껏 영화롭게 해 주었고, 그의 왕권이 다시 굳건해지는 계기가 되었다. 여기에는 다윗의 충실한 심복이자 조언자인 요압의 공로가 지대하였다.

암몬과의 전쟁이 끝난 후 밧세바가 아들을 낳았는데, 이 아기는 그녀가 다윗의 합법적인 아내가 된 이후에 가진 아들이었다. 그의 이름을 "평화의 사람" 즉 솔로몬이라 하였는데, 왜냐하면 이 아이는 다윗과 하나님 사이에 평화가 회복되었음을 상징하는 하나님의 선물이었기 때문이었다. 또한 하나님께서도 이 아기를 사랑하셔서 그에게 "여호와의 사랑을 받은 자" 즉 여디디야라는 이름을 붙여주셨는데, 이것은 다윗에게 선한 점이 있었기 때문이 아니라 오로지 그분이 다윗의 간절한 마음을 헤아리시고 은혜를 베푸셨기 때문이었다(삼하 12:25).

8
압살롬의 반란
(삼하 13:1-19:8)

8. 압살롬의 반란

(삼하 13:1-19:8)

🔔 암논을 죽인 압살롬(13:1-14:33)

한편 다윗에게는 이미 그가 헤브론에서 낳은 6명의 아들들이 있었다(삼
하 3:2-5). 그들 중에서 가장 뛰어났던 사람은 셋째 아들인 압살롬이다.
다윗 역시 압살롬을 가장 자랑스러워하면서, 극진한 총애를 베풀고 있었
다. 그의 어머니는 마아가인데, 메롬 호수 가까이 위치한 아람의 한 도시
그술의 왕 달매의 딸이었다. 부모로부터 좋은 혈통과 함께 빼어난 유전자
를 이어받은 압살롬은 조각 같은 외모를 자랑하는 사람으로서 발끝부터
머리끝까지 흠이 없다는 평을 받았다(삼하 14:25). 인류 역사상 발바닥조
차 아름답다는 말을 들은 유일한 사람일 뿐만 아니라, 무엇보다도 그의 최
고의 자랑거리는 땅에 닿을 듯 길게 내려오는 윤기 나는 머리카락이었다.
그는 일 년에 한 번씩 머리카락을 잘랐는데, 잘린 머리카락의 무게가 2kg
이나 되었다(삼하 14:26). 더욱이 그는 책략에 능했고, 인내하면서 미래를
준비하는 지혜를 갖추었고, 지도력과 감화력이 있어서 많은 사람들이 그를
추종하였다.

압살롬은 자신이 비록 셋째지만 형들보다 더 뛰어나다는 것을 잘 알고

있었고, 은근히 부친의 뒤를 이어 다음 왕이 되기를 바라고 있었다. 그러기 위해서는 먼저 압살롬의 이복형이면서 다윗의 장자인 암논이 후계자 자격을 상실해야 했다. 그리고 자신이 후계자가 될 수 있는 기회, 그리고 그렇게 되어야만 하는 명분이 그에게 필요했다. 한편 압살롬에게는 아름다운 여동생 다말이 있었는데, 암논이 자신의 이복 자매인 다말을 사랑하였다. 하지만 처녀인 다말은 항상 조심스럽게 행동하면서 남자들 앞에 잘 나서지 않고 규방에서만 머물러 생활하였으므로, 암논은 다말이 보고 싶어 애가 닳은 나머지 병에 걸렸다. 이 무렵 암논은 자신의 사촌 형제인 요나답을 친구로 삼고 있었다(삼하 13:3). 요나답은 암논의 병이 상사(相思)로 인해 생긴 것을 알고, 그에게 다말을 유인할 꾀를 가르쳐주었다.[13]

암논은 그의 조언에 따라 다말을 자신의 침실로 유인하였다. 그리고 그는 자기 앞에서 과자[14]를 구워 주는 다말을 강제적으로 겁간하였는데, 그 후에 애정이 갑자기 식어 다시는 그녀를 쳐다보려고도 하지 않았다. 암논의 집에서 수치스럽고도 비참하게 쫓겨난 다말은 자신의 친 오라비 압살롬에게 찾아가 울며 하소연했다. 애절하게 울부짖는 다말을 보면서 압살롬은 자신의 분노를 마음속으로 삭였다. 그러면서 그가 원하던 기회가 마침내 왔다는 것, 왕위 계승 서열 1위의 암논을 제거할 명분을 얻었음을 알게 되었다.

하지만 섣부른 행동은 금물이다. 그의 야망과 음모를 감출 시간이 필요했다. 압살롬은 이년이 지난 뒤에야 비로소 때가 무르익었다고 생각했다.

---

13) 암논이 죽었다는 소식을 들었을 때, 요나답은 매우 냉정하게 사태를 분석하면서 다윗에게 조언한다(삼하 13:32-33). 이러한 태도를 보면, 요나답이 암논을 그다지 좋아하지는 않았을 것이다.
14) 과자에 해당하는 히브리어 단어는 <레비바>이며, 이곳에서만 등장한다(삼하 13:6, 8, 10). 아마도 심장 모양의 과자일 것으로 추정되며, 남자와 여자 사이에 정을 담아서 주고받았을 것이다.

그는 양털 깎는 것을 핑계로 잔치 자리를 만들고 모든 왕자들을 초대했다. 이 때 다윗이나 왕자들은 압살롬이 암논을 미워한다는 것을 잘 알고 있었고, 미워하는 것이 당연하다고 생각했다. 그러나 이미 시간이 이년이나 지났다. 그리고 암논의 죄가 비록 크다고 할지라도, 다른 사람들이 보기에, 그것이 죽어야 할 정도까지는 아니었다. 그러므로 압살롬이 암논을 포함하여 다른 왕자들을 자신이 마련한 자리로 부를 때, 그들은, 심지어 암논조차도, 약간 꺼림칙하기는 하지만 거절할 필요성을 느끼지는 못했다. 다윗도 압살롬이 암논을 지명하면서 초대하겠다고 말했을 때, 살짝 만류하기는 했지만 곧바로 승낙해주었다. 이년을 기다린 압살롬의 인내가 열매를 맺은 것이다. 형제들은 압살롬의 의도를 궁금해 하면서도 그 자리가 홍문연(鴻門宴)인 것을 미처 짐작하지 못하고 다 같이 모여 식사하게 되었다. 압살롬은 미리 세워놓은 작전에 따라 부하를 시켜서 순식간에 암논을 죽였다. 그리고 뒤도 돌아보지 않고 자신의 외조부 달매가 다스리는 도시 그술로 도망했다. 압살롬은 거기서 인내하며 다시 때를 기다릴 것이다. 장자를 잃은 왕의 분노가 아무리 크더라도, 시간이 지나면 식기 마련이다. 그리고 이왕에 장자는 죽었으므로 왕에게는 압살롬 자신을 후계자로 세우는 것 외에 다른 대안이 없을 것이다.

　모든 것이 압살롬의 예상대로 진행되는 것 같았다. 처음에 다윗은 압살롬에 대해 불같이 화를 내었고 그 후에는 죽은 암논을 생각하며 날마다 슬퍼하였다. 그러나 1년 또 1년, 시간이 지날수록 압살롬에 대한 분노는 사라지고, 대신에 그리움이 커져갔다.[15] 사실 압살롬은 다윗이 가장 사랑하

---

15) 삼하 13:39a는 문자적으로 "다윗 왕의 (마음이) 압살롬을 향해 완전히 나갔다."로 해석될 수 있다.

는 아들이었다. 하지만 압살롬이 아무리 자신의 아들이라고 하더라도, 사실 그렇기 때문에 더욱더, 살인자인 그에게 자비를 베풀 수는 없다. 이럴 수도, 저럴 수도 없는 다윗의 마음을 가장 잘 아는 사람은 요압이었는데, 또한 그는 다윗의 가려운 곳을 기꺼이 긁어줄 수 있는 사람이었다. 마침내 압살롬이 도망한지 3년이 지났을 때, 요압은 드고아의 지혜로운 여인을 동원하여 다윗을 설득하게 하였다. 결국 그 여인을 통하여 압살롬을 불러들일 수 있는 명분을 얻게 된 다윗은 요압에게 분부하여 압살롬을 예루살렘으로 데려오게 하였다. 또 한 번 압살롬의 인내가 빛을 발하는 듯했다. 하지만 다윗은 압살롬이 왕궁으로 와서 자신을 알현하는 것을 허락지 않았다. 왕의 분노는 식었으나, 원망은 아직 남아있었기 때문이다. 압살롬은 조금 더 기다리기로 했다. 이것은 압살롬의 계획에는 없던 일이었다. 다시 2년이 지나갔다. 긴 시간이 흘러가는 동안 다윗은 압살롬을 여전히 만나주지 않았다.

압살롬은 부친의 마음이 자신에게서 완전히 떠난 것이 아닐까 염려되었다. 그렇다면 도대체 누가 후계자가 된다는 말일까? 아들들 중에서 가장 뛰어난 자신이 아니라면 누구일까? 압살롬은 다윗의 의중을 알기 위해 반드시 한 번은 그를 만나야 한다고 생각했다. 압살롬은 자신이 예루살렘으로 돌아오는 데 결정적인 역할을 했던 요압을 불렀다. 요압에게 자신이 한 번이라도 부친을 만날 수 있도록 중재하라고 요구하고 싶었기 때문이다. 하지만 요압은 압살롬의 부름에 쉽게 응하려 하지 않았다. 요압은 다윗의 마음이 압살롬에게서 이미 떠났다는 것을 거의 확신하고 있었으므로, 꽁지 빠진 새 신세가 된 압살롬을 만나 그의 신세타령조 하소연을 듣고 싶지 않았다. 결국 압살롬은 요압의 밭에 불을 지른 후에야 그를 만날 수 있었다. 요압은 압살롬의 요청에 따라 마지못해 다윗에게 나아가 압살롬을 만나보도록 조언하였고, 압살롬은 드디어 다윗의 부름을 받아서 그를 만날 수 있었다. 아버지와 아들 사이의 만남이 어렵사리 성취되었으나, 압살롬에게는 절망만을 안겨주었다. 무려 5년만의 만남이었다. 압살롬을 사랑하지만, 해후(邂逅)의 순간조차 밧세바를 의식해야 했던 다윗의 표정은 바위처럼 굳어있었다. 압살롬에게 입 맞추는 다윗의 입술에 냉기가 가득했다. 잠깐의 만남이었지만 압살롬은 부친이 자신에게 결코 왕좌를 물려주지 않을 것임을 깨달았다.

🔔 반란(삼하 15:1-12)

무려 7년간의 노력과 인내가 수포로 돌아갔다. 그러나 압살롬은 거기서 좌절할 수 없었다. 포기를 모르는 불굴의 정신을 소유한 그는 자신의 힘으로 왕좌를 차지하기로 결심하고, 주도면밀한 계획을 세웠다. 먼저 자신의 위엄을 과시할 수 있는 병거와 말들을 준비하고, 수족같이 부릴 수 있는 용감무쌍한 병사들 50명을 모았다. 그리고 아침 일찍 성문 광장으로 나가서 위용을 갖추고 앉은 뒤, 탄원할 일이나 소송거리가 있어서 왕을 찾아오는 사람들을 자신에게로 불렀다. 그리고 그들에게 다윗은 당신들의 문제에 대해 관심두지 않는다고 왕을 비방하였다. 그러면서 자신은 그들의 말을 진지하게 경청하였고, 그들이 괴로움을 겪고 있는 문제들을 해결하여

주었다. 그들이 절하려 하면 만류하고, 오히려 친근하게 포옹하면서 입을 맞추었다. 이처럼 압살롬은 보란 듯이 공의를 행할 뿐만 아니라, 힘없고 천한 사람들에게까지 사랑과 정을 나누어주었다. 다윗에 대한 흑색선전과 함께 자신에 대한 긍정적 이미지를 부각시키는 이 같은 작업이 큰 효과를 보면서, 시간이 지날수록 이스라엘 모든 백성의 마음이 압살롬에게로 향하게 되었다.

이렇게 4년이 지났을 때, 압살롬은 드디어 때가 무르익었다고 판단했다. 그는 반란의 거점으로 자신의 고향이며, 유다 지파의 중심 도시인 헤브론을 선택했다. 헤브론은 비록 다윗이 유다 지파의 왕으로서 7년 반을 다스렸던 도시이지만, 다윗에 대해 실망하고 그를 미워하는 반 다윗 정서가 강한 곳이기도 했다. 다윗이 헤브론에서 통치할 때 중용하였으나, 예루살렘으로 천도하면서 데려가지 않고 남겨둔 사람들이 거기 있었는데, 그들이 반 다윗 운동의 중심이 되었을 것이다. 또한 그곳에는 압살롬의 뛰어남을 알고서 그를 아껴주는 사람들이 많이 있었다. 하지만 반란의 시도가 사전에 발각되면 자신이나 자신의 추종자들의 목숨이 위험할 수 있으므로 매우 조심해야 했다. 헤브론까지 가는 것부터가 큰 문제였다. 압살롬은 다윗에게 자신이 서원한 것이 있으므로 헤브론에 가서 여호와를 섬기고 싶다고 말하여 왕의 허락을 받아냈다. 그 후 자신을 지지하는 2백 명의 사람들을 데리고 예루살렘에서 헤브론으로 내려갔는데, 목적지에 도착할 때까지는 반란에 대해서 철저하게 비밀을 유지했다. 그리고 정보원들을 이스라엘 모든 지파에게로 보내면서 헤브론에서 자신이 왕이 될 것이라는 소문을 은밀하면서도 신속히 퍼뜨리게 했다.

마침내 무사히 헤브론에 도착한 그는 자신을 왕으로 선포하고, 제사를 드리면서 자신의 지지자들을 굳게 결속시켰다. 그리고 다윗의 조언자인 아히도벨을 곧바로 불렀는데, 아마도 그는 압살롬의 반란모의에 처음부터 참여했던 핵심인물이었을 것이다. 그는 이스라엘에서 가장 지혜로운 사람이면서 동시에 불의와 타협하지 않는 대쪽 같은 성품의 사람이었다. 밧세바의 조부이기도 한 아히도벨은 다윗이 자신의 손녀와 불륜에 빠졌을 때 다윗에 대하여 큰 실망을 느꼈다. 뿐만 아니라 비록 이방인이지만 여호와 하나님과 왕에게 충성스럽던 손녀사위 우리야를 다윗이 한껏 우롱하다가 비참하게 죽였을 때는 참을 수 없는 의분(義憤)을 느꼈다. 오호라, 하나님의 율법이 무시되고 이스라엘에 정의가 사라졌다.

다윗이 왕의 자격을 상실했다고 확신한 아히도벨은 때마침 압살롬이 스스로 왕이 되려한다는 것을 알게 되자, 그를 돕는 것이 정의를 실현하는 것이라고 여겼다. 다윗의 측근에 머물면서 조언하던 아히도벨은 다윗과 압살롬의 관계가 어떻게 변화하고 있는지 정확히 알고 있었다. 그는 다윗으로부터 버림받아 실망에 빠진 압살롬과 비밀리에 접촉하였다. 그리고 압살롬이 신중하면서도 철저하게 반란을 준비할 수 있도록 4년 동안 배후에서 그를 도와주었다. 다윗의 조언자인 아히도벨은 항상 예루살렘 왕궁에 머물러 있어야 했지만, 반란이 시작되기 얼마 전 미리 그곳을 떠나서 자신의 고향인 길로로 갔다. 길로는 유다 산지에 있는 성읍으로서 헤브론의 남쪽 멀지 않은 곳에 위치해 있었다. 만일 아히도벨이 예루살렘에서부터 압살롬과 행동을 같이했다면, 다윗은 그들이 반란을 일으키려고 하는

가 의심하였을 것이다. 따라서 자신은 압살롬과 무관한 듯 혼자서 먼저 길로에 가 있다가, 헤브론에서 반란의 기치가 들렸을 때 합류하기로 계획해 두었었다. 길로는 다윗의 눈길을 의식하지 않고서도 쉽게 헤브론으로 갈 수 있다는 이점이 있었다.

🧪 다윗의 도주(삼하 15:13-16:14)

이스라엘에서 가장 지혜로우면서도 존경 받는 사람인 아히도벨이 헤브론에서 공개적으로 압살롬 편에 서게 되자, 반란 세력은 열두 지파 모두의 지지를 받으면서 순식간에 거대한 크기로 성장했다. 다윗이 반란에 대한 보고를 받게 되었을 때는 이미 이스라엘 전체 군대가 왕의 통제를 벗어난 후였다. 적어도 요단 강 서편 가나안 본토에 있는 모든 성읍들이 압살롬에게 충성을 다짐했는데, 단지 예루살렘만 다윗의 권위에 복종하였다. 반란군은 이미 헤브론을 출발한 지 오래되었고, 곧 예루살렘에 도착할 것이라고 했다. 가마솥 안의 불개미같이 안절부절 못하게 된 다윗은 예루살렘에 있는 신하들을 닦달하여 황황급급(遑遑急急) 피난길에 올랐다. 과거 압살롬은 암논을 죽이면서 혈육의 정조차 무시하는 비정하고 잔인한 모습을 내보인 적이 있었다. 다윗이 비록 아버지라 할지라도 압살롬의 칼에서 벗어날 수 없을 것이다. 촌각이라도 아끼려 한 그는 도주하는 길에 방해가 될 것 같은 열 명의 후궁들을 아예 예루살렘에 남겨두었다. 이스라엘 군대가 모두 압살롬 편에 섰기 때문에, 가드에서 온 6백 명의 용사들을 포함하여 주로 블레셋 출신들로 구성된 외국인 용병부대가[16] 왕과 그 가족들을 보호할 뿐이었다(삼하 15:18). 돈으로 고용한 외인부대 외에 다윗에게 남아있는 유일한 지지 세력은 제사장 사독과 아비아달 그리고 레위인들이었다. 경건한 신앙인으로서 다윗은 그들을 돌보는 일에 언제나 최선을 다하고 있었기 때문이다. 그들은 법궤를 가지고 나와 다윗의 피난길에 동참하려 했다. 하지만 법궤 역시 신속한 도주에 방해가 될 것이다. 뿐만 아니라 자기 일신의 안녕을 위해서 법궤를 이용하려는 생각은 다윗에게 없었다. 그는 자신을 따라 피난길에 나서려는 제사장들에게 법궤와 함께 예루살렘에 머물도록 지시하였다.

다윗은 신발도 신지 않고 맨발로 머리를 가리고[17] 울면서 올리브 산(감람산)을 올라갔다. 그의 신하들 역시 그 옆에서 머리를 가리고 울면서 기드론 시내를 건너 올리브 산을 올라갔다. 올라가는 도중에 다윗은 아히도벨이 압살롬 편에 섰다는 소식을 듣게 되었다. 그는 큰 충격을 받고서, 사시나무 떨듯 몸을 떨었다. 지금까지 다윗은 아히도벨의 말을 마치 하나님의 말씀처럼 생각하고 있었다(삼하 16:23). 아히도벨이 한 번 그물을 펼치면 누구도 거기서 벗어날 수 없었다. 이러한 아히도벨이 압살롬의 모사가 되었다는 것은 다윗에게 사형선고가 내려진 것이나 다름없었다. 너무나 두려운 나머지 의식하지 않는 가운데 저절로 기도가 터져 나왔다. "여호와

16) A.A. Anderson, *2 Samuel*, WBC 11 (Word Books, 1989) 203. 한편 카일-델리취는 이 600명이 사울에게서부터 도망하고 있는 다윗을 따랐던 그의 옛 부하들을 가리킨다고 말한다. C.F. Keil and F. Delitzsch, *Joshua, Judges, Ruth, 1&2 Samuel*, (Eerdmans, 1982) 418. 하지만 그 때로부터 오랜 세월이 지난 지금까지 그 옛 부하들이 그대로 남아있었을 가능성은 매우 낮다.
17) 머리를 가리는 것은 세상을 대면할 수 없을 정도로 수치스럽다는 것을 표현한다. 또한 다윗이 신발을 벗은 것은 자신이 전쟁 포로나 노예와 같은 비참하고 굴욕적인 신분으로 전락한 것을 나타낸다. 자신의 자녀에게 배척당한 부모들은 흔히 이와 같은 모습으로 행했다.

시여, 아히도벨의 계략을 어리석게 하옵소서(삼하 15:31)." 정작 기도를 드
린 다윗은 두려움 때문에 자신이 기도했는지 안 했는지조차 알지 못했다.
하지만 이 기도가 그리 높지도 않은 올리브 산 정상에 도착하자마자 바로
응답되었다. 산 정상은 산당이 있어서 백성들이 하나님께 제사할 때 흔히
찾는 곳이었고, "하나님을 경배하는 곳"이라 불리고 있었다. 그곳에서 아
렉[18] 사람 후새가 다윗을 맞이하였는데, 그는 자신의 비통하고 슬픈 심정
을 표현하기 위해 옷을 찢고 머리에는 먼지를 뒤집어 쓰고 있었다. 후새는
지혜로운 사람이었으며, 다윗과 매우 친밀한 교제를 나누는 친구였다. 그
는 도주하는 다윗을 따라가려고 하였다. 그러나 다윗은 후새가 늙었기 때
문에 자신과 함께 급히 움직이기에는 어려움이 있다고 생각했다. 그래서
그는 후새를 예루살렘으로 보내면서 그가 그곳에서 아히도벨의 모략을 무
너뜨려 주기를 기대했다.

　다윗이 조금 더 나아갔을 때, 므비보셋의 종 시바가 많은 음식과 음료를
가지고 와서 그를 맞이했다. 시바는 다윗에게 요나단의 아들 므비보셋이
그를 조롱하며 저주하고 있다고 비방하였다. "오늘 이스라엘 족속이 내 부
친의 왕국을 내게 돌려줄 것이다(삼하 16:3)." 과거 다윗은 므비보셋에게
은혜를 베풀었었는데, 그가 자신을 배반했다는 말에 크게 실망하고서 그
의 모든 재산을 시바에게 넘겨주겠다고 약속했다. 물론 시바의 말처럼 므
비보셋이 자신이 왕이 될 것으로 믿었다고 보기는 힘들다. 비록 다윗의 왕
국이 자멸한다고 할지라도, 절름발이인 그가 왕위에 오르기는 힘들 것이
다. 그 자신도 이러한 사실을 잘 알고 있었다. 므비보셋과 다윗 사이를 이

---

18) 아렉은 에브라임 남부 경계선에 위치한 성읍이다.

간질하는 시바의 말은 자기 주인의 재산을 조금이라도 빼앗으려는 중상모략에 지나지 않는다(참고, 삼하 19:24-30). 그러나 실의에 빠져 도주하고 있는 다윗으로서는 그 말의 진위를 파악하기 힘들었을 것이다.

　다윗의 일행이 조금 더 나아가 올리브 산 너머에 있는 바후림에 도착했다. 바후림은 미갈이 아브넬의 손에 이끌려 다윗에게로 올 때, 그의 새 남편 발디엘이 울면서 따라왔던 마지막 장소였다(삼하 3:16). 이 때 바후림에 살고 있던, 사울의 친척인 시므이가 다윗을 향해 나아왔다. 그는 돌을 던지면서 다윗을 향해 저주를 퍼부었다. "떠나가라, 떠나가라, 피를 흘린 자야, 비천한(벨리알) 자야(삼하 16:7)." 다윗을 향해 "피를 흘린 자"라고 비난하는 시므이의 행동은 이스라엘 안에 여전히 사울을 지지하면서 사울 왕국의 멸망에 대한 책임을 다윗에게 묻는 사람들이 많이 있다는 사실을 보여준다. 그는 사울 왕국의 회복을 바라는 사람들을 대표하고 있다. 그들은 다윗이 왕이 되려는 욕심에 사로잡혀서 사울과 그의 아들들을 죽게 만들었고, 마침내 아브넬과 이스보셋까지 죽이고 왕국을 빼앗았다고 외치면서 사람들을 선동하였다. 시바의 거짓말이 다윗에게 위협적으로 들렸던 이유도 그 말이 비록 부분적이지만 진실을 포함하고 있었기 때문이다. 그 진실은 이스라엘 중에는 다윗을 몰아내고 사울의 가문에 왕국을 돌려주기를 원하는 사람들이 있었다는 것이다.

　다윗은 사울을 피해 광야와 바위틈에 숨어 다닐 때부터, 만일 자신이 왕이 된다면 자신의 장인이면서 자신을 키워줬던 사울에 대한 배신이며 반역이라는 비난을 받을 수 있다는 것을 알고 있었다. 그러므로 다윗은 그와 같은 비난에서부터 자유롭기 위해 사울의 생전에 전혀 그를 대적하려고 하지 않았다. 자신이 사울을 죽일 수 있는 기회가 몇 번 있었으나, 감히 그를 해칠 수 없었다. 사울을 죽였다고 자랑하면서 다윗에게 찾아온 사람이 있었는데(삼하 1:2-10), 사실 그는 다윗에게 큰 문젯거리가 될 수 있었다. 왜냐하면 다윗이 그를 맞이하였을 때, 사람들은 다윗이 배후에서 조종하여 사울을 죽였다고 오해할 수 있었기 때문이다. 그러므로 다윗은 서둘러 그 사람을 죽이고, 자신이 사울의 죽음에 대해 아무런 관련이 없을 뿐만 아니라 오히려 자신은 하나님께서 사울을 선택하셨음을 믿는다는 것을 거창하게 보여주어야만 했다(삼하 1:16). 그러나 이와 같은 다윗의 노력에도 불구하고 사울의 추종자들 중에는 다윗이 사울의 집에 흘린 피에 대해 책임져야 한다고 생각하는 사람들이 여전히 많이 있었다.

시므이의 저주를 듣고 참을 수 없었던 사람은 스루야의 아들 아비새였다. 그가 노기충천하여 칼을 뽑아들었다. 그리고 분노의 열기로 얼굴을 붉히고 거친 숨을 뿜으면서 외쳤다. "어찌 이 죽은 개가 내 주 왕을 저주할 수 있습니까? 제가 건너가서 그의 머리를 잘라버리겠습니다." 그러자 그의 형 요압도 동조하고 나섰다. 물론 이와 같은 아비새의 말은 다윗에 대한 충정에서부터 우러나왔을 것이다. 하지만 시므이의 말에 양심이 크게 찔리는 사람은 다윗보다 오히려 아비새와 요압이었던 것도 사실이다. 아비새는 과거 다윗과 함께 한 밤을 틈타서 사울의 진영 안으로 잠입해 들어갔는데, 거기서 사울을 죽일 수 있는 절호의 기회를 얻었다. 이 때 다윗은 기름부음을 받은 자 사울을 해치려 하지 않았으나, 아비새는 창으로 사울을 꽂으려 하였다. 만일 다윗이 저지하지 않았다면 사울의 목숨이 그 때 아비새의 손에 의해 끊어졌을 것이다(삼상 26:8). 그의 형 요압도 사울 가문이 흘린 피에 대해 책임져야 할 사람이다. 요압은 아브넬을 죽였는데, 그는 사울의 사촌이면서, 사울이 죽은 뒤 그의 왕국을 이끌어가던 사람이었다.

다윗은 아비새의 말에 동조하지 않았다. "스루야의 아들들아, 내가 너희와 무슨 상관이 있느냐? 그가 저주하는 것은 여호와께서 그에게 다윗을 저주하라고 말씀하셨기 때문이다." 아비새의 말이 다윗을 향한 진실한 마음을 표현한 것이라 할지라도, 그것이 신앙적으로 최선은 아니었다. 다윗은 자신을 생각해주는 아비새의 말에 기뻐하기보다 자신에게 고난을 주신 하나님의 뜻이 무엇이며 어떻게 하면 역경 가운데서도 그분의 영광을 드러낼 수 있을까 하는 것을 생각했다. 다윗이 시므이의 비난을 참아내면서 묵묵히 길을 가자, 시므이는 더욱 기고만장하여 계속해서 돌을 던지며 흙을 뿌리고 저주를 퍼부었다.

🔔 아히도벨(삼하 16:15-17:23)

한편 압살롬은 자신을 따르는 모든 지지 세력과 함께 예루살렘에 도착하여 아무런 저항도 받지 않고 텅 빈 왕궁을 점거하는데 성공했다. 다윗이 떠난 지 불과 몇 시간도 채 지나지 않았을 때였다. 예루살렘에 들어서자, 기다렸다는 듯이 후새가 압살롬 왕 만세를 외치면서 궁 안으로 들어왔다. 압살롬은 처음 후새의 진정한 의도에 대해서 약간의 의심이 들었으므로, 그가 왜 자기에게 나아오는지 그 이유를 물었다. 후새는 온 나라가 왕을 따르고 있으므로 자신도 압살롬 왕을 따르는 것이 당연하다고 소리쳤다. 그제야 압살롬은 후새를 환영하였는데, 다윗의 가장 절친한 친구인 후새조차도 자신을 따른다고 생각하자 가슴이 벅차오르는 것을 느낄 수 있었다.

잠시 후 아히도벨은 압살롬를 위해 두 가지 계략을 베풀었다. 첫째는 다윗이 남겨 놓고 떠난 후궁들과 압살롬이 공개적으로 동침하는 것이었다. 압살롬은 왕궁 지붕 위에 장막을 치고, 모든 백성들이 주시하는 대낮에, 다윗의 후궁들과 동침하였다. 사람들은 이 일을 통하여 압살롬의 모반이 성공했다는 것을 알게 되었을 뿐만 아니라, 그가 자기 부친 다윗과 완전히 결별하여서 다시는 화합할 수 없게 되었음을 알게 되었다. 사실 많은 사람들은 "압살롬과 다윗 사이가 비록 지금까지 좋지 않았지만 언제라도 화해할 수 있는 것이 아버지와 아들이 아니냐?"라고 생각하고 있었다. 괜히 압살롬 편을 들었다가 나중에 자기 아들과 화해한 다윗으로부터 날벼락 맞을 수 있는 가능성을 늘 염두에 두고 있었다. 그러기에 사람들은 비록 압살롬을 따르면서도 다윗을 비난하고 공격하는 일에 조금이나마 미온적이었다. 하지만 압살롬이 다윗의 후궁들과 공개적으로 동침하였을 때, 흐릿하던 모든 일이 선명해졌다. 압살롬은 더 이상 다윗과 화해할 수 없다. 이제는 압살롬의 신임을 얻기 위해서라도 다윗을 저주하고 그를 찾아 죽이는 일에 더 앞장서야 한다는 것이 확실하게 되었다. 압살롬이 다윗과 결별한 것은 압살롬의 지지자들이 이제 다윗의 용서를 받을 길이 없어졌다는 것을 의미하기도 했으므로, 그들은 필승을 위해 결사적으로 싸워야 했다.

아히도벨이 제안한 두 번째 계략은 다윗이 도주하느라 지치고 약해져 있을 때를 틈타서 다윗 진영을 신속하게 공격하는 것이다. 그는 압살롬에게 1만 2천의 용사들을 선발한 다음, 자신이 직접 그 군대를 이끌고 밤중에 기습적으로 공격하겠다고 말했다. 다윗과 그의 사람들은 피곤할 뿐만 아니라, 분명히 두려움에 떨고 있을 것이다. 이 때 그들을 기습적으로 공격하면서 위협하면, 다윗과 함께 한 사람들이 다 도망할 것이라고 아히도벨은 예상했다. 그렇다면 다른 이스라엘 사람들을 해치지 않고도 다윗을 죽일 수 있을 것이다. 그리고 다윗이 죽으면, 그 때까지 다윗을 편들던 사람들이 다윗의 아들 압살롬에게로 자연스럽게 합류하여 나라를 더 강하게 만들 것이다. 아히도벨의 이 계략은 완벽했다. 다윗을 죽이고 그의 군대를 무너뜨리는 데만 급급하지 않고, 전쟁이 끝난 이후 온 백성의 마음을 하나로 뭉치게 하는 것까지 고려하였다. 압살롬과 모든 장로들이 그의 말을 듣고 기뻐하면서 찬동하였다.

그러면서 압살롬은 아렉 사람 후새를 불러오게 했다. 후새도 아히도벨의 계략을 찬동하는지 알고 싶었기 때문이다. 그런데 압살롬의 기대와 달리 후새는 정반대의 의견을 제시했다. 압살롬의 군대가 제대로 정비되지 않은 지금 상태에서 전쟁의 경험이 많은 다윗의 군대와 싸우는 것은 힘들다는 것이 그의 주장이었다. 다윗의 군대는 사자처럼 용맹할 뿐만 아니라 새끼 잃은 곰처럼 결사적인 상태가 되어있어서, 모든 사람이 다 죽을 때까지 싸울 준비가 되어 있다. 반면에 압살롬의 군대는 목숨 걸고 싸우려는 마음이 부족하고 명령체계가 제대로 갖추어지지도 않았으므로, 몇 사람만 죽어도 간담이 녹아서 달아나기 바쁠 것이다. 그러므로 후새는 잠시 군대를 정비하고 군율을 세울 시간을 갖자고 주장했다. 그리고 이스라엘 전체에서 대군을 모으고 압살롬이 직접 전쟁터에 나가 이슬이 땅 위에 내리듯 다윗의 군대를 덮치면 필승만이 있을 것이라고 했다. 만일 다윗이 어떤 성 안에 숨어있다면, 온 이스라엘이 그 성읍을 밧줄로 묶어 끌고 가서 계곡의 물에 빠뜨려버리자고 했다.

후새의 이와 같은 제안은 다윗으로 하여금 요단강을 건너서 압살롬의 권력이 아직 미치지 않는 지역으로 피신할 수 있는 시간적인 여유를 주기 위함이었다. 그러나 압살롬은 후새의 제안을 더 좋게 생각하고 받아들이기로 결심했다. 압살롬은 후새의 의견을 따르면, 자신의 영광스러운 모습이 한껏 부각될 것 같았다. 왕이 입는 화려한 갑주를 갖추고 이스라엘의 대군을 이끌고 있는 자신의 모습은 상상만으로도 즐거웠다. 평소에 아히도벨의 말이라면 하나님의 말씀처럼 믿고 따르던 압살롬이 자기 마음의 허점을 파고드는 후새의 교묘한 설득에 넘어갔다. 물론 압살롬의 마음을 이렇게 움직이신 분은 여호와이시다. 하나님께서는 압살롬에게 재앙을 가져오시려고 아히도벨의 좋은 견해를 깨뜨리셨다. 후새는 자신의 계략이 받아들여지는 것을 보고, 다윗에게 조금이나마 시간적 여유가 생겼음을 알 수 있었다. 그러나 그 여유가 오래 지속되지는 않을 것이다. 다윗이 목숨을 부지하느냐 아니면 여기서 죽음을 맞이하느냐 하는 것은 시간의 문제였다. 그러므로 후새는 제사장 사독과 아비아달을 은밀히 만났다. 그리고 다윗에게 신속하게 소식을 전하여, 다윗이 밤을 지낸 후 요단을 건너려고 생각하지 말고 반드시 요단을 먼저 건너서 안전한 곳으로 간 다음 휴식을 취하게 했다. 만일 다윗이 요단 나루터에서 하룻밤이라도 지낸 다음에 요단을 건너려 한다면, 다윗뿐만 아니라 그를 따르는 모든 사람이 다 같이 죽음을 맞이해야 할 것이다.

이때 사독의 아들 아히마아스와 아비아달의 아들 요나단은 예루살렘 성 안에 들어오지 않고, 성 바로 밑에 있는 힌놈의 아들 골짜기의 남쪽 끝 엔 로겔에 숨어 소식을 기다리고 있었다. 일단 예루살렘에 들어오면 다시 쉽게 빠져나갈 수 있는 방법이 없기 때문이었다. 사독과 아비아달이 행동이 민첩한 한 여종을 보내서 후새의 말을 그들에게 전했다. 그러자 아히마아스와 요나단이 다윗에게 소식을 전하려고 달려가는데, 아니나 다를까 그들의 움직임이 곧바로 압살롬에게 보고되었다. 두 사람은 자신들의 행적이 노출되었다는 것을 본능적으로 느끼고, 이럴 경우를 대비해 미리 생각해 두었던 대로 바후림의 한 집으로 들어갔다. 그 집의 주인 여자는 평소 자신들과 친분이 있으면서 다윗의 열렬한 지지자였다. 그 여자는 두 사람의 사정을 알고 그들을 집 마당에 있는 우물 속에 들어가 숨어있게 하였다. 그리고 덮개로 우물을 막고, 그 위에 곡식을 널어 두었다. 간발의 차이로 압살롬의 병사들이 그 집으로 들이닥쳐서 그 여자에게 아히마아스와 요나단이 어디 있는지 추궁하였다. 그 여자가 시침을 떼고, 두 사람이 이미 개울물을 건너 가버렸다고 말했다. 병사들은 그 말을 믿지 못하였으므로, 그 집과 주변을 샅샅이 수색하였으나 두 사람을 발견하지 못했다. 한바탕의 소동이 지나간 뒤, 결국 그들은 미심쩍어하면서도 어쩔 수 없이 예루살렘으로 돌아가야 했다. 그 후 아히마아스와 요나단이 우물 밖으로 나와서 다윗에게로 달려가 보고했다. 상황이 심상치 않다는 것을 직감한 다윗은 백성들과 함께 급히 일어나, 새벽이 되기 전에 요단을 건넜다.

아히도벨은 다윗이 요단을 무사히 건너갔다는 보고를 들었다. 사실 그는 새벽이 되자마자 압살롬을 한 번 더 설득해보려는 마음을 품고 있었는데, 이미 늦었다는 것을 깨달았다. 한 번 그물을 빠져나간 맹수를 다시 잡아들일 수는 없다. 그리고 자신에게는 안타까운 일이지만, 일이 이렇게 진행되었다는 사실은 여호와께서 다윗의 편이 되셨다는 것을 보여주는 것이라고 생각했다. 아직 압살롬과 다윗 사이에 전쟁이 시작되지도 않았다. 하지만 아히도벨은 그 전쟁의 결과를 불을 보듯 선명하게 알았다. 압살롬은 지고 다윗이 이길 것이다. 하나님께서 그의 편에 서셨기 때문이다. 하지만 아히도벨은 자신이 다윗을 버리고 압살롬을 선택했다는 것을 후회하지 않았다. 그는 더 이상 다윗의 신하가 되고 싶지 않았기 때문이다. 다윗의 성공과 행복을 위해 다시 그의 조언자가 되려는 마음은 털끝만큼도 없었다. 하나님께서는 다윗의 죄를 용서하셨지만, 그는 용서할 수 없었고, 용서하고 싶은 마음도 없었다. 그리고 그렇게 하는 것이 다윗에 의해 잔인하게 그리고 모욕적으로 죽임을 당한 자신의 손녀사위 우리야에 대한 의리일 것이다. 이제 그에게 남은 선택권은 자기 스스로 죽음을 택하는 것뿐이다. 왜냐하면 그가 살아있는 한 다시 다윗의 신하가 되어야 하기 때문이다. 그것은 자신의 신념, 자신의 가치관에 대한 배반이고, 자신의 신앙양심을 저버리는 것이다.

아마도 다윗이 다시 예루살렘에 돌아와서 왕위를 회복한다고 할지라도, 아히도벨을 죽이려고 하지는 않을 것이다. 사실 다윗은 반란군에 대해 그다지 큰 미움을 갖고 있지 않았다. 반란의 근본적인 원인은 자신의 죄라는 것을 인식하였기 때문이며, 반란군을 이끄는 사람들이 다 자신의 아들과 친지들이었기 때문이다. 한편으로 그들에게서 심한 배신감을 느끼면서도, 다른 한편으로는 그들을 이해하고 있었다. 심지어 자기보다 실제 더 훌륭한 모습을 보이는 아들 압살롬이 대견하게 보이고, 자신보다는 그가 왕이 되는 것이 차라리 낫지 않을까 하는 생각까지 하고 있었기 때문이다. 후에 압살롬이 죽었을 때 다윗은 "차라리 내가 죽어야 했는데" 하고 슬퍼했을 뿐만 아니라, 반란군의 장군이었던 아마사를 자신의 최고사령관으로 받아들이기도 한다(삼하 20:4-5). 모든 것을 꿰뚫어 보는 아히도벨은 이와 같은 다윗의 마음을 알고 있었다. 더욱이 자신은 밧세바의 조부이므로, 자신이 살려고만 한다면 얼마든지 살 수 있을 것이다. 하지만 아히도벨 자신이 더 이상 사는 것을 원하지 않았다. 신념에 따라 다윗에게 저항하였고 왕의 죄를 공개적으로 비판하면서 하나님의 정의가 무엇인지 당당하게 외칠 수 있었던 것에 만족했고, 이제는 자신의 가치관에 따라서 스스로 죽음을 선택할 수 있다는 것도 좋았다. 그러므로 그는 자기 집으로 돌아가 모든 것을 정리한 뒤 스스로 목을 매어 죽음을 택했으며, 평안히 자기 조상과 함께 묻혔다.

🏛 압살롬의 죽음(삼하 17:24-19:8)

다윗이 마하나임에 도착했을 무렵에야 압살롬의 군대가 온 이스라엘과 함께 요단을 건넜다. 이 때 압살롬의 군 사령관은 아마사였다. 아마사의 아버지는 이드라인데, 이스라엘 사람이라고 기록되었다. 그러나 이스라엘 사람이라고 기록한다는 것은 이상한 일이다. 모두가 이스라엘 사람인데, 이드라를 특별하게 그렇게 부를 이유가 없기 때문이다. 그러므로 대상 2:17절이 보여주는 것처럼, 이드라(= 예델)는 이스마엘 사람으로 생각해

야 한다. 아마사의 어머니 아비갈(= 아비가일)은 나하스의 딸이며 스루야
의 동생이라고 기록된다. 여기서 스루야는 다윗의 장수인 요압의 어머니
다(삼하 2:18). 아비가일과 스루야의 아버지는 나하스다. ─이 나하스와 암
몬의 왕 나하스와는 동명이인이다.─ 대상 2:16에서 이들은 이새의 딸 즉
다윗의 누이로 등장한다. 그러므로 아비갈과 스루야는 원래 나하스의 딸
이었는데, 나하스가 죽은 뒤 그들의 어머니가 두 딸을 데리고 이새와 결혼
하였기 때문에, 이새의 딸들이며, 다윗의 누이들로 기록되었다고 생각해
야 한다. 그러므로 아마사는 다윗의 사령관 요압의 사촌이면서, 다윗의 조
카이다. 아마사가 이끄는 이스라엘 군대가 그들의 왕인 압살롬과 함께 길
르앗에 진영을 펼치고 전쟁을 준비했다.

　이 때 다윗은 여전히 마하나임에 있었는데, 나하스의 아들인 소비, 로데
발 사람 마길, 그리고 로글림 사람 바르실래가 많은 음식을 가지고 그를
찾아왔다. 이들은 요단 동편 지역에 거주하는 거부(巨富)들이었다. 소비
의 아버지는 나하스인데, 이 나하스는 다윗과 친분을 나누었던 암몬 왕의
이름일 것이다. 로데발과 로글림은 길르앗 북부에 있는 성읍들이다. 그들
은 다윗의 군대가 피곤하고 목마르며 배고플 것 것이라고 생각하고, 음식
을 가져와 먹게 하였다. 힘을 얻게 된 다윗은 마하나임에서 군대를 재조직
했다. 전체 군대를 세 부대로 나누었는데, 그 중에 둘은 각각 요압과 그의
동생 아비새에게 맡겼다. 그리고 나머지 한 부대는 가드 사람 잇대의 손에
맡겼다.

　잇대는 블레셋 군대의 장군이었던 사람이다. 그가 무슨 이유 때문인지
고향을 떠나 다윗에게 몸을 의탁하려고 왔는데, 하필이면 그 때가 압살롬

의 반란이 일어나기 전날이었다(삼하 15:20). 압살롬을 피해 예루살렘을 막 떠나던 다윗은 잇대가 그의 피난길에 동참하려는 것을 알고, "너는 바로 어제 온 외국인인데, 나에게 충성할 필요가 있느냐? 이 전쟁에 네가 끼어들 필요는 없다. 차라리 왕궁에 가만히 있다가, 이긴 편과 함께 하는 것이 낫지 않겠느냐?" 하고 권유했다. 다윗은 진정으로 그에게 복을 빌면서, 그가 구태여 가족들까지 데리고 자신을 따라 고난 길에 오르지 않는 것이 좋지 않겠냐고 말해주었다.

다윗 자신도 반란군과 전쟁하려는 생각이 그다지 강하지 않았는데, 관계없는 사람까지 이 전쟁에 끼어들게 하고 싶지 않다는 것이 진정한 마음이었다. 하지만 잇대는 아주 분명하게 자신의 결심을 내보였다. "죽든지 살든지 나는 당신과 함께 하겠습니다." 잇대는 이스라엘 사람들이 보지 못하는 것을 다윗에게서 보고 있었을 것이다. 비록 다윗이 지금 쫓겨나지만, 오래지 않아서 다시 돌아올 수 있을 것이라는 믿음이 있었을 것이다. 잇대의 말을 들은 다윗은 큰 감동을 받았다. 이스라엘 대부분의 사람들이, 심지어 자신의 아들이 주동이 되어서, 자신을 대적하고 있는 때였다. 그들은 다윗에게서 아무런 희망을 엿보지 못했다. 사실은 다윗 자신도 모든 것이 자기 죄 때문이라며 자책하고 있는 상황이었다. 이런 때에 비록 이방인이지만, 자신에 대해 무조건적인 신뢰를 보내는 잇대가 고맙기도 하고, 믿음직스럽기도 했다. 그러므로 다윗은 자신의 부대들 중 하나를 잇대의 손에 맡겨 압살롬과 전쟁하게 하였다.

이 때 갑자기 다윗은 부하 장수들에게 자신이 반드시 함께 전투에 참여하겠다고 말했다. 다윗이 평소와 달리, 마치 젊었을 때처럼 전의(戰意)

를 불태우는 줄 알고 장수들이 깜짝 놀랐다. 그러나 다윗은 싸우려고 하는 것이 아니라, 싸움을 적당히 방해하려는 것이었다. 왜냐하면 막상 전쟁을 시작하려니까 압살롬이 걱정되었기 때문이다. 그러므로 그는 자신이 직접 전투에 참여해서, 적군의 대장이기는 하지만 자신의 아들인 압살롬을 돌보아야겠다고 생각했다. 하지만 장수들은 왕이 전쟁터에 나오면 왕을 보호하느라 전투에 열중하기 힘들다면서 한사코 만류했다. 그들의 말은 한 치도 틀림이 없었다. 그렇기는 하지만 아마도 이들은 전쟁을 방해하려는 다윗의 마음을 어느 정도 짐작하고 있었을 것이다. 다윗도 그들의 말이 옳다는 것을 알고 있었기 때문에 자신의 뜻을 굽혀야 했다. 전투에 직접 나서지 못하게 된 다윗은 어쩔 수 없이 자신의 속마음을 털어놓아야 했다. 모든 병사들이 다 듣고 있는 가운데 각 부대 사령관들인 요압과 아비새와 잇대에게 특별히 당부하면서 압살롬의 목숨을 보호해 달라고 부탁했다. 적군의 수장을 돌보면서 전쟁하라는 다윗의 요청은 이제 목숨을 걸고 전쟁을 시작하려고 하는 지휘관과 병사들에게 큰 충격이 되었다. 마치 전쟁에 패배하라는 명령처럼 들렸기 때문이다.

우여곡절 끝에 전쟁은 서서히 길르앗 들판에서 시작되는 듯 했다. 그러나 다윗의 세 부대가 효과적으로 적군을 몰아붙이게 되자, 압살롬의 군대가 일찌감치 요단을 건너 후퇴했다. 압살롬은 길르앗 지역보다는 자신의 지지 세력이 굳건한 에브라임 산지 쪽이 승산을 높여줄 것이라고 생각했기 때문이다. 그런데 바로 이것이 역전 노장이며 뛰어난 전술가인 요압이 원하는 바였다. 요압은 서둘지 않으면서 다윗의 군대를 이끌고, 뒤따라 요단을 건넜다. 마침내 에브라임 산지에서 접전이 일어났는데, 압살롬의 군대는 울창한 에브라임 숲의 지형에 적응하지 못하고 고전을 면치 못했다. 반대로 전투 경험이 많은 용사들로 구성된 다윗의 병사들은 지형에 쉽게 적응했을 뿐만 아니라, 오히려 빽빽한 나무들을 이용하여 싸움을 벌였다. 길르앗을 떠나서 요단을 건너 왔던 압살롬의 군대가 크게 패배한 것은 어떻게 보면 당연한 결과였다. 그날 20,000여명의 사람들이 죽었는데, 어이없게도 칼보다도 숲의 울창함 때문에 죽은 사람이 더 많았다.

압살롬이 그 대표적인 사람이었다. 압살롬은 노새를 타고 가다가 큰 상수리나무 밑으로 지나가는데, 아뿔싸 그의 머리카락이 나뭇가지에 걸리는 바람에 공중에 매달리게 되었다. 한 사람이 요압에게 가서 자기가 압살롬이 나무에 달린 것을 보았다고 보고하였다. 요압은 벌컥 화를 내면서, 나뭇가지에 매달린 것을 보았으면 그 때 당장 죽였어야 했다고 소리쳤다. 하지만 그 사람은 다윗의 분명한 지시를 들었다면서 요압에게 압살롬을 죽여서는 안 된다고 하였다. 요압은 그 사람의 말을 무시하고 부리나케 압살롬이 매달렸다는 곳으로 달려갔다. 가보니, 아직 압살롬은 매달려 있는데, 노새가 빠져나가면서 공중에 매달리는 충격에서 여전히 벗어나지 못하고 있었다. 요압은 천우신조(天佑神助)라 여기고, 가지고 간 창으로 압살롬의 심장을 찔렀다. 그리고 그의 친위 부대원들 10명이 압살롬을 둘러싸고 칼로 쳐서 마지막 숨을 끊어놓았다.

압살롬이 상수리나무에 매달려 죽었다. 압살롬이 살아있을 때, 그의 칠흑 같이 검고 윤기 나는 긴 머리카락은 가장 큰 자랑거리였다. 하지만 하필이면 그 머리카락이 압살롬을 죽음으로 내몰았다. 하늘에서도 아니고, 땅에서도 아닌, 허공에 매달려 죽은 사람이 되었다. 마치 아버지를 거역하는 아들의 운명이 이러하다는 것을 가르쳐주는 듯했다. 요압은 나팔을 불어서 싸움을 멈추게 했다. 압살롬이 죽었으므로 더 이상 싸울 필요가 없었다. 그들은 압살롬의 시체를 큰 구덩이에 던지고 그 위에 돌무더기를 쌓았다. 압살롬에게는 원래 아들 셋과 딸 하나가 있었다(삼하 14:27). 그러나 그 세 아들들은 아마도 어려서 죽었을 것이다. 그러므로 압살롬은 예루살렘 동편에 있는 왕의 골짜기, 아주 먼 옛날 소돔의 왕과 살렘의 왕이 아브라함을 영접하러 나왔던 그 장소(창 14:17)에 자신의 기념비를 세우고, 자기 이름을 기억할 아들이 없다고 탄식하였다(삼하 18:18). 아마도 압살롬이 부친을 거역하면서 반란을 일으킨 것은 자신의 아들들이 모두 일찍 죽어버린 충격에 대한 반발심 때문이기도 했을 것이다. 그들이 압살롬을 묻고 있는 사이에 압살롬을 따르던 사람들은 전쟁이 끝났다는 것을 알고 각자 자기들의 장막으로 흩어져 떠나갔다.

사독의 아들 아히마아스가 자신이 달려가서 다윗에게 이 소식을 전하겠다고 자원하였다. 아히마아스는 빨리 달리는 것으로 유명한 청년이었는데, 이미 그는 아비아달 제사장의 아들 요나단과 함께 후새의 말을 비밀리에 다윗에게 전달했던 경험이 있었다(삼하 17:17-21). 그러나 요압은 아히마아스의 청을 받아주지 않고, 옆에 선 에티오피아 사람에게 가서 보고하라고 명령했다. 에티오피아 사람이 뛰어가는 것을 본 아히마아스가 다시 앞으로 나서서 자기도 달려가겠다고 말했다. 요압은 아히마아스가 상황을 제대로 깨닫지 못했다 여기고 답답해하면서, "네가 고집을 부리니까 가게 하지만 아무런 상이 없을 것이다."라고 말해주었다. 기어이 허락을 얻어낸 아히마아스가 쏜살같이 뛰기 시작했는데, 얼마 지나지 않아서 먼저 갔던 에티오피아 사람을 추월할 수 있었다.

　한편 다윗은 성문 사이에 앉아 불안한 마음으로 소식이 오기를 기다리고 있었다. 파수꾼이 성문의 지붕 위에 올라가서 살펴보다가 말했다. "누군가 뛰어오고 있습니다." 다윗은 그에게 몇 명이 달려오는지 물었다. 만일 한 사람이면 좋은 소식을 전하려는 것인데, 여러 사람이 한꺼번에 달려오면 전쟁에 져서 도망쳐오는 것이다. "한 사람인데, 그 뒤에 또 한 사람이 달려오고 있습니다." 다윗은 안도의 숨을 내쉬었다. 전쟁에 이긴 것이다. 파수꾼은 먼저 달려오는 사람이 사독의 아들 아히마아스같다고 말했다. 다윗은 더욱 편안한 마음이 되었다. 아히마아스는 착한 사람으로서, 나쁜 소식을 전하기 위해 달려올 사람이 아니었다. 마침내 아히마아스가 다윗 앞에 당도해서 감격에 차서 승전 사실을 알렸다. "왕의 하나님 여호와께서 왕의 적들을 패배하게 하셨습니다." 그러자 다윗이 급히 물었다. "압살롬은 어떻게 되었느냐?" "제가 출발할 때에 소동이 있는 것은 보았지만, 무슨 일인지 알지 못합니다." 요압의 걱정과는 달리 아히마아스도 다윗의 심정을 짐작하고 있었다. 그러므로 그는 좋은 내용만 보고하고 나머지는 남겨두는 눈치를 발휘했다.

　곧 이어 에티오피아 사람이 도착해서 다시 승전 사실을 알렸다. 하지만 다윗이 알고 싶은 내용은 그것이 아니었다. "압살롬은 무사하냐?" "내 주 왕의 원수들은 모두 그 사람과 같이 비참하게 죽기를 원합니다." 순간 다윗은 슬픔에 사로잡혀 몸을 떨었다. 그는 성문 위에 있는 작은 방으로 올라가서 대성통곡하였다. "내 아들 압살롬아, 내 아들아, 내 아들아, 차라리 내가 너를 대신해 죽었더라면. 압살롬, 내 아들아, 내 아들아." 아무리 아들을 불

러도 그는 이미 돌아올 수 없는 신세가 되었다. 죽는 순간까지 자신을 원망
하였을 것이라는 생각에 다윗은 마음의 고통을 참을 수 없었다. 압살롬처
럼 사랑스럽고 자랑스러운 아들이 다윗 자신의 고집 때문에 죽었다.

　차라리 솔로몬이 아니라, 압살롬을 후계자로 세우는 것이 낫지 않았을
까? 솔로몬이 평화라는 이름을 가졌듯이, 압살롬 역시 "평화의 아버지"라
는 이름을 갖고 있지 않은가? 그렇다면 평화를 상징하는 성전을 건축할 사
람은 압살롬이 될 수도 있지 않았을까? 밧세바만 아니었다면 이미 백번이
라도 압살롬을 후계자로 세웠을 것이다. 하지만 다윗이 늙어가는 시점에
만나서 마치 청년으로 돌아간 듯 정열적인 사랑을 다시 경험할 수 있게 만
든 어린 아내 밧세바의 청을 거부할 수는 없었다. 실제로 다윗은 죽을 때
까지 밧세바의 영향력에서 벗어나지 못했다. 반란이 있기 전 왕궁에서 압
살롬과 최후의 만남을 가졌을 때, 아들을 향하여 다윗이 보여준 차가운 태
도는 커튼 뒤에서 지켜보는 밧세바가 만들어놓은 것이었다(삼하 14:33).

　다윗이 압살롬 때문에 이렇게 슬퍼하자, 그의 병사들은 오히려 패잔병
이 된 것처럼 부끄러워하며 슬그머니 성 안으로 들어갔다. 다윗은 병사들
이 듣는 것을 상관하지 않고, 계속해서 울부짖으며 "내 아들 압살롬아, 압
살롬아, 내 아들아, 내 아들아." 하고 소리쳤다. 참다못한 요압이 다윗에게
가서 위협적인 목소리로 경고했다. "지금 왕은 왕의 목숨을 구원한 병사들
을 수치스럽게 하고 있고, 왕에게 충성하는 자들을 미워하고 오히려 왕의
원수를 사랑하고 있습니다. 만일 왕께서 계속해서 압살롬 때문에 슬퍼하
고 병사들을 외면한다면 오늘 밤 아무도 왕과 함께 남아 있지 않고 다 떠
나갈 것입니다. 그러면 왕은 이제껏 살면서 겪었던 어떤 환난보다도 더 괴

로운 환난을 겪게 될 것입니다." 요압의 말을 듣고 비로소 자신의 어리석
음을 깨닫게 된 다윗은 간신히 마음을 추스르고 성문 옆에 앉았다. 그러자
병사들이 왕 앞에 모여서 그나마 자신들의 승리를 자축할 수 있었다. 하지
만 승리를 축하하는 떠들썩한 자리에 앉아 있으면서도 다윗은 아들을 잃
은 슬픔에서 빠져나올 수 없었는데, 자신의 간절한 부탁을 무시해버리고
압살롬을 죽인 요압에 대한 적의가 가슴을 채우고 있었다.

9
세바의 반란
(삼하 19:9-20:26)

9. 세바의 반란

(삼하 19:9-20:26)

🔔 다윗의 귀환(삼하 19:9-40)

한편 압살롬의 죽음과 함께 지도자를 잃어버린 이스라엘 사람들은 다윗을 다시 왕으로 모시는 것 외에는 다른 방법이 없다는 것을 알았다. 블레셋의 손에서 이스라엘을 구원했던 바로 그 구원자가 다윗이라는 것은 부인할 수 없는 사실이었다. 믿을만한 다른 왕 후보자가 없는 상황에서 유일한 대안은 다윗이었다. 그러므로 이스라엘 모든 사람들이 다윗을 다시 왕으로 모셔 오려는 계획을 세우기 시작했다. 특히 예전에 있었던 다윗의 정부 조직이 완전히 해체되어 버린 지금은 앞으로 구성될 정부에서 권력을 차지할 수 있는 절호의 기회였다. 지금 다윗을 수행하여 예루살렘으로 들어간다면, 새로 편성되는 정부의 요직들을 차지하고, 권력과 이권들을 가질 수 있을 것이다.

하지만 이러한 움직임을 알게 된 다윗은 사람을 보내서 사독과 아비아달에게 은밀히 말을 전했다. "너희는 유다 장로들에게 가서 나를 다시 그들의 왕으로 모시도록 권해라. 그들이 이스라엘 다른 지파 사람들보다 늦지 않게 하여라." 다윗은 이번 반란에서 유다 지파가 선봉에 섰던 것에 대해서 큰 위기의식을 느끼고 있었다. 반란의 거점이 유다 지파의 수도 헤브론이었고, 반란군의 사령관이 유다 사람이며 다윗의 조카뻘이 되는 아마사였다. 유다 지파와 자신 사이에 메울 수 없는 균열이 생겨난 듯했다. 선지자가 자기 고향에서는 존경 받을 수 없는 것일까(마 13:57)? 다윗은 어릴 때에 자기 가족들에게 인정받지 못하였다. 가족들에게 인정받고 싶은 마음이 유다 지파의 인정을 받으려는 마음으로 자라났다. 나발에게 그렇게 화가 났던 이유도 그가 유다지파이기 때문이었다(삼상 25:13). 그러므로 다윗은 왕이 되기 전부터 그들을 자기편으로 삼기 위해 온갖 선물들을 보냈었다(삼상 30:26-31).

그런데 다윗의 이런 모든 노력들이 다 허사가 된 듯했다. 만일 유다 지파를 제외한 나머지 지파들이 자신을 왕으로 먼저 모시게 된다면, 자신은 이제 더 이상 유다 지파를 자신의 지지기반으로 삼을 수 없게 될 것이다. 그러면 자신은 왕이라는 이름을 가질 수는 있겠지만, 각 지파 대표들의 입김에 좌우되는 허수아비 왕이 될 것이다. 다윗은 여전히 냉랭한 유다 지파의 마음을 돌려서 자기편으로 만들어야 했다. 다른 지파들을 다 포기하더라도, 유다 지파만은 놓칠 수 없다는 것이 다윗의 마음이었다. 그러므로 그들에게 사독과 아비아달을 보내, 권력을 나누어주겠다는 암시와 함께 예루살렘으로 자신을 수행하여 들어가도록 설득하였다. 뿐만 아니라 유다 지파의 중심인물이면서, 방금 전까지 반란군을 이끌었던 아마사를 불렀다. 그리고 이제 요압을 쫓아내고 그에게 나라의 총사령관 지위를 주겠다고 제안하면서 자신의 편이 되라고 회유했다. 이 같은 다윗의 애타는 노력이 효과를 나타내면서, 유다 지파 모든 사람들이 한 마음이 되어 다윗을 왕으로 다시 모시기로 결심하였다.

다윗이 요단 동편 나루턱에 도착했을 때, 유다 사람들이 왕을 맞이하려고 길갈에 도착했다. 이들은 길갈에서부터 다시 요단 서편 나루턱으로 가서 다윗이 요단을 건너오기를 기다렸다. 이 때 이들과 함께 황급히 내려온 사람이 있었는데, 그는 바후림에 사는 베냐민 사람 시므이였다. 그는 베냐민 사람 1천 명을 데리고 왔는데, 다윗에게 은근히 자신의 세력을 과시하면서 목숨을 보존해볼까 하는 생각 때문이었다. 그는 유다 사람들의 대표들과 합류하여 요단을 건너가 동편 나루턱에서 다윗을 만났다. 시므이는 감히 다윗의 얼굴을 마주 대할 용기가 없다는 듯 땅 바닥에 엎드려 고개를 숙이고, 전날 다윗이 예루살렘을 탈출하여 도망할 때 그에게 돌을 던지며 저주를 퍼부었던 죄에 대해서 손이 닳도록 용서를 빌었다(삼하 16:13). "저는 제가 죄인인 것을 알고 있습니다. 그래도 제가 요셉의 모든 족속 가운데 제일 먼저 내 주 왕을 맞으려고 왔사오니 통촉해 주십시오(삼하 19:20)." 시므이는 베냐민 지파이므로, 사실 요셉 족속에 속하는 사람이 아니다. 하지만 이스라엘 사람들은 유다 지파에 대적하는 모든 사람들을 요셉 족속이라고 부르는 습관이 있었다. 왜냐하면 유다 지파에 견줄 수 있는 유일한 지파가 요셉 족속의 에브라임 지파이었기 때문이다. 그러므로 시므이도 자신을 요셉 족속 가운데 속한다고 말하면서, 자신과 요셉 족속을 공동 운명체로 묶어두려고 했다. 그러면서 "나를 벌하려면 요셉 족속 전체를 벌해야 하는 것이 아니냐? 네가 과연 그렇게 할 수 있겠느냐?" 하는 조롱 섞인 암시를 넌지시 던져주었다.

시므이가 매끄러운 혀로 자신의 죄를 통회자복하면서도, 은근히 다윗을 멸시하고 조롱하는데, 이 모습을 옆에서 지켜보던 아비새가 더 이상 참지 못하고 분노를 터뜨렸다. "시므이가 여호와의 기름 부음 받은 자를 저주했으므로 죽어야 마땅합니다(삼하 19:21)." 마치 베드로가 예수님을 위해 분노하면서 말고의 귀를 자르듯이, 아비새도 다윗을 위해 분노했다. 다윗 역시 이 자리에서 시므이를 죽여 버리고 싶었다. 하지만 반란군의 세력이 여전히 있는 상황에서 베냐민 지파의 지지를 받고 있는 시므이를 죽이는 것은 지나친 모험이었다. 결국 그는 한 걸음 물러섰다. "오늘 같은 날에 내가 어떻게 이스라엘 가운데 사람을 죽일 수 있겠느냐?" 지금은 죽일 수 없으니, 나중을 기약하자는 뜻이었다. 사실 다윗은 원한을 쉽게 잊는 사람이 아니다. 그는 죽는 순간까지 이 원한을 가슴 속에 품고 있다가 그의 아들 솔로몬에게 시므이를 죽이라고 유언하게 된다(왕상 2:9). 하지만 그것은 나중 일이고, 지금 다윗은 시므이에게 그가 죽지 않을 것이라고 맹세까지 해 주었다.

시므이가 이와 같은 다윗의 태도를 예상했다는 듯 태연한 모습으로 물러서자, 사울의 손자이며 요나단의 아들인 므비보셋이 다윗 앞으로 나섰다. 얼마 전 므비보셋을 중상모략 했던 시바는 이 때 시므이가 데려온 베냐민의 1천명 사람들과 함께 요단강 서편 나루턱에 서 있었다(삼하 19:17). 므비보셋은 다윗이 떠난 날부터 자기 발을 씻지 않고, 수염을 다듬지 않았으며, 의복을 빨아 입지 않았다. 다윗이 므비보셋에게 왜 자기를 따르지 않았느냐고 책망하며 물었다. 므비보셋은 자기 종 시바가 자신을 속여서 왕을 따르지 못하게 했다는 것을 말하고는, 어쨌든 자신에게 책임이 있으므로 왕의 처분에 맡긴다고 하였다. 어려서부터 온갖 역경을 겪었던 므비보셋은 운명에 순응하는 삶에 익숙해져 있었다. 그는 자신이 행하지 않았던 일들, 의도하지 않았던 사건들 때문에 오랜 시간 고통을 당해야 했었다. 그 많은 시간들이 세상의 번잡한 이해관계나 심지어 자신의 목숨에 대해서도 집착하지 않는 사람으로 그를 변모시켰다. 다윗은 이미 므비보셋의 모든 재산을 시바에게 주겠다고 약속한 바가 있었다. 이제 므비보셋에게 죄가 없다는 것이 밝혀졌지만, 베냐민의 세력을 등에 업고 있는 시바에게 잘잘못을 따지기 힘들었다. 결국 다윗은 시바와 므비보셋이 재산을 양분하여 가지는 것으로 타협안을 제시했다. 그러자 므비보셋은 시바가 전부를 다 가져도 자신은 왕이 평안히 돌아온 것을 기뻐할 뿐이라고 하면서 다윗의 결정을 감사하는 마음으로 받아들였다.

마침내 다윗이 유다 지파의 대표들과 함께 요단강을 건넜다. 다윗과 함께 있는 많은 사람들을 건너게 하려고 여러 척의 배들이 동원되었다. 이때 다윗과 같은 배를 타고 강을 건너는 사람들 가운데 여든 살의 노인 바르실래가 있었다. 그는 마하나임에서 다윗에게 많은 음식을 제공하여 반란군과의 전쟁에서 승리할 수 있도록 결정적인 역할을 했던 사람이었다. 어려울 때 돕는 사람이 진정한 친구다. 진심으로 감사하고 있던 다윗은 바르실래와 그의 아들들을 자신과 같은 배에 타게 하였다. 그리고 흔들리는 배 위에서 다윗은 바르실래에게 예루살렘으로 함께 가자고 제안했다. 그러나 바르실래는 자신은 이미 늙었으므로 고향에서 조상들과 함께 묻히기만을 원한다고 말했다. 그리고 자신의 아들 김함을 다윗 앞에 세우면서 그를 데리고 가서 꿈을 펼칠 수 있도록 도와달라고 부탁했다. 그는 다윗이 자신의 부탁을 흔쾌히 수락하는 것을 보고 크게 기뻐하였다. 다윗은 바르실래의 부탁을 들어주었을 뿐만 아니라, 유언을 통해 솔로몬에게도 그 아들들을 돌보아주기를 당부했다(왕상 2:7). 다윗이 배에서 내린 후 바르실래에게 입 맞추고 작별을 고하자, 바르실래는 다시 요단을 건너서 자신의 고향으로 돌아갔다.

　다윗이 배를 타고 요단강을 건너서 서편 나루턱에 내렸을 때, 그곳에는 유다 사람들과 베냐민 지파 1000명의 사람들, 그리고 소식을 듣고 재빨리 몰려온 다른 지파 사람들이 기다리고 있었다. 여기서부터 유다 지파의 모든 사람들이 다윗을 둘러싸고 길갈로 나아갔다. 그리고 그 뒤를 이스라엘 백성의 절반이라고 표현되는 무리, 즉 베냐민 사람들과 소수의 다른 지파 사람들이 따랐다. 이들은 길갈에 멈추어 섰는데, 거기서 반란군과의 전쟁에서 이기고 무사히 왕궁으로 돌아가는 왕의 위엄에 어울리도록 행렬을 정비하여야 했다.

🔔 지파들 사이의 갈등(삼하 19:41-43)

　그런데 길갈에서는 이스라엘 열 지파의 사람들이 모두 모여서 다윗을 기다리고 있었다. 이스라엘 사람들은 길갈에서 시작되는 왕의 행렬에 참여하는 것으로써 다윗에 대한 충성을 과시하려고 했다. 사실 길갈은 이스라엘 백성이 다윗을 다시 한 번 왕으로 모시기 위한 가장 적합한 장소였다. 왜냐하면 과거 길갈은 왕으로 선출된 이후 한 동안 백성들의 인정을 받지 못했던 사울을 다시 왕으로 옹립했던 역사적인 의미가 있는 곳이기 때문이다(삼상 11:14-15). 그러므로 이스라엘의 모든 백성은 다윗을 다시 왕으로 모시고 예루살렘으로 입성하는 행렬의 출발 장소로서 길갈을 선택하고 그곳에서 그를 기다리기로 계획해 두었다. 그러나 그들이 그곳에 도착했을 때, 유다 지파보다 한 발 늦었다는 것을 깨달았다. 이미 유다 지파의 모든 사람들이 길갈을 지나 요단강 서편 나루턱에서 다윗을 기다렸고, 그들의 대표는 요단 동편에서 다윗을 만나 함께 강을 건너기까지 했다. 이 것은 유다 지파의 지지를 원했던 다윗이 사전에 미리 계획한 대로 이루어진 것이었다. 나머지 지파 사람들은 다윗의 이와 같은 의도를 충분히 짐작했지만, 그렇다고 왕을 비난할 수는 없었다. 그들은 애꿎은 유다 사람들에게 책임을 돌리면서, 유다 지파가 왕을 도둑질했다고 소리를 높였다(삼하 19:41). 그리고 그들의 저의가 무엇이냐고 다윗에게 물었다. 하지만 이때 그들의 물음에 답변한 사람은 다윗이 아니라, 유다 지파였다. 아무리 말 잘하는 다윗이라 할지라도 양심에 찔리는 것이 있었기 때문에 이 장면에서 유구무언일 수밖에 없었다. 반면에 유다 지파는 나름대로 할 말이 많았다. 그동안 불만이 가득 쌓여 있었기 때문이다. 그들은 저의를 따져 묻는 이스라엘 사람들에게 다윗이 자신들과 가까운 친척이기 때문이며, 결코 다른 의도는 없다고 큰 소리로 받아쳤다.

과거 사울은 베냐민 지파에게 상당한 특혜를 주었다(삼상 22:7). 그것은 베냐민 지파의 당연한 권리라고 받아들여졌기 때문에, 어느 지파도 이의를 제기하지 않았다. 오히려 모든 지파들이 사울의 지도력 아래에서 하나로 뭉칠 수 있었다. 특히 사울은 베냐민의 한 성읍이며 자신의 고향인 기브아를 왕도로 활용함으로써, 자연스럽게 베냐민 지파가 나라의 중심이 되게 했다. 결과적으로 사울의 왕국은 베냐민 지파가 중심이 되지만 12 지파 전체로 구성된 하나의 나라였다.

그러나 다윗은 유다 지파에게 그다지 큰 특혜를 부여하지 않았다. 그것이 유다 지파의 불만이었다. 압살롬 반란의 중심에 유다 지파가 섰던 한가지 이유도 왕이 무엇인가 자기들에게 이득을 줄 것이라고 생각했던 기대가 틀어졌기 때문이었다. 무엇보다 다윗은 자신이 전체 이스라엘을 다스리는 기회를 얻었을 때, 유다 지파의 성읍 헤브론을 단호하게 포기하고, 여부스 족속이 여전히 살고 있었던 예루살렘을 왕도로 택했다. 사실 다윗의 왕국은 하나인 듯 보이지만, 내면적으로 보면 두 나라의 연합체였다. 유다 지파라는 하나의 나라와, 나머지 지파들이 형성하는 또 다른 나라가 존재했다. 다윗은 처음에는 유다 지파의 왕으로서 기름부음을 받았고(삼하 2:4), 그 다음 나머지 지파들의 왕으로서 기름부음을 받았다(삼하 5:3). 그러므로 역사가는 다윗이 예루살렘에서 33년 동안 두 개의 나라를 다스렸다고 기록한다(삼하 5:5). 사울의 시대에 베냐민 지파가 누렸던 특권적 지위를 부러워하고 있었던 유다 지파로서는 다윗이 이처럼 자신들을 따돌리기 시작하자 그로부터 버림받았다는 느낌을 지울 수 없었고, 자기들이 다윗에게 주었던 사랑이 배신당했다고 여겼다.

다윗과 유다 지파의 관계는 다윗과 나머지 다른 지파들의 관계와 처음부터 같을 수 없었다. 다윗이 유다 지파의 왕이 된 것은 그들의 충성심을 얻어내었기 때문이었다. 그러나 다윗이 다른 열 지파의 왕이 된 것은 상당부분 거래에 의한 것이었다. 이스라엘 민족을 통째로 넘겨주는 빅딜을 계획했던 아브넬은 죽었지만, 그 거래 자체는 여전히 유효했다(삼하 3:12).

아브넬의 계획을 그대로 이어받은 이스라엘의 장로들이 다윗과 계약을 체결하고, 그를 왕으로 삼았다(삼하 5:3). 아마도 다윗은 그들의 왕이 되는 조건으로 많은 특혜를 제공하였을 것이다. 왕의 지파인 유다 지파가 누릴 수 있는 권리들이 크게 제한되어야 했던 것은 당연한 결과였다. 다윗이 전체 이스라엘의 왕이 됨으로써 유다 지파는 12 지파 안에서 자신들의 지위가 더 높아지기를 기대하였으나, 현실은 실망스러웠다.

그러다가 유다 지파는 이제 다윗의 은밀한 부름을 받았다(삼하 19:11-14). 그것은 화해를 바라는 제스처였다. 다윗은 유다 지파를 특별하게 대우하지 않았던 과거를 후회하고, 이제부터는 그들을 중심으로 정부를 구성하겠다는 의중을 내보였다. 초기의 다윗은 백성의 지지를 받고 있었고, 그에 따라 강력한 힘을 소유하였다. 그 때문에 다윗은 어떤 특정 집단으로부터 도움을 받지 않아도 나라를 자기 뜻대로 이끌어 갈 수 있었다. 상호 거래를 통해 다스리게 된 열 지파와의 관계에서도 주도적 역할을 취할 수 있었다. 그러나 밧세바와 우리야의 사건 이후 다윗에 대한 백성들의 지지도는 바닥을 기었고, 그의 왕권은 약화될 대로 약화되어 있었다. 압살롬의 반란은 진압되었지만, 이미 다윗은 권력의 대부분을 상실하고 있었다. 결국 그에게는 자신의 왕위를 유지시켜줄 세력이 필요했는데, 다윗이 생각하기에 유다 지파가 가장 좋은 대안이었다. 유다 지파로서는 크게 환영할 일이었다. 비록 그들이 기름을 부어서 새 왕으로 세웠던 압살롬은 죽었지만, 반란을 통해 이루려고 했던 것을 결과적으로 성취하게 된 것이다. 다윗의 귀환에 대해 쌀쌀한 태도로 비웃고 있던 유다 지파가 다윗의 이러한 물밑 제안을 듣고 태도를 180도 선회하였다. 그들은 급히 사람들을 모아서 어느 지파보다도 먼저 다윗을 맞이하려고 나섰다. 그리고 요단강에서부터 마치 보물을 끌어안듯 다윗을 둘러싸고 길갈에 도착하였다. 이제부터는 다윗이 자기들에게 왕의 지파로서 당연히 누려야 할 특혜를 줄 것이므로, 보물 중에서도 가장 좋은 보물이었다.

　　이스라엘 사람들이 "너희가 왕을 도둑질했다."라고 성토하였을 때, 유다 사람들은 왕에게서 얻어먹은 것이 없다고 당당히 말했다. 유다 지파는 다윗에게서 아무 것도 받은 것이 없다. 유다 지파로서는 정말 애석하게도, 그것이 사실이다. 지금까지는 없었다. 단지 이제부터 받을 것이 있을 뿐이다. 다윗에게서 아무 것도 받은 것이 없다고 외치는 유다 지파의 말을 온 이스라엘은 이후로는 엄청나게 받고야 말겠다는 소리로 들었다. 속이 빤히 들여다보이는 유다 지파의 말에 이스라엘 사람들은 더 소리를 높여서 따지고 들었다. 자기들은 열 지파가 모여 있으므로 왕에 대해서 요구할 수 있는 것이 열 몫에 해당한다고 주장하였다. 이 열 지파는 유다와 레위를 제외한 나머지 열 지파에 해당한다. 뿐만 아니라 열 지파는 유다 지파보다도 다윗과 더 깊은 관계를 갖고 있다고 말한다. 이 점도 사실이지만, 유다 지파에게는 이것이 문제였다. 다윗은 헤브론에서 7년 반 동안 유다 지파와 좋은 관계를 누렸다. 그러나 예루살렘으로 천도한 이후, 다윗은 유다 지파보다는 다른 열 지파를 우선시하는 정책을 펼쳤다. 아마도 예루살렘에서 20여년 이상 열 지파는 다윗이 유다 지파보다도 자기들을 더 친밀하게 대한다고 확신하고 있었다. 비록 다윗은 유다 지파지만, 베냐민 지파 사울의 사위이기도 한 것이 아닌가? 자기들의 왕이 아닌가? 자기들을 더 친밀하게 대한다고 해서 전혀 이상할 것이 없다. 이처럼 양편 사이에 고성(高聲)

이 오고가면서 한 동안 설전(舌戰)이 계속되었지만, 결국 이기는 쪽은 유다 지파였다(삼하 19:43). 왜냐하면 왕이 비록 말을 하지는 않았지만, 그들의 편에 서 있었기 때문이었다.

🔔 세바의 반란(삼하 20:1-22)

이 때 베냐민 족속 비그리의 아들 세바가 나섰다. 그는 히브리어로 벨리야알 혹은 벨리알(한글성경, 불량배)이라고 불리는데, 여기서 이 칭호는 왕을 거역하는 사람을 가리킨다(참조, 삼상 10:27; 고후 6:15). 베냐민 지파 시므이는 다윗을 벨리알이라고 불렀었다. 또 다른 베냐민 지파 사람인 세바는 아마도 자신의 지파 안에서 상당한 세력과 영향력을 갖고 있는 지도자들 중 한 사람이었을 것이다. 그는 길갈의 격렬한 공개토론에서 유다 지파가 조금도 물러서지 않는 것과 다윗이 은근히 그들에게 동조하는 것을 보고서, 다윗과 그들 사이에 은밀한 거래가 있었다는 사실에 대해 거의 확신할 수 있었다. 이제 다윗이 예루살렘으로 귀환한 후에는 유다 지파에게 모든 특혜를 몰아주고, 다른 지파들은 왕으로부터 얻을 것이 없어질 것이다. 과거 아브넬과 이스보셋이 죽었을 때, 이스라엘은 다윗을 왕으로 세우기로 하고 그와의 거래를 통해 많은 권리들을 얻어낼 수 있었다. 그러나 이제 다윗은 유다 지파와 거래를 맺은 것이 분명하다. 그렇다면 옛날 사울의 아들 이스보셋이 살아있었을 때처럼, 유다는 다윗이 다스리고 나머지 이스라엘은 다른 한 나라를 형성하는 것이 좋을 것이다. 물론 그 나라는

사울 왕국의 정통성을 이어받아야 한다. 그러므로 사울의 지파인 베냐민
에 속하는 세바 자신과 같은 사람이 이스라엘을 다스리면 더 좋을 것이다.
생각을 정리한 세바가 나팔을 불면서 이스라엘을 선동했다. "이제 다윗을
따라 예루살렘으로 들어가는 행렬에 참여하더라도, 우리에게 아무런 유익
이 없을 것이다. 이스라엘 사람들아, 차라리 각자 자기 집으로 돌아가자."
그러자 온 이스라엘 사람들이 다윗 따르기를 그치고 자기들 집으로 돌아
갔다.

　한 순간에 처량한 신세가 되어, 온 이스라엘이 자신을 버리고 떠나가는
것을 지켜보던 다윗은 오직 유다 지파의 행렬만을 이끌고 왕궁으로 들어
갔다. 그러나 예루살렘에는 다윗보다 더 처량한 사람들이 있었는데, 다윗
이 남겨두고 도망했던 10명의 후궁들이었다. 반란을 일으켜 왕궁을 차지
한 압살롬이 왕위를 견고하게 하고 싶은 욕심이 지나친 나머지 의와 효를
팽개치고서 만인이 주시하는 가운데 자기 아버지의 후궁들과 동침한 바
있었다. 다윗이 그러한 일을 전혀 예측하지 못했던 것은 아니다. 그럴 수
있다는 것을 알면서도, 후궁들을 버리고 간 것은 자신의 안위를 위해 의도
적으로 그들을 자기 아들에게 넘겨주려 했었기 때문이다. 그런데 압살롬
이 죽어버리자, 이들은 또 다시 그 아버지 다윗의 손에 넘겨지는 수치를
겪게 되었다. 젊은 처녀의 몸으로 왕의 후궁이 되었을 때는 화려한 생활을
꿈꾸었을 것이지만, 운명은 계속하여 그들을 희롱하면서 아버지에게서 아
들에게로, 다시 아들에게서 아버지에게로 그들을 넘겨주었다. 다윗은 자
신이 남겨두고 갔었던 10명의 후궁들을 별실에 가두고 평생 동안 생과부
로 지내게 하였다. 아들 압살롬에 의해 더럽혀진 그들의 얼굴을 다시 보

고 싶지 않았기 때문이다. 이들은 자신들의 의사와는 전혀 상관없었지만, 무정하게 굴러가는 역사의 수레바퀴에 희생되어, 누구도 원망하지 못하고 주어진 현실을 받아들여야 했다.

다윗은 급히 아마사를 불렀다. 아마사는 바로 전까지 반란군의 수령이 었지만, 지금은 은근슬쩍 요압을 밀어내고 다윗 군대의 총사령관이 되어 있었다. 다윗이 요압 대신 아마사를 선택한 이유는 유다 지파의 전반적인 지지를 얻어내기 위해서다. 아마사는 다윗에게 불만을 가지고 있던 유다 사람들을 대표하는 입장이었다. 유다 지파를 자신의 지지기반으로 삼기로 작정한 다윗은 얼마 전까지 전쟁에서 칼을 겨누었던 반란군의 대장 아마사를 전격적으로 자기 군대의 총사령관이며, 왕국의 2인자로 삼았다. 한편 이러한 선택에는 요압에 대한 다윗의 미움이 동시에 작용했던 것도 사실이다. 요압은 다윗의 간절한 부탁에도 불구하고, 압살롬을 죽이는데 거리낌이 없었다. 요압은 만일 압살롬의 반란이 성공한다면 자신의 정치 생명이 끝난다는 것을 잘 알고 있었다. 심지어 자신이 압살롬에 의해 살해될 수도 있을 것이라고 생각했다. 그러므로 요압은 압살롬의 반란이 성공하지 못하도록 결사적으로 막아야 했고, 그를 죽이는데 가장 적극적으로 나섰다. 이 때문에 다윗은 요압을 원수로 생각하게 되었고, 그를 쫓아내고 아마사를 그의 자리에 두었다.

다윗은 세바 반란의 진압을 아마사에게 맡겼다. 이것은 시간을 다투는 일이었다. 세바는 일단 이스라엘을 다윗에게서 떼어놓는데 성공했을 뿐, 아직 그들을 새로운 나라로 조직하지는 못했다. 만일 약간의 시간만 세바에게 주어진다면, 그는 전국적 규모의 반란군을 조직하고 강력한 힘을 가진 국가를 세울 수도 있을 것이다. 다윗은 유다를 제외한 나머지 지파들이 시간이 흐르면 반란에 가담할 것이 확실하다고 생각했다. 사실 세바의 반란은 다윗을 극히 불안하게 만들었다. 압살롬의 반란 때와는 또 달랐다. 다윗 입장에서 압살롬의 반란은 그다지 두려울 것이 없었다. 압살롬이 승리하더라도, 자신이 목숨을 보존할 가능성이 있었다. 단지 왕위를 잃을 뿐이다. 더욱이 압살롬은 어차피 자신의 아들이므로, 왕좌를 조금 빨리 넘겨줬다고 생각하면 그만이다. 비록 자신이 다른 아들 즉 솔로몬을 후계자로 삼을 생각이기는 했지만, 자신이 가장 총애하는 아들은 여전히 압살롬이었다. 세바의 반란은 이와 완전히 다르다. 반란이 성공한다면, 다윗은 당연히 죽임을 당할 것이다. 그뿐 아니라, 다윗의 모든 자손들 그리고 그를 따르는 모든 사람들이 죽임을 당할 것이다. 세바는 지금 잠시도 쉬지 않고 지지 세력을 모으고 있었고, 그 반란은 빠른 속도로 형태를 갖춰갔다.

그러므로 다윗은 하루라도 빨리 반란을 진압할 군대를 조직해야 했다. 다윗은 아마사에게 3일의 여유를 주었다. 하지만 아마사는 3일이 지나도 진압군을 조직하지 못했다. 그의 군사 조직력은 이미 군 사령관으로서 오랜 경험을 쌓은 용사 요압에 비하면 현저하게 떨어졌다. 그리고, 다윗의 기대와는 달리, 아마사가 이끌던 반란군이 요압의 군대에게 무참히 패배하였던 전력 때문에 그에 대한 백성들의 신뢰도가 크게 떨어져 있었다. 더욱이 요압이 군사를 자기편으로 모으면서 아마사가 군대를 쉬이 조직하지 못하게 하는데 일조하였다. 다윗은 초조하고 불안한 마음을 떨칠 수 없었다. 내심 요압이라면 잘 했을 텐데 하는 생각도 들었지만 한번 내친 요압을 다시 부를 수는 없었다. 그래서 이 대신 잇몸이라는 생각으로 요압의 동생 아비새를 불렀다. 다윗은 아비새에게 자신의 속마음을 털어놓으면서, 압살롬의 반란보다 세바의 반란이 더 위험하며 더 무섭다고 말했다. 그리고 왕궁과 왕 개인의 보호를 위해 남겨두려고 했던 친위부대와 용병부대를 아비새의 손에 맡기면서, 급히 세바를 추격하여 그가 요새 안에 들어가 자리를 잡기 전에 붙잡도록 명령했다.

아비새가 왕의 군대를 이끌고 세바를 추격하기 위해 예루살렘에서 나오는데, 요압이 동생 옆으로 슬그머니 따라붙었다. 아비새는 당연한 듯이 군대의 지휘권을 형에게 넘겨주었다. 이 군대는 오랜 세월 동안 요압과 함께 전쟁터를 누비면서 그의 명령을 따르던 용사들이었다. 그들이 예루살렘 북쪽 약 9km 지점인 기브온에 이르렀을 때, 아직까지 진압 군대를 조직하느라 동분서주하고 있던 아마사가 그들과 합류하려고 나아왔다. 소리장도(笑裏藏刀)의 요압이 아마사와 웃으며 인사하려는 듯 앞으로 나가면서 왼편 허리에 차고 있던 칼을 왼손으로 슬며시 빼서 등 뒤로 감추었다. 아마사는 요압이 평소와는 달리 친근하게 대하자 이상하고 섬뜩한 느낌이 들어 순간적으로 요압의 오른 손을 보았으나, 그 손에 무기가 없는 것을 알고 경계심을 조금 풀었다. 요압이 "내 형제여, 평안하냐?" 하며 오른 손으로 아마사의 수염을 잡고 입을 맞추려고 할 때, 아마사는 그제야 위험을 깨닫고 몸을 피하려 했으나 요압이 놓아주지 않았다. 요압은 왼손의 칼로 아마사의 배를 깊이 찔러서 창자가 땅으로 쏟아져 나오게 했다. 그의 숙달된 칼 솜씨는 단번에 아마사를 죽음에 이르게 했고, 두 번 찌를 필요가 없었다. 금일잔화작일개(今日殘花昨日開). 어제 피었는데, 오늘 시드는 꽃처럼 아마사도 그렇게 죽었다. 사람들이 아마사가 죽은 것을 알고 어찌할

바를 몰라 멈추어 섰다. 요압조차 다윗에게 반역하려는가 하며 의심하는 사람도 있었다. 이 때 요압의 지시를 받은 한 사람이 앞으로 나서서 크게 소리치면서, "누구든지 요압을 좋아하고 다윗에게 충성스러운 사람들이라면, 요압을 따라서 반란군을 격파하자." 하였다. 사람들은 비로소 요압이 다윗의 편에 있다는 것을 알고 안심하였다. 아마사의 시체를 길옆 밭으로 치워 옷을 그 위에 덮어 보이지 않게 한 뒤에, 사람들은 아무 일도 없었다는 듯이 요압의 뒤를 따르기 시작했다. 이제야 모든 것이 제대로 된 것 같았다. 아마사는 너무나 쉽게 잊혀졌다.

세바는 자신을 따르는 베냐민 사람들을 이끌고 북쪽으로 올라가고 있었다(삼하 20:14). 그는 이스라엘 모든 지파들을 방문하면서 자신의 반란을 지지하여줄 것을 열렬히 호소하였다. 하지만 피를 토하는 것 같은 세바의 외침에도 불구하고 기대만큼의 호응은 나타나지 않았다. 갑작스런 또 한 번의 반란 운동에 대해, 충동적으로 자신의 의견을 결정하기보다는 어느 정도 시간을 두고 생각하기를 원하는 사람들이 많았기 때문이다. 그렇지만 세바는 한가롭게 그들을 기다려줄 수 없었다. 진압군을 조직해서 내보낸 다윗의 조치가 생각보다 빨랐다. 그러므로 그는 가능한 빠른 시간 안에 요압의 군대에 대항하여 싸울 수 있는 반란군을 조직해야만 했다. 그는 한편으로는 사람을 모으고, 다른 한편으로는 요압을 피해 달아나면서 계속해서 북쪽으로 이동하였다. 조금씩이지만 반란에 참여하는 사람들이 늘어나는 가운데, 마침내 세바와 그의 지지자들은 납달리 지파의 한 도시 벧마아가-아벨에 이르렀다. 아벨 벧마아가(왕상 15:20; 왕하 15:29) 혹은 아벨 마임(대하 16:4)이라고도 불리는 이 성은 훌레 호수의 북북서쪽, 단의 왼편 가까이에 위치해 있어서 이스라엘 땅의 북쪽 끝이라 할 수 있는데, 그 지역에서 정치와 문화의 중심이 되는 도시로서 어머니 성이라고 여겨졌다(삼하 20:19). 또한 지혜로운 사람들이 많이 살고 있었으므로, 이스라엘 사람들은 문제가 생길 때 이 성에 와서 자문을 구하는 관습이 있었다.

하지만 세바가 미처 군대를 정비하기도 전에 요압이 그 성에 도착했다. 요압은 세바보다 여러 날 늦게 출발했지만, 다른 일에 시간을 낭비하지 않고 추격에만 힘을 쏟았기 때문에 바짝 따라붙을 수 있었다. 사실 요압은 이와 같은 전쟁에 있어서 최고의 경험과 능력을 갖춘 야전사령관이었다. 그는 세바를 더 이상 도망할 곳이 없도록 이스라엘 영토의 북쪽 끝까지 몰아붙였고, 결국 성벽이 있는 성 안으로 들어가 갇히게 만들었다. 그리고 그는 일단 그 성을 포위한 뒤에, 성벽 주변에 흙으로 경사로를 쌓아서 성벽과 높이를 같게 만들었다. 이제 요압의 명령이 떨어지기만 하면 병사들은 성벽의 취약한 곳을 무너뜨리면서, 화살을 퍼붓고, 그 안으로 뛰어 들어갈 것이다. 요압의 군사들이 조금의 머뭇거림도 없이 잘 훈련된 모습으로 작전을 수행하는 것을 보고 있던 세바와 그의 사람들 사이에 공포가 순식간에 자리 잡았다. 그들은 고립무원의 신세가 되어 꼼짝도 못하고 죽을 수밖에 없다는 것을 깨달았다. 얼마 전 반란의 기치를 들 때의 위풍당당함은 어디론가 흔적도 없이 사라지고, 절망과 탄식, 뼈저린 후회만 남았다. 그리고 얼떨결에 세바의 무리를 성 안으로 받아들였던 벧마아가-아벨 성의 주민들도 자신들의 운명이 태풍 앞의 등잔불 같다는 것을 알게 되었다. 그들의 눈에 요압은 어떤 협상의 여지도 없이 성을 파괴하고 그 주민들을 몰살하려고 하는 듯 보였다. 사실 적군을 살려두지 않는 요압의 잔인함은 이미 널리 알려져 있었다. 다윗과는 적이 되어도 요압의 적이 되지는 말아야 한다고 생각할 정도로 사람들은 그를 두려워했다.

이 때 그 성읍의 지혜로운 여자 한 사람이 소리쳐서 요압을 불러 말했다. "나는 성읍의 다른 주민들과 함께 평화롭고 성실하게 사는 사람이니, 당신의 공격을 받아야 할 이유가 없습니다. 그런데 요압이여, 왜 당신은 이 크고 좋은 성읍, 지혜로 사람들의 존경을 받고 있는 성읍을 파괴하려합니까?" 여인이 그 성읍의 지혜로움을 요압에게 상기시킨 것은 협상을 원한다는 것을 암시하는 행동이었다. 그곳의 주민들은 실속이 없고 명분도 없는 반란에 참여했다는 누명을 뒤집어쓰고 허무하게 희생될 만큼, 상황을 깨닫지 못하는 어리석은 사람들이 아니었다. 그리고 만일 요압이 그성읍을 파괴하면 이스라엘에서 존경받는 성읍을 파괴하고 평화를 사랑하는 주민을 학살한 잔인무도한 사람이라는 오명을 뒤집어 쓸 것이다. 요압은 여인의 설득하는 말이 내심 반가웠다. 그라고 해서 같은 동족을 살육하는 것이 좋을 수 없었기 때문이다. 요압은 자신이 원하는 것은 반란의 주동자인 세바를 죽이는 것이며, 만일 그 사람만 넘겨준다면 즉시 떠나가겠다고 대답해주었다.

여인은 곧장 성읍의 주민들에게 가서 지혜롭게 설득했다. 한 사람이 죽으면 모든 사람이 살아날 수 있다. 이미 벧마아가-아벨 성읍 주민들의 마음속에는 자신들을 이토록 위험하게 만든 세바에 대한 원망과 증오가 가득했으므로, 그들을 설득하는 일에는 어려움이 없었다. 심지어 세바의 부하들도 그 여인의 말에 동조하였다. 사실 이들은 다윗에 대한 미움 때문에 반란군이 되었지만, 그들을 이끄는 세바에 대한 충성심을 강하게 갖고 있지는 않았다. 성읍이 포위된 상태에서 요압의 군대가 자신들을 죽일 것이라는 큰 위기감이 닥치자, 사태가 이렇게 되도록 이끈 세바에 대한 실망과 함께 자신들의 시도가 애초에 불가능했다는 것을 마침내 깨닫고 있었다. 그리고 어떻게 하면 세바의 곁을 떠나서 목숨을 보전할까 생각하던 중이었다. 이러다가 여인의 말을 듣게 되자, 그들은 곧바로 세바를 향해 칼끝을 돌렸다. 그리고 성읍의 주민들과 함께 세바를 붙잡아, 그의 머리를 잘라서 성벽 너머에 있는 요압에게로 던져버렸다. 세바는 한마디 변명이나 대꾸도 해보지 못하고 죽임을 당했다. 요압은 약속한 대로 뿔나팔을 불어 전쟁이 끝났음을 선포한 뒤 예루살렘으로 귀환했는데, 그것을 본 반란군은 뿔뿔이 흩어져서 각기 고향으로 돌아갔다.

🛅 다윗의 2차 정부(삼하 20:23-26)

다윗은 이후 자신의 정부를 재조직하였다. 이것은 초기의 구성과 큰 차이가 없었다(삼하 8:16-18 참고). 가장 중요한 인물은 요압이었다. 요압은 압살롬을 죽인 후 다윗의 미움을 받아 한 동안 축출되었었다. 그러나 세바의 반란을 진압한 공을 세웠기 때문에 다윗으로서는 울면서도 겨자를 먹어야 하는 것처럼 다시 그를 총사령관으로 임명할 수밖에 없었다. 동시에 이와 같은 임명은 요압에게 든든한 인맥과 군부를 중심으로 하는 강력한 지지 세력이 있었기 때문이기도 하다. 또 다른 인물인 아도람 혹은 아도니람은 초기 정부에서는 등장하지 않았던 인물이다. 그는 다윗의 정부에 영입된 젊은 층을 대표하는 사람이었다. 그는 솔로몬의 시대에도 노역 감독 관으로 활동하였다(왕상 4:6; 5:14). 솔로몬이 죽었을 때, 여로보암이 등장하여 북이스라엘 왕국을 세우려했다. 그 때 왕국의 분열을 막기 위해 르호보암이 협상 사절을 여로보암에게 보내었는데, 그 사람이 바로 이 아도니람이었다(왕상 12:18). 그러나 아도니람은 협상을 위한 사절로서는 부적합했다. 왜냐하면 그는 다윗 말기부터 시작하여 솔로몬 시대를 거치는 동안, 다윗 가문의 수족처럼 활동한 사람으로서 여로보암 측의 사람들에게서 가장 큰 미움을 받고 있었기 때문이다. 아도니람은 협상을 시도해보지도 못한 채, 여로보암의 사람들에게 죽임을 당해야 했다. 이와 같이 다윗의 정부가 새로이 구성되면서 나라는 안정을 얻어가는 것처럼 보였다.

10
인구조사와
아라우나의 타작마당
(삼하 24:1-25)

10. 인구조사와 아라우나의 타작마당

(삼하 24:1-25)

🔔 인구조사(삼하 24:1-9)

하지만 연속되는 두 번의 반란은 왕국의 힘을 크게 약화시켰다. 백성들은 한편으로는 여러 이익 집단 혹은 혈연 집단으로 분열되었고, 다른 한편으로는 더 이상 다윗을 신뢰하지 않으려 했다. 하지만 다윗은 이와 같은 상황을 그나마 다행이라고 생각하였다. 다윗은 세바의 반란이 생각보다 쉽게 진압이 되었다는 것에 대해 어느 정도 자신감을 얻을 수 있었다. 백성들이 세바를 강력하게 후원하지 않았다는 것은 그들이 앞으로 자신을 지지할 것이라는 가능성으로 받아들였다. 그러나 마음을 놓고 있을 수만은 없었다. 그는 세바의 뒤를 잇는 새로운 반란의 불씨를 제거하고, 백성들의 마음을 강하게 붙잡기 위해 특단의 조처가 필요하다고 인식했다. 어린 후계자 솔로몬을 위해서라도 나라를 안정시켜야 했다. 솔로몬의 즉위 이후를 걱정하는 밧세바가 다윗을 괴롭히면서 그로 하여금 성급한 결정을 내리도록 만들었다.

결국 마음을 정한 다윗은 요압과 백성의 지도자들을 불러다가 브엘세바로부터 단에 이르기까지 이스라엘의 모든 인구를 조사하여 보고하라고 명령했다. 사실 다윗이 이러한 방법을 착안한 것은 하나님께서 다윗을 시험하시려고 사탄의 부추김을 받게 하셨기 때문이었다(삼하 24:1; 대상 21:1). 하나님은 다윗의 이전 죄에 대하여 진노를 완전히 쏟으셨던 것이 아니었다. 성경은 그 죄가 무엇인지 명확하게 말하지 않으나 밧세바와 우리야 사건일 것으로 추측할 수 있다. 그러므로 또 한 번 진노하셔서, 다윗으로 하여금 시험받게 하셨다(삼하 24:1). 이와 같은 때에 다윗은 나라의 총체적 혼란에 대한 책임을 지고, 스스로의 죄를 통회하며 하나님의 은혜를 간절히 구해야 했다. 그것이 하나님의 시험을 겪는 경건한 성도의 모습이다. 그러나 그는 하나님의 은혜를 구하기보다 강압적 방법을 사용해서라도 국가를 재정비하는 것이 더 시급하다고 판단했다. 그는 흔들리는 민심을 수습하고 자신의 권세를 더욱 견고하게 만들 뿐만 아니라, 자신의 뒤를 이어 왕이 될 솔로몬에게 강력한 나라를 넘겨주어야 한다는 생각에 사로잡혔다. 다윗 생각에 솔로몬은 어리고 연약했다. 그러므로 그에게 나라를 물려주려면 지금처럼 불안한 상태가 아니라, 지금 보다 훨씬 잘 조직되고 통제된 상태에서 나라를 물려주어야 한다고 여겼다. 이처럼 인구조사는 그동안 지파 중심으로 느슨하게 운영되던 사회를 국가가 통제하는 강력한 군사조직으로 전환시키려는 혁명적인 시도였다. 이러한 시도의 중심에는 보다 강한 왕권을 형성하려는 다윗의 욕망이 숨어있었다.

　다윗으로부터 인구 조사의 명령을 받은 요압은 그 명령에 숨겨져 있는 다윗의 욕심을 단번에 알아차렸다. 다윗은 이 인구 조사를 통해서 자기 왕권을 강화하면서, 동시에 아들 솔로몬을 위해 나라를 재조직하려는 의도를 갖고 있었다. 밧세바가 그 일의 배후에 있었을 가능성이 크다. 그리고 이 과정 가운데 솔로몬을 반대하는 사람들은 힘을 잃게 될 것이다. 요압은 다윗에게 "왕국의 부강함은 하나님의 은혜로 주어진다."라고 말하면서, 성급히 욕심 내지 말고 겸손한 마음으로 하나님의 인도하심에 순종하라고 충고했다. 민심과는 상관없이 백성을 강제적으로 왕궁의 지배하에 두려고 하는 다윗의 시도는 큰 반발을 일으킬 수도 있다. 요압의 관점에서 보면, 지금은 백성을 통제할 때가 아니라, 그들의 호감을 사고 지지를 얻기 위해 노력할 때였다. 더욱이 다윗의 명령이 하나님을 위한 것이 아니라, 다윗 개인의 권력욕이나 솔로몬에 대한 맹목적 편애에서부터 나왔다는 것이 눈에 분명히 보였다. 특히 요압은 국가를 위기에 몰아넣은 당사자인 밧세바의 아들 솔로몬이 다음 왕이 되는 것에 대해 부정적인 태도를 갖고 있었으므로, 다윗의 이와 같은 시도가 더욱 마음에 들지 않았다.

그러나 한번 욕망에 사로잡힌 다윗은 이성과 신앙을 되찾지 못했다. 다윗이 완고한 태도로 자신의 명령을 고집하자, 요압과 다른 사령관들에게는 선택의 여지가 없게 되었다. 요압은 부하 장수들과 함께 먼저 요단 동편 르우벤과 갓 지파의 땅부터 시작하여 북쪽으로 올라가 길르앗의 인구를 조사했고, 시돈 주변까지 올라간 다음 방향을 돌려 두로를 거쳐 갈릴리 호수 주변을 조사했으며 요단강 서편으로 내려오면서 유다 산지와 네게브의 브엘세바에 이르기까지 인구를 조사했다. 이 일은 단순히 숫자를 파악하는 것이 아니라 사회 구조를 새로운 질서로 짜 맞추는 작업이었으므로 오랜 시간이 소요되었는데, 시작한지 9개월 20일이 지나서야 비로소 끝나게 되었다. 요압이 적극적으로 나서지 않았기 때문에 시간이 더욱 늦어졌을 뿐만 아니라, 다윗이 바라는 것만큼 백성에 대한 왕궁의 지배가 확실하게 성취되지도 않았다. 그 후 요압이 다윗에게 최종적으로 보고한 인구의 수는 유다 지파가 50만이었고, 나머지 다른 지파들이 80만이었다. [역대기의 기록은 유다 지파 47만 명과 이스라엘 110만 명을 제시한다(대상 21:5).] 이 통계에는 레위 지파와 베냐민 지파가 빠져 있었다. 왜냐하면 요압이 그 두 지파의 인구를 조사하지 않았기 때문이다. 레위 지파는 하나님께 속하여서 왕에 대한 어떠한 의무도 떠맡지 않기 때문에 당연히 계수되지 않아야 했다. 그리고 베냐민 지파는 다윗에 대하여 가장 강하게 반발하고 있었기 때문에, 요압으로서는 비난과 공격을 받으면서까지 구태여 그들을 계수하려는 마음이 딱히 없었을 것이다.

🔔 하나님의 징계(삼하 24:10-25)

인구 조사가 끝난 뒤 다윗은 비로소 자신의 잘못을 깨달았다. 다윗은 하나님을 신뢰하지 못했다. 다윗은 하나님께서 왕이시라는 것을 잊어버렸다. 나라의 번영을 성취하고 보존하기 위해서 하나님의 은혜를 구하려 하기보다 백성을 왕의 직접적인 통제 아래에 두려고 했다. 사람의 눈에는 항상 이러한 방식이 더 확실하고 효율적인 것처럼 보이지만, 하나님께서 원하시는 방식은 아니다. 사실상 고대 왕들은 언제나 "강한 권력"이라는 환상에 사로잡혀 있었다. 설득과 협상이라는 복잡한 과정보다는 단순명쾌한 수직적 명령하달체계가 갖고 있는 달콤한 맛에 중독되기 쉽다. 왕들은 민의가 어디에 있느냐 라는 질문은 중요하지 않다고 생각한다. 그 대신 그들은 무엇이 옳은가 혹은 무엇이 더 효율적이냐 하는 질문이 더 중요하다고 말한다. 하지만 그들에게 옳다는 것은 단지 그들의 관점에서 옳은 것일 뿐이다. 바리새인은 자신이 하나님의 편에서 그분의 뜻을 대변하고 있다는 확신가운데, 안식일 규정을 지키는 것이 옳다고 말했다. 그러나 예수께서는 사람을 구하는 것이 옳다고 말씀하셨다. 고대의 왕들도 나라가 번영해야만 백성이 안전하고 풍요롭게 살 수 있으니, 일단 백성의 희생을 다소 감수하고서라도 나라를 부강하게 만들어야 하지 않느냐고 말했다. 먼저 국가를 위하면 그것이 결국엔 개인을 위하는 길이 된다는 확신을 갖고서 그것이 옳다고 말한다. 그러나 그것이 과연 옳을까?

다윗은 마음의 가책을 받았다(삼하 24:10). 가책을 받았다는 표현은 여기 외에는 구약에서 단지 삼상 24:6에만 등장한다. 과거 사울이 발을 가리기 위해 굴에 들어갔을 때, 다윗은 몰래 그의 옷자락을 칼로 베었다. 그 순간 다윗은 자신이 기름부음 받은 자의 옷을 벤 것에 대해 마음의 가책을 받았다. 이와 같이 다윗은 마음이 완고한 사람이 아니라, 죄에 대해서 민감하게 반응하는 양심을 가진 사람이었다. 시편에서 그는 자기 안에 깨끗한 마음을 창조하여 주시기를 하나님께 기도한다(시 51:10). 인구를 조사한 일 때문에 마음의 가책을 받은 다윗은 자신을 용서해주시기를 여호와께 기도했다. 기도를 통해 다윗은 자신이 크게 죄를 지었고, 크게 어리석었다고 말한다. 욕심은 흔히 냉철한 이성, 신앙과 양심의 지배를 받는 이성을 잃게 만들어서 원하는 것과 옳은 것 사이를 구분할 수 없는 어리석은 사람이 되게 한다. 또한 그의 어리석음은 마침내 그를 죄의 어두운 길로 인도한다.

다음 날 아침 하나님께서 갓 선지자를 통해서 다윗에게 말씀하셨다. 여기서 갓은 다윗의 선견자("보는 사람")로 소개된다. 선견자는 선지자를 가리키는 또 다른 말인데, 선지자가 꿈이나 환상을 봄으로써 하나님의 계시를 받을 수 있다는 것을 의미하는 칭호다. 갓은 다윗이 사울에게 쫓겨서 도피 생활을 할 때부터 이미 다윗과 함께 있으면서 그의 충실한 조언자 역할을 담당했다(삼상 22:5). 그 때 갓은 다윗에게 모압 땅에 머물지 말고, 유다 땅으로 들어가야 한다고 충고했다. 당시 다윗은 사울의 무서운 위협에서부터 자기 목숨을 보전할 수 있는 유일한 길이 모압 땅에서 이방인 왕의 보호를 받는 것이라고 생각하고 있었다. 그런 다윗에게 목숨보다 더 중요한 것이 있다는 것을 알려주면서, 하나님을 의지하고 유다 땅으로 들어가라는 지극히 직설적인 고언(苦言)을 베풀었다. 그 후 갓은 한 동안 성경에 등장하지 않았지만, 다윗의 통치 말기인 이 때 등장하여 왕에게 하나님의 심판 메시지를 전하고 있다. 아부하는 달콤한 소리 대신 책망의 쓴 소리를 전할 수 있는 갓과 같은 충실한 하나님의 선지자가 다윗에게 있었다는 것은 그가 누리는 많은 복들 중에서도 가장 좋은 복이다. 그리고 다윗이 이와 같은 복을 누릴 수 있는 것은 어떤 비난의 말이라도 그 속에 진심이 담겨있다면 열린 마음으로 받아들일 수 있는 다윗 자신의 겸손함 때문일 것이다.

하나님은 자신의 잘못을 깨닫고 자책하고 있는 다윗을 용서하실 것이다. 그러나 다윗은 하나님께서 제시하시는 세 가지 종류의 벌들 중에서 하나를 택하여야 한다. 7년[혹은 3년, 대상 21:12] 동안 기근이 드는 것, 다윗 자신이 원수들에게 3개월 동안 쫓겨 다니는 것, 혹은 3일 동안 전염병이 도는 것이 하나님께서 제시하는 세 가지 벌들이다. 이것들은 다윗 개인에게도 시련이 되지만, 이스라엘 민족 전체의 시련이기도 하다. 지도자의 잘못은 공동체의 고난으로 이어진다. 다윗은 이 세 가지 중에서 무엇을 택할 것인지 구체적으로 정하지 못했다. 그는 단지 사람들에 의해 괴로움을 겪는 것보다는 자비로우신 하나님으로부터 직접 징계 받는 것을 원했다. 다윗은 비록 자신이 하나님께 죄를 지었고 그 때문에 벌을 받아야 하지만, 징계를 받는 가운데서도 하나님의 손아래 있기를 원했다. 하나님께서 지금 비록 징계를 주신다고 할지라도, 그분은 언제나 자신의 편이라는 것을 믿었기 때문이다. 만일 성도가 죄에 대한 고통스런 형벌을 받을 때조차도 하나님의 손아래 있기를 원한다면, 그는 언제든 하나님의 자비로운 용서와 은혜를 얻을 수 있을 것이다. 하나님께서는 다윗이 이와 같은 마음을 품은 것에 대해 기뻐하셨다. 그러므로 다윗이 3개월 동안 자신의 원수들에게 쫓겨 도망 다니지 않게 하셨다. 또한 7년 동안 기근을 내리지도 않으셨다. 왜냐하면 오랜 세월 기근을 겪게 되면, 호시탐탐 기회를 노리고 있는 사방의 이방 민족들에 의해 이스라엘이 침략을 받아야 할 것이기 때문이다. 이것은 결국 사람의 손에 떨어지는 것과 같다. 다윗의 진실한 참회와 끝까지 하나님을 의지하려는 그 마음의 간절함을 보신 하나님께서는 그의 요청을 받아들이시고, 3일 동안 전염병을 보내어 그를 징계하시기로 결정하셨다.

여호와께서 그날 아침부터 정한 때까지 전염병을 이스라엘 가운데 보내셨다(삼하 24:15). 여기서 "정한 때"라는 것은 저녁 제사드릴 때를 가리킨다. 원래 하나님께서는 다윗에게 3일 간의 전염병에 대해 말씀하셨다. 그렇다고 할지라도 3일을 다 채우고 난 후 저녁 제사드릴 때를 말하지는 않을 것이다. 둘째 날일 가능성이 없지는 않지만, 아마도 첫째 날의 정한 때, 즉 저녁 제사드릴 때에 해당할 것이다. 그리고 그 짧은 시간 동안 북쪽 끝인 단에서 남쪽 끝인 브엘세바까지 이스라엘 온 땅에서 모두 7만 명의 사람들이 죽었다. 여호와께서는 이스라엘에 고통이 심한 것을 보시고, 재앙 내리신 것을 뉘우치셨다(삼하 24:16//대상 21:15). "뉘우치다"라는 말은 잘못이나 실수를 깨닫고 가책을 느끼는 것을 뜻한다. 창조주이시며 전지전능 하신 하나님께서는 실수가 없으신 분이시며, 그분의 행동에는 결코 잘못이 있을 수 없다. 그러나 여기서 하나님께서 뉘우치셨다는 표현은 성경신학에서 말하는 소위 "신인동형동성론"이라는 것에 해당한다. 이는 하나님의 마음을 잘 전달하기 위해 마치 하나님과 사람이 같은 성품이나 같은 육체를 갖고 있는 것처럼 가정하는 방법이다. 그러므로 하나님께서 뉘우치셨다는 말에서 하나님 편에 어떤 잘못이나 실수가 있다는 의미를 찾지 말아야 한다. 이것은 단지 자신이 내린 무서운 재앙으로 인해 이스라엘 백성들이 고통스러워하는 것을 매우 안타까워하시는 하나님의 마음을 표현할 뿐이다.

하나님의 자녀가 죄를 지으면 하나님께서는 그에게 고난을 주셔서 그로 하여금 자신의 잘못을 깨달아 회개에 이를 수 있는 기회를 주신다. 고난을 겪는 사람은 고통 속에서 울부짖는다. 이 때 하나님께서는 그의 고통을 보시고 가슴 아파 하신다. 조금이라도 빨리 그의 고통을 없애주시려고 안절부절 하신다. 수술실에 들어가는 어린 아기도 고통스럽겠지만, 그 광경을 지켜봐야 하는 어머니의 심정도 그 이상으로 고통스럽다. 이처럼 마땅히 받아야 하는 고난을 겪는 죄인보다도 하나님께서 오히려 더 안타까워하시면서, 그 죄인이 회개하기를 기다리신다. 이 때 죄인은 회개할 수도 있고, 회개하지 않을 수도 있다. 회개를 하든, 혹은 하지 않든지 그는 괴로움으로 울부짖는다. 회개를 한다면 하나님께서는 즉시 그의 고난을 제거하실 것이다. 회개를 하지 않는다면, 하나님께서는 "다음 기회에"라고 말씀하시면서, 그의 고난을 제거하실 것이다. 다시 말해서 하나님은 그 죄인이 다음번 고난을 받을 때에는 회개하겠지 하고 기대하시면서 일단 이번의 고난은 제거하신다. 왜냐하면 그분은 자기 자녀의 아픔을 더 이상 지켜볼 수 없으시기 때문이다. 그러므로 흔히 하나님께서는 미리 정해두신 형벌의 양을 모두 채우지 못하신다. 하나님은 "뉘우치시고" 징계를 중단하시기 때문이다.

그러므로 하나님께서는 아직 3일이 되지 않았지만 재앙을 내리는 천사에게 손을 거두라고 말씀하셨는데, 그 때 그 천사는 여부스 사람 아라우나(= 오르난)의 타작마당에 있었다. 다윗은 왕궁에서 장로들과 함께 굵은 베옷을 입고서 백성들이 겪는 끔찍한 재앙에 대해 애통해 하면서 그 대책에 대하여 고민하고 있었다. 그러다가 왕궁의 북편 아라우나의 타작마당이 있는 곳에 여호와의 천사가 하늘과 땅 사이에 서서 칼을 뽑아 손에 들고 예루살렘을 향해 그 칼끝을 향하고 있는 것을 보았다. 다윗은 장로들과 함께 얼굴을 땅에 대고 통회자복하며 하나님께 간절하게 기도하였다. "제가 잘못하였습니다. 이 양들에게는 아무런 죄가 없습니다. 차라리 저와 제 집에 재앙을 내리십시오." 이스라엘 백성이 질병으로 죽어가는 것을 보시며 안타까워서, 더 이상 재앙을 내리지 못하고 중단하셔야만 했던 하나님께서는 다윗의 진실한 회개의 기도에 감동하셨다. 그리고 선지자 갓을 통하여 다윗에게 아라우나의 타작마당으로 올라가서 여호와께 제사를 드리도록 명령하셨다. 이것은 뜻을 돌이키신 하나님께서 이스라엘 백성이 재앙에서부터 벗어날 수 있는 방법을 다윗에게 제시하신 것이었다. 다윗은 신하들과 함께 아라우나의 타작마당으로 올라갔다. 이때 아라우나는 밀을 타작하다가 재앙을 내리는 천사를 보고 두려워서 그의 네 아들들과 함께 숨어있었다.

아라우나는 다윗이 신하들과 함께 오는 것을 보고 숨어있던 곳에서 나와 엎드려 절했다. 다윗은 아라우나에게 그의 땅을 사겠다고 제안하면서, 그곳에 여호와께 제단을 쌓아 제사를 드림으로써 백성들에게 내리는 재앙을 멈추게 하고 싶다고 말했다. 그러자 아라우나는 다윗이 원하는 바가 진실하다는 것을 알고서, 그에게 자신의 땅을 무상으로 주겠다고 대답했다. 그리고 희생 제물이 될 소와 그 제물을 태우기 위해 땔감으로 사용할 나무들도 같이 제공하겠다고 말하고, 다윗 왕이 여호와의 은혜를 받을 수 있기를 빌어주었다. 사실 다윗이 원하는 바는 아라우나 자신이 원하는 바와 같았다. 아라우나 역시 재앙의 천사가 칼을 뺴든 것을 보고서, 두려워 숨어 있던 중이었다. 그러므로 그는 다윗의 말을 들었을 때 자신과 가족의 구원을 위해서라도 제단의 예배에 참여하고 싶었다. 아라우나의 이와 같은 말은 다윗의 마음을 기쁘게 하였을 것이다. 하지만 다윗은 아라우나의 활수(猾手) 좋은 제안을 정중하게 거절하였다. 이 모든 일에 대하여 근원적인 책임을 지고 있는 사람은 다름 아니라 다윗 자신이기 때문이다. 제단을 쌓고 제사를 드리는 것은 다윗이 해야 할 일이며, 그렇기 때문에 하나님께서도 직접 다윗에게 그 일을 명령하셨다. 다윗은 자신이 해야 할 일, 즉 하나님께 대한 자신의 의무에 아라우나가 참여하지 못하게 막아야 했다. 그는 "내가 값없이는 여호와께 제사를 드리지 않겠다." 하고 말하며 제사에 필요한 모든 것에 대하여 값을 넉넉하게 지불하고자 했다. 먼저 다윗은 은 50세겔을 주고 소와 땔감 나무뿐만 아니라 아라우나의 타작마당까지 샀다.

　하나님께서는 단지 제단을 쌓아서 제사를 드리라고만 말씀하시고, 땅에 대해서는 언급하지 않으셨다. 그러나 다윗은 제단을 쌓으려면 땅까지 사야하는 것이 마땅하다고 생각했다. 왜냐하면 다윗은 일시적인 일회용 제단을 생각한 것이 아니라, 영구적인 제단을 생각했기 때문이다. 은 50 세겔은 제단을 쌓기 위해 당장 필요한 땅과 제물을 사기 위해 지불한 돈이었다(삼하 24:24). 다윗은 자신이 값을 주고 산 아라우나의 타작마당에 제단을 쌓고, 자신의 죄를 용서하여 주시기를 구하는 간절한 기도와 함께 번제와 화목제를 여호와께 드렸다. 그 순간 여호와께서 하늘에서부터 제단 위에 불을 내려 응답하셨다(대상 21:26). 여호와께서 천사에게 명령하셔서 그의 칼을 칼집에 다시 넣게 하셨으므로 이스라엘 위에 내리던 재앙이 마침내 그치게 되었다. 7만 명의 사람들을 죽게 만들었던 하나님의 무서운 분노가 다윗의 진실한 예배를 통하여 사라지고, 고통 받는 이스라엘 백성들을 향한 하나님의 자비만 남게 되었다.

　한편 비록 나이가 많이 들었음에도 불구하고 여전히 청년 때와 같이 하나님을 위한 열심을 갖고 있던 다윗은 민족적인 대 위기의 순간에 오히려 하나님을 영화롭게 하는 방법을 발견할 수 있었다. 자신이 세운 제단 위에 여호와께서 불로써 응답하시는 것을 보는 순간, 그는 "이곳이 바로 여호와 하나님의 전이고, 이곳이 이스라엘의 번제단이다(대상 22:1)."라고 외쳤다. 다윗은 성전을 세우려는 자신의 꿈을 다시금 확인하였다. 재난이 끝나고 나라가 안정을 되찾았을 때, 그는 아예 금 6 kg (600 세겔, 금 1 세겔 늑 은 12 세겔)을 지불하고 아라우나로부터 주변의 모든 땅을 구입했다. 그리고 그것을 앞으로 그의 아들 솔로몬이 건축할 성전을 위한 땅으로 삼았다(대상 21:25). 이후 다윗은 성전 건축을 준비하는 일에 자신의 여생을 바쳤다. 그는 먼저 이스라엘 땅에 거주하는 이방인들을 소집하여 건축에 필요한 노동을 담당하게 하였는데, 우선 그들을 시켜서 석재를 다듬게 하였다. 그리고 두로와 시돈에서부터 많은 백향목을 운반해 왔다. 그 외에도 금과 은과 놋과 철, 그리고 목재와 마노와 각종 보석과 대리석을 많이 준비하였다. 그는 개인적으로 소유하고 있던 금과 은도 여호와께 드렸는데, 그 양이 무려 금 90톤과 은 70톤에 달했다(대상 29:4). 성전에서 섬길 레위인들과 제사장들을 그들의 족속과 가족에 따라 조직하고 그들에게 직무를 맡겼다. 또한 그는 기회 있을 때마다 솔로몬에게 성전 건축을 당부하였고, 자신이 하나님의 계시에 따라 만든 성전의 설계도를 그에게 전해 주었다.

11
솔로몬의 즉위
(왕상 1:1-53)

11. 솔로몬의 즉위

(왕상 1:1-53)

🏺 아도니야의 반란(왕상 1:1-10)

이제 다윗이 늙어 기력이 쇠잔해졌다. 연이은 고난이 다윗의 늙음을 재촉한 바 있었다. 신하들은 수넴 출신으로서 온 나라에서 가장 아름다운 처녀인 아비삭을 데려다가 다윗을 시중들게 하였다. 밧세바도 다윗의 갑작스런 죽음을 바라지 않았기에 아비삭을 받아들였다. 아비삭은 다윗을 돌보면서, 그가 침대에 누워 있을 때는 그의 몸을 따뜻하게 하는 역할을 맡았다. 노인인 다윗의 몸이 갑자기 식어서 그가 세상을 떠나지 않도록 하는 일종의 안전 대비책이었다. 이 때 또 한 번의 위기가 다윗에게 닥쳐왔다.

다윗에게는 헤브론에서 태어난 6명의 아들들이 있었다(삼하 3:2-5). 이들 중 첫째인 암논은 압살롬에 의해 일찍이 죽임을 당했다. 둘째인 길르압은 성경에서 거의 등장하지 않는 인물이다. 그는 아마도 어렸을 때 죽었거나, 혹은 어떤 이유에서든지 왕위계승과 무관한 삶을 살았을 것이다. 셋째인 압살롬은 부왕을 대적하여 반란을 일으켰다가 전쟁터에서 요압과 그의 부하들에 의해 죽임을 당했었다. 그리고 넷째 아들은 아도니야인데, 다윗의 아들들 중에서 왕위 계승의 1순위에 해당하는 인물이었다.

한편 다윗은 어렸을 때 부친과 형제들의 신뢰를 받지 못했었는데, 그것이 자신에게 깊은 마음의 상처를 남겼다. 그래서 다윗은 가능하면 자기 자녀들을 신뢰하고 인정해주려고 노력했다. 그와 같은 다윗의 성벽(性癖) 때문일까? 이유를 알 수는 없지만, 다윗은 아도니야가 어렸을 때부터 지금까지 "네가 왜 이렇게 하였느냐?"하고 그를 책망해 본 적이 없었다(왕상 1:6). 사실 성경은 자녀에게 매를 아끼지 말라고 가르친다. "매를 아끼는 사람은 자식을 미워하는 자이고, 자식을 사랑하는 사람은 징계를 게을리 하지 않는다(잠 13:24)." 그러므로 다윗이 자녀를 책망하거나 징계하지 못하였다는 점에서 좋은 부모가 아니었다고 생각해 볼 수 있다. 그러나 달리 생각한다면, 아도니야가 다윗의 책망을 받을만한 심각한 잘못을 행한 적이 없었다고도 할 수 있다. 전자의 경우 보다는 후자의 경우에 더 해당할 것이다. 그 정도로 아도니야는 어렸을 때부터 부왕 다윗의 사랑과 신뢰를 받는 아들이었다. 그는 용모도 매우 준수하였는데, 사람들에게 인기가 좋았다. 압살롬이 죽은 이후 다윗은 자신의 아들들 중에서 아도니야를 가장 총애하고 그에게서 위로를 받았다.

한편 다윗은 밧세바에게 그녀의 아들 솔로몬을 자신의 후계자로 삼겠다고 약속했던 적이 있었다. 하지만 아직까지 그것은 다윗과 밧세바 사이에 있었던 개인적인 약속에 지나지 않았다. 어떤 이유에서인지 다윗은 공개적인 자리에서 솔로몬을 후계자로 임명하거나 선포하지 않았다. 이와 같은 다윗의 미온적인 태도가 신하들 사이에 갈등을 불러일으켰고, 다윗의 후계자로 누구를 지지하느냐에 따라서 왕궁 안에 두 개의 큰 파벌이 나타나게 되었다. 하나의 파벌은 솔로몬을 지지하는 사람들로 구성되었다. 그런데 다윗이 밧세바에게 한 약속을 모르거나 가볍게 생각하는 사람들이나 혹은 솔로몬을 좋아하지 않는 사람들은 아도니야를 후계자로 지지하면서, 다른 한 파벌을 형성했다. 아도니야는 다윗의 총애를 받을 뿐만 아니라, 신하들이 보기에 왕으로서 훌륭한 재능과 인격을 갖추었고, 백성의 사랑을 받는 것으로 생각되었기 때문이다.

실제로 아도니야는 자기 형 압살롬이 죽은 후, 이제 아버지의 뒤를 이어 왕이 될 사람은 자신밖에 없다고 생각했다. 비록 압살롬은 부왕의 지지를 얻는데 실패했지만, 자신은 기어코 원하는 바를 이룰 것이다. 무엇보다 그에게는 강력한 원군이 있었는데, 군대 사령관 요압과 제사장 아비아달이었다. 이 두 사람은 처음부터 아도니야 편에 서서 그를 도와주는 후견인이요 조언자 역할을 하고 있었다. 아도니야는 나이 많아 거동이 불편한 부친을 날마다 방문하여 달콤한 간식거리와 재미있는 대화로 그를 즐겁게 해주면서 그의 마음을 얻으려고 노력했다. 자신이 찾아와 주는 것을 부친이 매우 좋아하는 것을 보면서 일이 잘되어간다고 생각했다. 그러는 사이에 다윗의 젊고 아름다운 첩 아비삭과도 친밀해졌다. 하지만 자신의 이러한 노력에도 불구하고 정작 후계자 임명에 대해서는 다윗이 계속 미적거리고 있었다. 마치 장난기 많은 아버지가 손에 든 맛있는 과자를 어린 아들에게 줄 듯 내밀었다가 아이가 좋아서 받으려 하면 매정하게 손을 뒤로 빼고, 조금 뒤 또 손을 내밀었다가 다시 뒤로 빼곤 하면서 아들의 애간장을 태우는 것 같았다. 마침내 아도니야는 이러한 상황이 계속되면, 자신도 형 압살롬처럼 버림받을 수 있다는 위기의식을 느꼈다.

아도니야는 부친이 스스로 마음을 결정하지 못한다면, 자신이 나서서 그의 마음이 결정될 수 있도록 도와야 한다고 생각했다. 그는 부친에게 자신의 힘과 결심을 과시하기 위해, 병거와 기마병과 오십 명의 호위병을 모았다(왕상 1:5). 그리고 군인들을 대동하고 다니면서, 혹시라도 자신을 반대하는 신하들이 있다면 노골적으로 그들을 위협하기도 했다. 얼마의 시간이 흐른 뒤, 드디어 때가 무르익었다고 판단하고, 자신의 지지자들을 모두 엔로겔 근처에 있는 한 큰 바위 둘레에 모이게 하였다. 거기서 자신을 다음 왕으로 추대하는 의식을 거행하기 위해서였다. 엔로겔은 예루살렘 남쪽, 기드론 골짜기와 '힌놈의 아들' 골짜기가 만나는 곳 바로 아래에 있는 샘인데, 현대에는 '욥의 우물'로도 알려져 있다. 이 자리에는 모든 왕자들이 큰 형인 아도니야를 지지하여 모였고, 유다 출신의 신하들이 모두 동참했다. 모인 사람들의 특징은 왕자들을 비롯하여 대부분 유다 지파에 속한다는 것이다. 요압이 그들의 후견인이며, 유다 지파와 가장 가까운 제사장인 아비아달이 고문이 되었다. 압살롬의 반란에 이어서 다시 한 번 유다 지파가 중심이 되어 세력을 형성하였는데, 이들은 헤브론 파라고 불릴 수 있었다. 왜냐하면 헤브론은 아도니야의 고향이면서, 요압과 아비아달 그리고 소집된 유다 지파 출신 신하들 모두 헤브론과 밀접한 관계가 있기 때문이다.

🕯 기름부음을 받은 솔로몬(왕상 1:11-40)

아도니야가 드러내놓고 유다 사람들을 중심으로 세력을 결집하고, 자신을 왕으로 옹립하는 순서를 밟아가는 것을 보는 반대 세력들은 초조한 나머지 어쩔 줄 몰랐다. 이 때 나단이 나섰다. 나단은 다윗이 예루살렘 왕궁에서 성전을 건축하려는 소원을 품었을 때 처음 등장하여 하나님의 말씀을 대언하였던 선지자다(삼하 7:2). 다윗이 밧세바와 우리야의 일로 큰 죄를 지었을 때, 신랄하게 그를 비판하며 하나님의 무서운 심판을 예언했던 돌직구의 선지자가 바로 나단이었다(삼하 12:1-14). 또한 그는 헤브론을 중심으로 하는 구 정치 세력과는 무관한 사람으로서, 예루살렘에 정치적 기반을 두고 있었으며, 예루살렘 파의 핵심 인물이었다. 나단이 나선 것은 자신이 한 때 다윗을 비난하게 만든 원인을 제공한 밧세바를 위해서는 아니었다. 그는 하나님을 위해서 나섰다. 그는 누구보다 하나님의 뜻을 잘 알고 있는 사람으로서, 자신이 직접 하나님으로부터 듣고, 다윗에게 들려주었던 언약의 말씀(삼하 7장)을 깊이 이해하고 있는 사람이었다. 하나님께서는 다윗에게 분명히 말씀하시기를 앞으로 태어날 너의 후손이 후계자가 될 것이라 하셨다(삼하 7:12). 그렇다면 다윗의 헤브론 시절에 이미 출생했던 아도니야는 결코 다윗의 후계자가 될 수 없다. 사실 그는 그 후계자가 솔로몬이라는 것을 이미 알고 있었다. 비록 자신이 왕에게서 직접 듣지는 못했지만 다윗이 밧세바에게 약속했던 바가 곧 하나님의 뜻이라는 것을 충분히 인식하고 있었기 때문이다.

나단은 밧세바에게 찾아가서 아도니야가 사실상 이미 왕이 되었는데, 다윗이 그 사실을 아직 모르고 있으니 서둘러 가서 다윗에게 그 사실을 알려주라고 했다. 만일 아도니야를 왕으로 추대하는 집회가 성공적으로 끝난다면, 솔로몬과 밧세바는 목숨을 빼앗길 가능성이 높다는 것을 지적해

주었다. 다급해진 밧세바는 그 즉시 다윗을 찾아 갔다. 왕의 침실에 들어
가니, 아비삭이 늙은 왕을 보살피고 있었다. 밧세바는 자신도 나이가 점점
많아져가는 처지여서 아비삭에게 자신이 해야 할 일을 맡겨놓았지만, 아
비삭의 젊음과 미모를 질투하는 한편 미워하는 마음이 생기지 않는 것은
아니었다. 다행스런 것은 다윗이 아비삭을 여인으로 대하지 않고, 여전히
자신을 유일한 사랑으로 여기고 아껴준다는 점이었다. 밧세바가 다윗에게
절한 뒤에, 자신을 보고 반가워하는 그에게 말했다. "왕이시여, 솔로몬이
왕의 후계자가 될 것이라고 말씀하지 않으셨습니까? 그런데 아도니야가
왕이 되었습니다. 모든 왕자들과 제사장 아비아달 그리고 군 사령관 요압
이 그를 지지하고 있습니다. 이제 저와 제 아들 솔로몬은 죄인이 되어 죽
을 것입니다." 다윗은 어려운 일이 모두 정리되고 나라가 안정되었다고 생
각하고 있었고, 자신 또한 건강이 예전과 달라서 왕궁의 돌아가는 일에 대
해 다소 무심한 면이 있었다.

그리고 요즘 다윗의 즐거움 중의 하나는 자신의 믿음직스런 아들 아도
니야가 맛있는 간식거리를 가지고 자주 찾아와서 대화의 상대가 되어주는
것이었다. 다윗은 아도니야의 말을 들으면서, 그가 왕위를 바라고 있다는
것을 알 수 있었다. 또 아도니야를 따르는 많은 사람들이 그와 운명을 같
이 하겠다고 뜻을 모으고 있다는 사실도 짐작하고 있었다. 비록 다윗이 마
음속으로는 솔로몬을 이미 후계자로 정해두고 있었지만, 공식적으로 그것
을 발표하지 못했던 것은 아도니야를 지지하는 신하들로부터의 반발을 염
려하는 마음도 있는 한편, 자신이 사랑하는 아들 아도니야에게 상처를 주
고 싶지 않았기 때문이다. 그는 아도니야의 마음을 이해할 수 있었고, 충

분히 공감하는 바도 있었다. 아도니야를 후계자로 세우고 싶은 마음도 없지 않았다. 하지만 안타깝게도 자신은 다음 왕을 솔로몬으로 정해두었고, 하나님께서도 그렇게 말씀하셨다. 다윗은 자신의 난처한 형편을 시간이 해결해 줄 것으로 생각했다. 좀 더 시간이 지나면, 그가 구태여 말을 하지 않더라도, 아도니야가 부친의 뜻이 확고하다는 것을 알게 될 것이다. 그러면 착한 아도니야는 아버지의 뜻에 순종하여 왕위 계승을 포기할 것이라고 믿었다. 적어도 그렇게 믿고 싶은 마음으로 여태껏 왕 후계자 선포를 미루어왔다. 그런데 아도니야가 반란을 일으켜 왕이 되려 한다는 말을 듣고 다윗은 적잖은 충격을 받았다. 그렇게 착한 아들이 설마 그랬을까 하는 마음이 들었다. 사실 밧세바는 자기 아들 솔로몬을 위해서라면 무슨 일이라도, 무슨 말이라도 할 수 있는 사람이 아닌가?

다윗이 곤혹스러워 하며 밧세바의 말의 진위를 생각하고 있을 때, 선지자 나단이 들어왔다. 다윗은 그의 공평무사함을 알고 있었으므로, 언제나 그를 절대적으로 신뢰하였다. 나단이 들어와 절한 뒤에 말했다. "왕이시여, 아도니야를 다음 왕으로 정하셨습니까? 아도니야의 초청을 받은 모든 왕자들과 군대 사령관들과 아비아달이 모여서 아도니야 왕 만세를 외치고 있습니다. 그런데 저와 사독과 브나야와 솔로몬은 초청을 받지 못했습니다. 이것이 왕의 지시에 따른 것입니까? 왜 저에게는 그와 같은 사실을 알려주지 않으셨습니까?" 다윗은 나단의 말을 듣고서 밧세바의 말이 조금도 틀림이 없다는 것을 비로소 확신할 수 있었다. 이제는 더 이상 미적거릴 수 있는 상황이 아니었다. 조금이라도 더 지체되면 피 흘리는 전쟁이 일어날 것이다. 다윗은 먼저 밧세바를 불렀다. 그리고 그녀에게 자신이 이전에

약속한 대로 오늘 솔로몬을 왕으로 세우겠다고 말했다. 그리고 사독과 나
단과 브나야를 앞으로 불렀다.

　다윗이 군 사령관들의 대표로 부른 브나야는 여호야다의 아들이다. 여
호야다는 유다의 남방 네게브 지역에 있는 갑스엘 출신의 용사라고 소개
된다(삼하 23:20//대상 11:22). 여기서 용사, 즉 〈이쉬 하일〉이라는 말은
전투력이 강한 사람을 가리키기도 하지만, 강한 영향력을 가진 권세 있는
사람이라는 뜻도 가능하다. 또 다른 곳에서는 아론의 집 지도자이며, 대
제사장으로 불린다(대상 12:27; 27:5). 이처럼 힘 있는 부친 밑에서 자라
난 브나야는 싸움에 능한 사람이었다. 그는 모압 사람 아리엘의 두 아들들
을 죽였고, 눈 오는 날에는 구덩이 밑으로 내려가서 사자 한 마리를 쳐 죽
였다. 아리엘, 즉 "신(神)의 사자(獅子)"라는 말은 어떤 사람의 이름일 수도
있고, 용맹적인 사람을 가리키는 관용적인 표현일 수도 있다. 그는 사람들
가운데서는 "신의 사자(獅子)"라 불리는 사람의 아들들을 죽였고, 동물들
가운데서는 정말 사자(獅子)를 죽였다. 또 그는 장대한 이집트 사람을 죽
였는데, 여기서 장대하다는 말은 신체가 건장하여 보기에 대단한 사람이
라는 뜻이다. 비록 브나야는 손에 막대기 하나 밖에 없었지만, 그 이집트
사람이 가지고 있던 창을 빼앗아 그를 죽였다. 예루살렘에서 다윗이 자신
의 왕국을 안정시킨 후, 국가 조직을 정비하고 관료들을 임명할 때, 브나
야를 자신의 시위대 대장으로 삼았다. 그 시위대는 그렛 사람과 블렛 사람
같은 외국인 용병들로 주로 이루어졌다(삼하 8:18). 또한 브나야는 월별로
소집되는 군대 중에서 제 3월 부대의 사령관으로서 국가와 왕궁의 안전을
책임지는 위치에 있었다(대상 27:5).

한편 브나야에게는 솔로몬에 대한 충성심이 가득하였다. 솔로몬의 통치 초기에 그는 왕의 명령을 받아서 왕권에 도전하거나 불평불만을 가진 인물들을 칼로 쳐 죽이면서 자기 손에 피를 묻히기를 주저하지 않는다. 아도니야가 아비삭의 일로 솔로몬의 분노를 샀을 때, 브나야가 가서 그를 죽인다(왕상 2:25). 요압이 그 소문을 듣고 여호와의 장막으로 도망했지만, 브나야의 칼을 피할 수는 없었다. 브나야는 솔로몬의 명령에 따라 여호와의 장막 안에 들어가 번제단의 뿔을 잡고 있는 요압을 쳐 죽인다(왕상 2:34). 과거 압살롬의 난 때에 도망하는 다윗을 계속 따라가며 저주했던 시므이가 솔로몬의 명령을 어겨서 왕의 분노를 사게 될 때에도 브나야가 가서 그를 죽인다(왕상 2:46). 솔로몬은 브나야의 이 같은 충성심을 확인하고서, 이미 죽은 요압을 대신하여 그를 군대의 총사령관으로 삼게 된다.

이미 대기하고 있던 제사장 사독과 선지자 나단과 장군 브나야가 다윗 앞으로 나아와 왕의 명령을 기다렸다. 다윗은 그들에게 신하들과 군사들을 데리고 기혼 샘으로 가서 솔로몬에게 기름을 부어 그를 왕으로 삼으라고 지시했다(왕상 1:32-33). 이 말을 들은 브나야, 뼛속 깊이 솔로몬에 대한 충성심을 갖고 있던 브나야가 격동에 못 이겨 소리쳤다. "아멘, 여호와께서 솔로몬의 보좌를 내 주 다윗 왕의 보좌보다 더 크게 하시기를 원합니다!" 이 말은 새 왕의 즉위식에서 의례히 나타나는 예법상의 표현이었다. 하지만 이런 말을 하는 브나야의 마음속에는 단순한 예법 이상의 뜨거운 감격과 흥분이 담겨있었으므로, 다윗이 듣고 혹시 섭섭해 할 수도 있었을 것이다. 그만큼 브나야의 피는 뜨거워져 있었다. 사독과 나단과 브나야가 솔로몬을 데리고 기혼 샘으로 나아가는데, 브나야의 통솔 아래 있는 그렛 사람들과 블렛 사람들이 함께 내려갔다. 이 때 제사장 사독은 성막에서 부터 기름을 담은 뿔을 가지고 와서, 그것으로 솔로몬의 머리에 기름을 부었다. 여기서 제사장 사독이 백성을 대표하여 기름을 부은 것은 새로운 왕에게 충성을 다짐하는 서약이었다. 그러자 그 광경을 목격한 사람들이 뿔 나팔을 불면서, "솔로몬 왕 만세!"하고 외쳤다. 이것으로 새 왕의 즉위식이 간단히 마무리되었다. 그들이 솔로몬을 수행하여 예루살렘 성으로 올라오는데, 그 행렬이 이어지는 동안 사람들은 계속하여 피리를 불고 함성을 질러서 새 왕이 즉위하였음을 기뻐했다.

솔로몬은 이 때 부친 다윗 왕과 함께 공동으로 통치하는 왕으로 즉위했다. 이스라엘에서 일반적으로 왕은 자신이 살아있는 동안 후계자를 결정해 놓기만 한다. 그리고 그 왕이 죽으면, 그 때에야 비로소 신하들은 이미 결정되어 있는 후계자를 새 왕으로 모시는 즉위식을 거행한다. 그러나 특별한 경우, 왕은 자신이 살아있는 동안 다음 왕의 즉위식을 거행하기도 한다. 그렇게 되면 두 왕이 동시에 존재하며, 그들은 공동으로 나라를 통치하게 된다. 더 권위 있는 왕은 부친이다. 하지만 실제적으로 대부분의 국사(國事)를 처리하는 사람은 아들인 공동통치 왕인 경우가 많다. 왜냐하면 이와 같은 공동 통치 왕은 대개 기존의 왕이 병이 들어 활동이 어려울 때 즉위하기 때문이다. 하지만 솔로몬의 경우는 다르다. 다윗이 늙기는 했지만, 더 결정적인 이유는 아도니야를 중심으로 반란이 일어날 가능성이 있었다는 것이다. 그렇기 때문에, 다윗은 솔로몬이 왕위를 안전하게 계승할 수 있도록 하기 위해 자신이 아직 살아있는 동안 그의 즉위식을 거행하게 하였고, 그를 자신과 공동으로 통치하는 왕으로 삼았다. 이와 같은 공동

통치 왕들은 부친 왕이 죽었을 때, 다시 한 번 즉위식을 스스로 거행하여 신하들의 충성을 재확인할 수도 있다.

🔔 헤브론 파의 몰락(왕상 1:41-53)

한편 아도니야를 지지하는 아비아달에게는 요나단이라는 아들이 있었다. 그는 달리기를 잘해서 중요한 소식을 전하는 전령으로 활동하였다. 과거 다윗이 압살롬을 피해 달아날 때, 삼엄한 경계를 뚫고 후새의 말을 다윗에게 전하여 그를 구원하였던 바로 그 사람이다(삼하 17:21). 이 일이 있은 후, 요나단은 다윗의 총애를 받는 사람들 중 하나가 되었다. 그러므로 아도니야는 반란을 계획하면서 자신을 지지하는 모든 사람들을 다 모으는데, 단지 요나단만 예루살렘 성 안에 남겨두어 정보원 역할을 하게 했다. 사실 요나단은 아도니야 세력의 핵심을 이루고 있는 제사장 아비아달의 아들로서, 아도니야와는 동고동락(同苦同樂)을 넘어서 동생공사(同生共死)하는 관계였다. 따라서 요나단은 아도니야의 전폭적 신뢰를 받고 있었는데, 동시에 그는 왕궁을 자유롭게 출입하면서 다윗에게 언제든지 가까이 다가갈 수 있는 사람이었다. 그러므로 아도니야의 반란 집회가 엔로겔 근처에서 열리고 있는 동안 만일을 위해 예루살렘에 머물면서 왕궁의 소식을 아도니야에게 재빨리 전해줄 사람으로 요나단이 선택되었다.

요나단이 왕궁 안에서 주변을 은근슬쩍 지켜보고 있는 가운데, 밧세바와 나단이 긴장한 얼굴로 급히 다윗의 침실로 들어갔다. 잠시 후 브나야와 사독까지 다윗의 소환을 받아 왕의 침실 안으로 들어갔다. 그러더니 얼마 있지 않아 그들이 곧바로 나와서 한시도 지체하지 않고 솔로몬과 다른 신하들을 데리고 군인들의 호위를 받으면서, 기드론 골짜기에 있는 기혼 샘으로 내려갔다. 지켜보고 있던 요나단은 너무나 급작스러운 움직임에 어리둥절해 하면서 동시에 불안한 마음으로 그들의 뒤를 따라갔다. 그들이 기혼 샘에 이르렀을 때, 왕의 경호를 맡고 있는 용병 부대를 주축으로 하는 일단의 군인들이 완전무장을 하고 철통같이 솔로몬을 둘러쌌다. 그리고 그 안에서 제사장 사독이 전격적으로 솔로몬에게 기름을 부었고, 나단과 브나야와 다른 신하들이 솔로몬 왕 만세를 부르며 함성을 질렀다. 번갯불에 콩을 볶아먹는 식으로 갑작스런 즉위식을 마치고 사람들은 솔로몬을 환호하면서, 나팔과 피리 소리가 땅을 진동시키는 가운데 잠시의 쉴 틈도 없이 예루살렘 성 안으로 행렬을 만들어 들어갔다. 요나단은 내심 설마 하면서 불안해하던 바로 그 일이 실제로 일어났다는 것을 깨닫고, 화들짝 놀라면서 오장육부를 옥죄는 긴장감에 사로잡혔다. 그러나 요나단은 아직 더 지켜보아야 했다. 사람들이 솔로몬을 데리고 다윗 앞으로 나아갔는데, 요나단도 그들 틈에 섞여서 함께 들어갔다. 사람들은 이제 솔로몬을 왕의 보좌에 앉히고, 크게 소리치면서 솔로몬의 이름이 다윗의 이름보다 더 아름답게 되고, 그의 보좌가 다윗 왕의 보좌보다 더 크게 되기를 기원하였다. 다윗도 이에 질세라 침상에서 여호와 하나님께 몸을 굽혀 경배하면서, 자신의 뒤를 이을 새로운 왕을 세워주신 것에 대해 벅찬 감격을 담아 감사하였다. 요나단은 더 이상 지켜볼 필요가 없었다. 세상의 주인이 바뀐 것이다. 이제는 솔로몬의 세상이다. 그는 슬며시 빠져나와 엔로겔을 향해 무

작정 달려가는데, 요나단의 등 뒤로 왕궁에서 환호하는 소리가 계속 이어
졌다.

아도니야와 함께 향연을 벌이면서 반란의 결의를 다지고 있던 사람들
은 갑자기 예루살렘 성 쪽에서 들리는 큰 소리에 놀라 불안감에 사로잡혔
다. 나팔 소리와 피리 소리, 그리고 사람들의 함성 소리가 점점 더 고조되
고 있었다. 사람들이 안절부절 하는데, 때 마침 요나단이 가쁜 숨을 내쉬
며 상기된 얼굴로 천막 안으로 들어왔다. 요압이 그를 보고 반가워하면서,
그가 좋은 소식을 가져왔기를 간절히 바라는 마음으로, 애써 태연한 척하
며 말했다. "어서 와라. 너는 훌륭한 사람이니, 좋은 소식을 가져왔겠지."
하지만 요나단이 가져온 소식은 요압의 기대와 완전히 달랐다. "솔로몬이
방금 왕이 되어 보좌에 앉았습니다. 사람들은 솔로몬 왕 만세를 부르며 환
호하고 있습니다. 다윗도 여호와께 경배하면서, 솔로몬이 왕이 된 것을 선
포했습니다." 요나단의 말이 떨어지는 순간, 사태를 파악한 모든 사람들이
경악하면서 줄행랑을 쳐 달아났다. 솔로몬이 왕이 되었으니, 아도니야가
이끄는 반란의 모임에서 빠져나와 도망하는 것 외에는 다른 방법이 없었
다. 그 중에서도 하늘이 무너지는 것처럼 놀란 사람은 당연히 아도니야 자
신이었다. 공포에 사로잡힌 아도니야는 미친 듯이 성소로 뛰어가서 제단
의 뿔을 잡았다. 최고 관료들과 왕자들을 위시하여 많은 사람들을 불러다
놓고 잔치를 벌이는 동안 아도니야는 마치 하늘에 있는 것 같은 희열을 느
끼고 있었는데, 일순간 바닥없는 나락으로 끝없이 떨어져 내려갔다.

고대 근동의 세계에서 제단은 신의 권위와 보호를 상징하는 장소였으므
로, 그 제단의 뿔을 잡는 사람은 죽음의 형벌을 피할 수 있는 것으로 여겨

졌다. 이스라엘 사람들도 그와 같은 생각을 갖고 있었는데, 모세의 율법에 따르면 고의적으로 사람을 죽인 살인자의 경우는 제단의 뿔도 그를 보호할 수 없었다(출 21:14). 성경은 아도니야가 어느 곳에 있는 제단을 붙잡았는지 분명하게 말하지 않는다. 그것은 기브온 산당의 제단일 수도 있지만, 아마도 다윗이 언약궤를 왕궁에 모신 뒤, 그곳에 설치하였을 것으로 여겨지는 제단일 가능성도 있다.

즉위식을 거행하면서 가슴 가득 벅차오르는 자부심과 함께 무서울 정도의 긴장감을 느끼고 있던 솔로몬에게 사람들이 찾아와서 보고했다. "아도니야가 성소로 도망하여 제단의 뿔을 잡았습니다. 그리고 솔로몬 왕께서 오늘 왕의 종 아도니야를 죽이지 않겠다고 맹세해 주시기를 원하고 있습니다." 솔로몬은 사람들이 전하는 말을 듣고서, 신중하게 생각해보았다. 지금 왕궁의 들뜬 분위기는 다윗을 등에 업고 있는 솔로몬이 무엇을 하려고 하든지 다 할 수 있는 상황을 만들어주고 있었다. 하지만 그는 이 순간에 아도니야를 죽이는 것이 자신에게 과연 좋을 것인지 손익을 계산해보았는데, 물론 죽일 수는 있겠지만 죽이지 않아야 한다는 것을 알 수 있었다.

우선 자신의 즉위식이 형제의 피로 물들여지지 않아야 했다. 아도니야를 죽인다면, 그것은 자신이 단지 형제 왕자들 사이의 피 흘리는 처절한 경쟁에 승리함으로써 간신히 즉위한 왕, 즉 힘으로 왕권을 쟁취한 사람일 뿐이라는 것을 의미한다. 자신에 대한 이미지가 그렇게 알려지면, 이후 자신의 통치에 엄청난 어려움을 초래할 것이다. 누구든 솔로몬과 싸워서 이길 수 있다면 그의 왕위를 빼앗을 수도 있다고 여겨질 것이다. 그렇기 때문에 솔로몬이 원하는 것은 하나님께서 자신을 선택하셨고, 다윗과 온 백성이 자신을 지지함으로써 즉위하는 왕으로서의 이미지다. 만일 이런 이미지가 완전히 굳어진다면, 솔로몬의 능력과 성공 여부와는 상관없이 누구도 자신에 대해 반기를 들 수 없을 것이다. 이에 더하여 솔로몬은 잔인한 보복을 일삼는 왕이 아니라, 원수조차도 포용할 수 있는 덕망이 무한한 대인(大人)의 이미지를 원했기 때문에 아도니야를 살려두어야 했다. 또한 솔로몬은 아도니야의 주변에 존재하는 거대한 지지 세력을 무시할 수 없었다. 그 세력은 솔로몬의 즉위와 함께 일단 힘을 잃고 흩어졌다. 하지만 만일 솔로몬이 아도니야를 죽인다면, 그의 세력을 형성하고 있었던 모든 사람들이 솔로몬을 두려워하면서 자신들의 살 길을 모색하기 위해 다시 결집하게 될 것이다. 그러므로 솔로몬은 아도니야에게 조금도 해를 끼치지 않겠다고 사람들에게 맹세하고, 그를 제단에서부터 끌어내라고 명령했다. 잠시 후, 제단을 떠나온 아도니야가 솔로몬 앞에 이르러 절하고 감사와 축하의 인사를 하였다. 하지만 솔로몬의 관용은 조건부였다. 만일 솔로몬이 아도니야에게서 단 하나의 잘못이라도 발견한다면, 반드시 그를 죽이고 말 것이다.

12
죽음 이후를
준비하는 다윗
(대상 22:2-29:9; 왕상 2:1-12)

12. 죽음 이후를 준비하는 다윗

(대상 22:2-29:9; 왕상 2:1-12)

🔔 성전 건축 준비(대상 22:2-29:9)

　우여곡절 끝에 솔로몬의 즉위식이 끝났다. 다윗은 대부분의 정무(政務)를 솔로몬에게 맡겨서 그가 왕으로서의 직무수행 능력을 키워가고, 또 그 과정 중에 자신의 세력을 더욱 든든히 만들어 갈 수 있도록 기회를 제공해 주었다. 그러나 다윗에게는 자신이 살아있는 동안 반드시 자기 손으로 하고 싶은 일이 여전히 있었다. 그것은 성전 건축을 준비하는 일이었다. 다윗이 성전 건축을 준비하는 것은 이미 솔로몬이 즉위하기 전부터 진행되고 있었다(대상 22:2-5). 그는 이스라엘 땅에 있는 이방인 거류민들을 모아서 힘든 일을 하게 만들었는데, 이들은 과거 이스라엘 사람들이 가나안 땅을 정복할 때 완전히 멸하지 못하고 남겨두었던 가나안 민족들의 후손이다. 나중에 솔로몬 역시 이들을 동원하여 건축을 담당하게 하는데, 그 수는 무려 15만여 명에 이르렀다(대하 8:7-9; 왕상 5:15; 9:20-22). 다윗은 그 거류민들에게 석공과 대장장이의 일을 맡겨서, 성전 건축에 필요한 돌들을 다듬게 하고 또 여러 종류의 놋과 쇠로 된 물건들을 만들게 했다.

　솔로몬이 왕이 된 이후에도 다윗은 자신의 마지막 생명을 불사르면서 성전 건축을 준비했다. 먼저 그는 성전의 직무를 위하여 봉사할 30세 이상의 레위 사람들의 수를 파악해보니, 모두 38,000명이었다. 그들 중 24,000명은 성전에서 각종 직무에 봉사하는 사람들로, 4,000명은 문지기로, 그리고 4,000명은 악기를 이용하여 찬송하는 자들로 삼았다. 나머지 6,000명의 레위 사람들은 관원과 재판관의 일을 하게 하였다. 제사장들에 관련해서는 엘르아살의 자손 사독 계열과 이다말의 자손 아비아달 계열을 공평하게 등용하여 성전의 일과 하나님의 일을 관장하게 하였다. 이와 함께 다윗은 성전의 설계도를 그려서 솔로몬에게 넘겨주었고, 성전의 모든 기구들을 제작하는 방식을 정하여 그에게 설명해 주었다. 또 다윗은 성전 건축에 필요한 많은 물자들을 준비하였다. 건축을 위해 그가 마련한 오빌의 금이 3,000달란트(90톤)였고, 순은이 7,000달란트(210톤)이었으며, 그 외에도 각양 보석들과 철과 나무와 돌들이 매우 많았다. 이 때 다윗의 열심과 헌신에 감화된 이스라엘의 모든 관료와 지도자들이 건축을 위한 예물을 가져왔는데, 금이 대략 5,000달란트(150톤)이었고, 은이 10,000달란트(300톤), 놋이 18,000달란트(540톤), 그리고 철이 100,000달란트(3,000톤)나 되었다.

다윗이 이렇게 열심히 준비하는 것은 사실 자기 스스로 성전을 건축하고 싶은 간절한 마음이 있었기 때문이다. 그러나 하나님께서는 다윗이 "전쟁의 사람"이어서 피를 많이 흘렸으므로, 하나님의 이름을 위한 성전을 건축하지 못할 것이라고 말씀하셨다(대상 28:3). 다윗이 피를 많이 흘린 것은 전쟁 때문이었고, 전쟁에서 피를 흘리는 것은 오히려 칭찬받아야 할 공적(功績)으로 간주될 수 있다. 하지만 하나님의 이름을 위한 성전은 전쟁을 상징하는 것이 아니라, 평화를 상징해야 한다. 다윗 역시 자신이 지으려는 것은 "여호와의 언약궤, 즉 하나님의 발 받침대를 위한 평안의 전"이라고 말한다([바른성경] 대상 28:2). 하나님께서 다스리는 곳에는 모든 싸움이 그치고, 오직 평화가 존재할 것이기 때문이다. 다시 말하여 하나님의 통치에 있어서 전쟁이란 하나의 과정이 될 수 있지만, 그 통치의 목적은 평화다. 그러므로 전쟁의 사람으로 불리는 다윗은 성전을 건축할 당사자로 적당하지 않다. 하나님께서 솔로몬을 성전 건축자로 정하신 것은 그의 이름에서부터 알 수 있는 것처럼 그가 평화를 상징하는 사람이기 때문이다. 하나님으로부터 이러한 말씀을 들은 다윗은 크게 실망했지만, 그것이 성전을 향한 다윗의 열심을 가로막지는 못했다(시 132). 그러므로 다윗은 자신이 살아 있는 동안 솔로몬이 성전을 건축할 수 있도록 최선을 다해서 준비하였다. "내가 이미 내 하나님의 성전을 위하여 힘을 다하여 준비하였다(대상 29:2)."

🔔 다윗의 유언과 죽음 (왕상 2:1-12)

이제 죽음이 임박한 것을 느낀 다윗은 마지막 말을 전하기 위해 솔로몬을 불렀다(왕상 2:1). 다윗의 이 유언은 신앙적인 권면과 개인적인 부탁으로 구분된다. 신앙적인 권면(왕상 2:2-4)은 마치 여호와께서 여호수아에게 권면하셨던 것(수 1:2-9)을 요약해 놓은 것과 같은데, 단지 순서가 약간 바뀌었을 뿐이다. 과거 여호와께서는 모세의 후계자 여호수아에게 권

면의 말씀을 전해주셨다. 먼저 모세가 죽었다는 사실을 언급하고(수 1:2),
하나님께서 모세에게 약속하신 언약이 성취될 것이라고 말씀하시며(수
1:2b-6), 담대하기를 권면하시고(수 1:7a), 마지막으로 모세의 율법에 순
종하면 모든 일에 형통할 것이라고 가르쳐주셨다(수 1:7b-9). 다윗 역시
자신의 후계자 솔로몬에게 권면한다. 먼저 그는 자신의 죽음이 멀지 않았
다는 것을 언급하고(왕상 2:2a), 담대하기를 권면하며(왕상 2:2b), 모세의
율법에 순종하면 모든 일에 형통할 것이라고 가르치고(왕상 2:3), 마지막
으로 하나님께서 다윗에게 약속하신 언약이 성취될 것이라고 말했다(왕상
2:4).[19] 이와 같이 다윗은 자신과 솔로몬의 관계가 마치 모세와 여호수아
의 관계와 같다는 생각을 갖고 있었다. 여호수아는 모세가 마땅히 이루어
야 했지만 생전에 못 다한 사명을 성취하기 위해 부름 받았다. 솔로몬 역
시 다윗이 마땅히 이루어야 했지만 그의 생전에 못 다한 사명을 성취하기
위해 왕이 되었다.

　너는 마음을 강하게 하여 남자(= 대장부)가 되어라(왕상 2:2). 이것은 어
떤 부모든지 자신의 아들에게 가장 하고 싶은 말일 것이다. 아버지로서 다
윗은 최선을 다했다. 한 명의 왕으로서 새로운 왕에게 베풀 수 있는 모든
것을 다 해주었다. 아들에게 재산을 남겨주었고, 지위도 주었으며, 신하
들의 변함없는 충성을 얻을 수 있도록 만들어두었다. 무엇보다 좋은 교육
을 받을 수 있도록 기회도 제공하였는데, 다행히 솔로몬은 자신의 외증조
할아버지인 아히도벨의 피를 이어받아서 아주 어렸을 때부터 공부하는 것

---

19) 다윗의 유언(왕상 2:4)은 다윗 언약(삼하 7:16)과 다르다. 즉, 다윗 언약은 무조건적으로 표현되었지만, 다윗의 유언은 조
　건적으로 표현된다. 다윗은 밧세바―우리야 사건을 겪으면서, 계명에의 순종이 얼마나 중요한가 하는 것을 체험했을 것이
　다. 그리고 그와 같은 뼈저린 경험이 자신의 유언에 그대로 반영되었을 것이다. 한편 다윗은, 자신이 미처 인식하지 못하
　는 가운데, 사무엘하 7장의 언약이 현실 속에서는 문자적으로 성취되기 힘들다는 것과 결국 예수 그리스도에 의해 성취될
　것이라는 사실을 암시해주고 있다.

을 좋아했고 매우 지혜롭게 자랐다. 이제 더 이상 다윗 자신이 해야 할 부분은 없다. 그리고 지금껏 자신의 보호 아래 있던 솔로몬이 자신의 죽음과 함께 홀로서기를 해야 할 순간이 마침내 되었다. 이 때 다윗이 말한다. "너는 한 명의 남자가 되어라!"

그러면서 다윗은 솔로몬에게 자신이 개인적으로 처리했어야 했던 일이지만, 여러 가지 이유 때문에 미루었던 일들을 부탁한다. 첫째는 스루야의 아들 요압을 죽이는 일이다. 스루야는 다윗의 누이다(대상 2:16). 하지만 배다른 누이이다. 왜냐하면 그녀의 동생 아비갈이 나하스의 딸이라고 기록되어 있기 때문이다(삼하 17:25). 따라서 스루야 역시 나하스의 딸인데, 아마도 부친 나하스가 죽은 뒤, 그녀의 어머니가 이새와 결혼함으로써 이새의 의붓딸이 되었을 것이다. 이런 연유에서 그녀의 아들 요압은 다윗의 조카가 된다(삼하 2:18). 요압의 아버지 즉 스루야의 남편의 이름은 기록되지 않는다. 여기에는 여러 가지 설명이 있다. 남편이 일찍 죽었다고 하든지, 스루야가 더 중요한 인물이기 때문에 스루야만 언급했다고 하든지, 여자를 중심으로 혈연 계통을 말하는 고대의 관습이 있었다든지, 혹은 어떤 외국인과 결혼했지만 자기 친정 가족들과 함께 머물렀기 때문에 남편의 이름을 적지 않았다든지 하는 방법으로 설명한다. 이런 견해들 중에서 어떤 것이 옳은지는 알 수 없다. 요세푸스는 그 남편의 이름을 '수리'라고 적는데, 그의 돌무덤이 베들레헴에 있었다(삼하 2:32).

스루야의 아들 요압이 처음 등장하는 것은 다윗이 이제 막 헤브론에서 유다 지파의 왕이 되었을 때다. 그는 전쟁터에서 싸우는 장군으로 자신의 출현을 알렸는데, 헬갓하수림(아마도 "날이 선 칼의 땅")에서 다윗의 군대를 이끌고 아브넬이 이끄는 이스보셋의 군대와 싸워 승리하였다(삼하 2:12-17). 비록 승리의 영광은 얻었으나, 자신의 동생 아사헬이 적군의 장수 아브넬에게 어처구니없게 죽어버린 아픔을 겪어야 했다. 아마도 어린 동생을 보호하지 못하였던 것에 대한 마음의 상처가 깊이 남게 되었을 것이다. 요압은 결국 다윗을 찾아왔던 아브넬을 다윗의 뜻에 반하여 죽여 버림으로써 동생에 대한 복수를 이루게 된다(삼하 3:27, 30). 물론 이것은 단순한 복수가 아니라, 잠재적인 경쟁자를 미리 제거하여 자신의 입지를 굳게 하려는 의도가 담겨 있었을 것이다. 당연히 다윗은 여기에 대하여 크게 분노했다. 그리고 아브넬에게 "장군이며 위대한 사람"이라는 찬사를 돌리는 한편, 살인자 요압에 대해서는 여호와께서 그의 악행에 합당한 보응을 내리실 것이라고 저주했다(삼하 3:38-39). 또한 그는 자신이 요압에 대한 처벌을 여호와께 맡기는 이유가 자신의 힘이 약하여 스스로의 힘으로는 스루야의 아들들을 제어할 수 없기 때문이라고 비참한 심정으로 고백했었다(삼하 3:39).

한 지파 유다만을 다스리는 왕이 된지 불과 7년 정도 지난 그 당시 다윗은 사실상 정치적 기반이 든든하지 못했다. 마치 선지자가 자신의 고향과 집에서 인정받지 못하는 것과 같았다(마 13:57). 다윗은 어렸을 때부터 자신의 가족과 친지들에게 무시당하면서 자랐는데, 그가 성장한 이후에도 유다 지파 사람들은 그의 어렸을 때 모습을 잘 기억하고 있었다. 다윗은 자신이 사자와 싸워 양떼를 구했다는 것을 다른 사람들에게 알리지 않았다. 왜냐하면 믿을 사람도 별로 없었을 것이기 때문이다. 사실 다윗의 성공에 대해 감탄하고 그를 인정하는 사람들은 대부분 다른 지파 사람들이었다. 유다 지파 사람들은 다윗을 〈얼굴이 반반하고 노래를 잘 불러서 출세한 운이 좋은 녀석〉 정도로 생각했다.

　골리앗과의 싸움은 다윗의 운이 정말 좋다는 것을 입증하는 사건이 되었다. 유다 사람들이 보기에 다윗은 정정당당한 실력으로 골리앗과 싸워서 이긴 것이 아니었기 때문이다. 그러므로 다윗이 왕이 되기는 했지만 아직 자신의 능력을 속 시원하게 입증하지는 못했기 때문에, 유다 지파가 그를 전적으로 신뢰하고 지지하는 것은 아니었다. 지독하게 좋은 다윗의 운이 어디까지 이어지는지 관망하려는 태도가 유다 사람들 사이에 어느 정도는 있었다. 이와 달리 요압은 유다 지파의 든든한 신뢰를 받고 있었다. 요압의 이름이 헬갓하수림에서 처음 등장한다는 것은, 다윗이 왕이 되기 이전 그와 함께 방랑하던 무리 가운데 요압이 없었을 가능성을 보여준다. 그러므로 비록 요압이 다윗의 조카이기는 해도, 갑작스럽게 다윗이 다스리는 유다 지파 군대의 대장이 될 수 있었던 이유는 요압이 평소 유다 지파의 신망을 상당히 얻고 있었기 때문이라고 설명할 수 있다. 게다가 요압이 아브넬을 죽인 것은 다윗이 헤브론에서 왕이 된지 대략 7년여 지났을 때였다. 이 때는 이미 다윗의 군대가 요압을 대장으로 하여 일사불란하게 움직이도록 틀이 짜여 있었다. 다윗과는 달리 요압에게 있어서 7년이라는 시간은 군 사령관으로서 자신의 위치를 확고하게 다지는데 충분한 시간이었다. 만일 요압이 빠지면 다윗의 군대는 모래성처럼 무너질 수도 있었다. 그러므로 다윗이 아브넬을 죽인 요압을 향해 목의 힘줄을 세우고 큰 소리로 비난할 수는 있었지만, 그것으로 끝이었다. 그는 더 이상 아무 것도 할 수 없었고, 훗날 자신이 힘이 강해질 때를 기약하면서 세월을 보내야 했다.

하지만 다윗의 힘이 강해지는 것과 함께 요압의 힘도 날이 갈수록 강해졌다. 사울의 전쟁터에서 다윗이 용맹을 떨치고 인기를 얻었던 것처럼, 다윗의 전쟁터에서 요압이 적군을 무자비하게 도륙하고 승승장구하면서 최고의 명성을 쌓을 수 있었다. 그러던 차에 불거진 밧세바 사건으로 다윗은 끝없이 추락했고, 상대적으로 요압은 흔들리지 않는 힘을 얻게 되었다. 압살롬이 반란을 일으키면서 요압을 자신의 편으로 초빙하지 않은 것은 이미 요압에게는 누구도 허물어뜨릴 수 없는 최고의 힘이 있었기 때문이다. 왕인 다윗조차 두려워하지 않고 자행자지(自行自止)하는 요압이 압살롬의 반란에 가담할 가능성이란 눈곱만큼도 없었다. 요압은 압살롬이 자기 휘하에 거느릴 사람이 아니라, 쳐서 무너뜨려야 할 사람이었다. 요압은 이처럼 강한 힘을 가졌기 때문에, 반란을 일으킨 압살롬과 전쟁하면서, 다윗의 애절한 부탁에도 불구하고, 일말의 거리낌도 없이 왕자 압살롬을 쳐 죽일 수 있었다. 자식을 잃고 슬퍼하는 다윗을 향해 무서운 말로 위협하여 울음을 멈추고 억지웃음을 짓도록 강요할 수 있는 힘이 요압에게 있었다. 자기 아들을 죽인 자에게 복수하기는커녕, 그로부터 협박을 받아 눈물을 닦고 웃어야만 했던 다윗은 또 한 번 훗날을 기약하면서, 세월을 보내야 했다. 솔로몬에게 유언을 남기면서 다윗은 요압이 압살롬을 죽였다는 것에 대해서 침묵하고 있다. 하지만 이것은 압살롬을 죽인 일에 대해 다윗이 분노하지 않았기 때문이 아니라, 오히려 그 분노가 바다보다 더 깊었기 때문이다. 압살롬을 언급하지 않더라도 요압의 죄는 넘치도록 충분하다. 다윗은 한 명의 아버지로서 자신보다 먼저 죽은 압살롬을 차마 이야기 할 수 없었을 것이다. 그 일은 가슴에 묻어두고 단지 복수의 칼날을 날카롭게 벼리는 것이 다윗에게는 최선이었다.

압살롬의 반란이 진압되고, 다윗이 다시 예루살렘의 왕으로 돌아오려고 할 때, 새로운 반란의 시도가 있게 된다. 베냐민 지파 세바의 반란이었다. 세바가 북쪽으로 올라가면서 반란 세력을 결집시키려고 하는데, 다윗은 만일 시간이 잠시라도 지체된다면 세바의 반란군을 진압하기가 크게 어려워질 것을 알았다. 그러므로 다윗은 아마사를 급히 불러서 유다 지파의 군대를 모아 반란군을 진압하라는 명령을 그에게 내렸다. 그러나 요압은 다윗 몰래 아마사를 죽이고 그 자리를 자신이 대신 빼앗아버렸다. 다윗은 분루를 삼키면서, 요압을 자신의 총사령관으로 극진히 대접해야만 했다. 이처럼 요압은 지위 상으로는 왕 다음이지만 권력으로는 왕 아래가 결코 아니었다.

요압에 대한 원한이 크면서도 동시에 무서워했던 다윗은 그를 내치지 못하는 것은 고사하고 항상 그를 중용하고 높여주어야 했다. 평생 동안 요압의 등 뒤에서 "두고 보자!"라고 말하면서 지내다가, 죽을 때가 되어버린 다윗은 결국 솔로몬에게 그 뒤처리를 부탁하였다. "아들아, 너는 네 지혜대로 행하여 그의 백발이 평안히 스올에 내려가지 못하게 하여라(왕상 2:6)." 여기서 그의 백발이란 이미 백발이 된 요압을 가리킨다. 따라서 다윗의 이 말은 요압으로 하여금 평안한 죽음을 맞이하지 못하게 하라는 말이었다. 이미 나이 지긋하여 백발이 된 요압이 오래 산다고 해야 얼마나 더 살 수 있을까마는, 다윗에게는 요압을 처참하게 죽여 버리고 싶은 마음이 간절했다. 자신이 힘이 없어 못하였으니, 자신의 후계자라도 이 일을 해야 했다. 요압이 다른 사람들의 진실한 애도 속에 주위의 부러움을 받으면서 민족의 영웅으로 영광스럽게 죽는다는 것, 다윗은 그러한 생각만으로도 견딜 수 없었다. 그러므로 요압은 반드시 칼에 맞아 죽든지, 창에 찔려 죽든지, 돌에 맞아 죽어야 했다. 다윗은 고금의 유래가 없을 정도로 뛰어나다는 인정을 받고 있는 솔로몬의 지혜가 요압을 실수 없이 죽이는 일에 사용되기를 원했다.

다윗이 또 부탁하는 것은 길르앗 사람 바르실래의 아들을 잘 돌보아주라는 것이다. 바르실래는 다윗이 압살롬을 피해서 요단강을 건너 도망하였을 때, 그의 도피처였던 마하나임으로 찾아와서 다윗과 그의 부하들이 먹을 음식을 공급하였던 사람이다. 다윗은 절망적인 상황에 처해 있던 중 하늘에서 내려온 한 가닥 동아줄 같은 그의 도움에 깊이 감사하였다. 가장 믿었던 사람들의 배신으로 가진 바 모든 것을 잃고 육체와 정신의 고통으로 자신이 점점 붕괴되어 가는 것을 경험하다가 뜻밖의 도움을 얻고서 희망과 용기를 가질 수 있었다. 그러므로 다윗은 다시 왕의 지위를 회복하기 위해서 예루살렘으로 돌아가는 길에 바르실래와 동행하였고, 그가 요단을 건너자마자 자기 고향으로 돌아간 뒤에는 그의 아들 김함을 마치 왕자처럼 자신의 왕궁에 두고 돌보았다. 이제 다윗은 솔로몬에게 김함뿐만 아니라, 바르실래의 다른 자손들까지 왕궁에서 왕과 함께 음식을 먹는 특권을 누리게 하라고 솔로몬에게 부탁하였다.

다윗이 마지막으로 솔로몬에게 뒤처리를 맡기는 사람은 베냐민 지파로서 사울의 친척인 시므이였다(삼하 16:5). 시므이는 압살롬을 피해 도망하는 다윗을 계속 쫓아가면서 그에게 돌을 던지고, 그를 향해 "피 흘린 자요, 비열한 자"라고 비난하고 저주하였다. 시므이의 이러한 저주는 세상 사람들이 다윗에 대해 갖고 있는 생각을 대표하는 것이었다. 사실 당시 대부분의 사람들은 다윗이 사울과 그 후손을 미워한다고 생각하고 있었다. 그렇기 때문에 사울과 요나단이 죽었을 때, 어떤 젊은 아말렉 사람이 그 소식과 함께 사울의 왕관과 팔찌를 가지고 와서 다윗에게 바치면서 보상을 요구했었다. 또 그 후 사울의 아들 이스보셋을 죽인 사람들도 그의 머리를 들고 다윗을 찾아와서 보상을 바랐었다. 뿐만 아니라 다윗은 기브온 사람들이 사울의 두 아들과 외손자 다섯을 죽이는 것을 허락해주었다(삼하 21:8). 물론 다윗은 사울이나 그 자손을 해한 사람들에게 은혜를 베풀지 않고, 오히려 그들을 죽였다. 그리고 기브온 사람들의 요구에 따른 것은 정당한 이유가 있으며, 하나님의 뜻에 순종한 것으로 밝혀졌다. 그러나 그럼에도 불구하고 다윗은 자신의 장인 사울을 배반하고 그와 그의 후손들을 죽이는데 관여했다는 백성의 의심을 피하기 어려웠다.

요압의 동생 아비새가 다윗을 저주하는 시므이를 죽여 버리자고 외쳤을 때, 다윗이 만류했던 것은 시므이가 자신만의 생각을 이야기한 것이 아니라, 사울의 편에서 다윗을 반대하는 큰 세력의 견해를 대변한 것이었기 때문이다. 그 세력은 여전히 남아서 다윗을 괴롭히고 있었다. 다윗은 시므이가 저주하는 소리를 들었고, 그가 던지는 돌에 맞으면서도, 참아야 했는데, 그 이후에도 그를 죽일 방법을 찾을 수 없었다. 다시 한 번 다윗은 솔로몬의 지혜가 시므이를 죽이는 일에 사용되기를 바란다. "너는 지혜로운 사람이다. 그러므로 너는 그의 백발이 피를 흘리면서 스올에 내려가게 만들어라(왕상 2:9)."

다윗이 솔로몬에게 부탁하는 세 사람은 모두 압살롬의 반란과 관계가 있다. 왜냐하면 다윗은 자신의 아들이 일으킨 반란과 그 수습 과정에서 너무나도 큰 상처를 입었기 때문이다. 특히 이 사건은 자신이 노년에 일어났던 일이었기 때문에 더 심한 고통을 받았었다. 반란이 일어나고 수습하는 과정에서 자신은 아무 것도 한 일이 없었다. 그는 사람들에게 이끌려서 이리 저리 돌아다니기만 하였다. 자신을 대적하는 사람들은 자신을 떠나 압살롬에게로 갔고, 자기 주위에는 자신을 이용하여 권력을 잡으려는 사람들만 가득한 듯했다. 그는 무기력하게 뒷방으로 밀려난 노인처럼 대접받았다. 자신의 운명과 심지어 자기 아들 압살롬의 운명을 결정하는 일에 자신은 아무 것도 할 수 없다는 점이 다윗을 괴롭혔다. 그는 싸움터에 나가지도 못했고, 압살롬이 죽는 것을 막을 수도 없었다. 그렇기 때문에 받았던 마음의 상처와 절망감은 그의 가슴 속에 깊은 한을 심어주었다. 결국 솔로몬에게 유언을 남길 때가 되자, 그는 압살롬의 반란 사건을 떠올리게 되었다. 그 때 자신에게 고통을 준 사람들에 대한 복수를, 그리고 그 반대로 자신에게 은혜를 베푼 사람들에 대한 보답을 솔로몬에게 강요하듯 부탁하였다. 그것이 다윗의 마지막 말이었다.

한편으로 자신의 가슴 속 깊이 묻어두었던 원한과 증오, 그리고 다른 한편으로 항상 감사하고 미안해하던 일들을 속 시원히 단번에 털어놓은 뒤, 다윗은 자신의 파란만장한 일생을 끝내고 마침내 죽어서 그의 조상들과 함께 누웠다. 그는 30세 무렵에 왕이 되어, 7년 동안은 헤브론에서 유다 지파의 왕으로, 33년 동안은 예루살렘에서 전체 이스라엘의 왕으로 모두 40년 통치했다(삼하 5:4-5). 성경은 다윗이 백발이 되도록 부와 영화를 누리다가 수명이 다하여 죽었다고 간략하게 그의 일생을 정리하였다(대상 29:28). 하지만 그의 일생을 그렇게 간단한 말로 요약할 수는 없을 것이다.

13
다윗 일생의 회고

13. 다윗 일생의 회고

    다윗이 아직 소년이고 그 이름이 전혀 알려지지 않았을 때, 집에서는 천덕꾸러기 처지였을 그 때, 하나님께서는 사무엘 선지자를 불러서 그에게 기름을 붓도록 명령하셨다. 누구도 모르고 있었지만 다윗은 광야를 돌아다니며 양떼를 치는 동안 가슴 깊이 호연지기를 길렀고, 사자나 곰과 싸우면서 불굴의 의지와 필승의 무예를 닦았다. 그는 작은 아이였지만, 그의 꿈은 커서 온 민족을 덮고 있었다. 블레셋의 진영 속으로 뛰어 들어가 맨손으로 그들을 쳐 죽이고 하나님의 능력을 증명했던 요나단처럼 민족을 구원하는 것이 다윗의 꿈이었다. 그러면서도 그의 섬세한 감성은 길 가의 풀 하나를 통해서도 생명의 신비를 깨닫고 조물주 하나님을 찬양할 수 있었다. 하나님에 대한 그의 믿음은 날이 갈수록 강해졌고, 더불어 그의 찬양은 아름다워졌다. 사무엘 선지자로부터 기름 부음을 받았을 때, 다윗은 민족을 향한 자기의 사명을 확신할 수 있었고, 자기 속에서 자라고 있던 꿈과 소망이 실제로는 하나님께서 심어두셨던 것임을 알 수 있었다. 가족들은 자신이 선지자로부터 기름부음을 받았다는 사실이 믿기지 않는 듯, 아예 그 순간을 잊어버린 것처럼 행동하려고 하였다. 하지만 다윗은 성령께서 과거보다 더 강하게 자신을 이끌고 계신 것을 알고 있었다. 아직 소년인 그는 서두를 필요가 없었다. 단지 하나님의 인도하심을 따르면서 상황의 변화를 지켜보는 것이 최선이었다.

왕궁으로부터 다윗을 부르는 소집 명령이 내려왔다. 이 때 다윗은 사울의 병기를 관리하는 말단 병사, 그것도 파트타임으로 복무하는 병사가 되었다. 평소에는 집에서 양을 치는데, 가끔 명령이 내릴 때마다 왕궁으로 가서 병기에 묻은 오물을 제거하고, 기름을 바르고, 날을 세우고, 창고에 보관하는 것이 자신의 일이 되었다. 하지만 왕궁에서 자신을 소집하는 더 중요한 이유는 그의 노래와 악기 연주 실력 때문이었다. 비록 병사가 되기는 했지만 다윗은 싸움터에서 필요한 사람이 아니라, 노래를 불러서 왕과 다른 병사들을 기쁘게 하는 일에 필요한 사람이었다. 다윗의 존재감은 여전히 미미했다. 사울은 때때로 다윗의 악기 연주를 들으면서도, 다윗에 대해 거의 아는 것이 없었고, 알 필요도 없었다.

다윗에 대해 미리 정해두신 하나님의 계획은 빈 틈 없이 진행되고 있었다. 블레셋 사람, 거인 골리앗이 나타나서 사울과 그의 군대를 공포와 전율 속으로 몰아넣던 일이 이스라엘에게는 큰 위기였다. 하지만 위기는 영웅을 낳는다는 말처럼 그 일이 다윗에게는 평생에 다시 오지 않을 기회가 되었다. 그는 오직 여호와 하나님을 믿는 믿음으로 골리앗을 죽이고, 단번에 민족의 영웅이 되었다. 이스라엘의 왕 사울이 그를 총애했고, 왕자 요나단은 다윗이 아니면 삶의 낙이 없다고 할 정도로 아직 어린 다윗에게 매료되었으며, 왕의 신하들뿐만 아니라 이스라엘의 온 백성이 다윗을 사랑했다. 다윗은 사울 왕이 맡기는 모든 일을 성공적으로 수행하면서 자신의 능력을 입증하였고, 얼마 지나지 않아서 작은 부대를 통솔하는 지휘관으로 임명받을 수 있었다. 그 때부터 그는 언제나 왕과 함께 전쟁터로 나가 싸웠는데, 어느덧 그는 사울과 요나단을 넘어서는 명성을 얻을 수 있었다. 사울과 요나단은 이제 과거의 영웅이 되었고, 이스라엘은 새로운 영웅 다윗으로 인해 환호했다.

다윗의 이러한 성공에 대하여 요나단은 오히려 다윗 본인보다도 더 기뻐했지만, 사울은 그렇지 못했다. 노인들이 흔히 자신의 것에 대하여 과도한 애착을 보이는 것처럼, 사울도 자신의 명성과 왕권을 보존하는 일에 광적인 집착을 보이고 있었다. 그러한 사울의 눈에 다윗은 매우 위협적인 존재로 비추어지고 있었다. 그러다가 전쟁에서 대승을 거두고 의기양양하게 개선하는 사울을 찬양하기 위해 이스라엘 모든 성읍에서 소집된 아리따운 여인들이 "사울은 천천이요, 다윗은 만만이다." 하면서 노래하는 것을 듣게 되었다. 이 노래는 다윗에 대한 사울의 의구심과 질시 그리고 미움을 순식간에 폭발시켰다. 증오의 노예가 되어버린 사울은 기회가 생기는 대로 그를 죽여 버리겠다고 결심하였다.

하나님께서 다윗을 새로운 왕으로 만드시려고 세우신 계획과, 사울이 다윗을 죽이려고 세우는 계획이 한동안 서로 충돌하는 것처럼 보인다. 하지만 사울의 계획은 하나님의 계획의 한 부분이기도 했다. 때가 이를 때까지 다윗은 사울의 계획에 따라 고통을 받아야 했다. 그런데 사울은 다윗을 죽이려했지만 동시에 인자한 왕이요 백성을 사랑하는 왕이라는 자신의 이미지를 유지하려 하였다. 그러므로 사울은 다윗에게 창을 던질 때에 그것이 본심이 아니라는 것을 보여주려고, 마치 과거의 광증이 재발한 듯 미친 체 하며 헛소리를 해대야 했다. 또 전쟁터의 가장 위험한 곳으로 내보내 적군의 손에 죽도록 유도하기 위해서, 사울은 다윗을 천부장으로 높여 주어야 했다. 그것도 실패로 돌아갔을 때, 사울은 다윗을 블레셋 군대의 손을 빌어 죽이려고 했는데, 이 때는 자기의 사위로 삼겠다고 약속해야 했다. 사울이 다윗을 죽이려고 할 때마다 다윗은 더 큰 명성과 힘을 얻을 수 있었다. 사울은 나름대로 열심히 궁리한 자신의 모든 계획들이 번번이 무산되자, 전전긍긍하며 다윗을 더욱 두려워하게 되었다(삼상 18:29). 그러나 이렇게까지 일이 진행되는 동안 누구도, 다윗을 포함해서 모두가, 다윗에 대한 사울의 적의를 눈치 채지 못하였는데, 오히려 그 반대로 사울 왕이 다윗을 좋아해서 사위로 삼을 정도구나 하고 생각할 뿐이었다.

그러므로 사울이 더 이상 참지 못하여 위선의 가면을 벗어버리고 요나단과 자기 신하들에게 다윗을 죽이라고 말했을 때(삼상 19:1), 사람들은 크게 충격을 받았다. 그러면서도 그들은 사울의 진정한 의도가 무엇인지 갈피를 잡지 못하였다. 그들에게 왕의 명령을 신속하게 수행해야 한다는 생각은 전혀 떠오르지 않았고, 과연 왕이 무슨 생각에서 이런 명령을 내렸는지 속사정을 파악하기에만 바빴다. 하지만 사울의 결심은 확고했다. 그는 다시 한 번 자신의 광증을 핑계 대며, 다윗을 부른 후 창을 던져 죽이려 했으나 실패했다. 미갈의 도움으로 목숨을 건진 다윗은 이후 사울과 그의 군대의 쉴 틈 없는 추격을 받으면서 긴 도피 생활을 이어가야 했다. 먼저 다윗은 사울의 힘이 절대 미치지 않는 블레셋 가드의 왕 아기스에게로 도망했다. 그러나 거기서 다윗에게 강한 적대감을 가진 사람들 때문에 하마터면 잡혀서 죽을 뻔 했는데, 재빨리 입가에 침을 흘리면서 미친 척하여 구사일생으로 위기를 벗어날 수 있었다. 사울의 신하들은 아직도 다윗을 잡는 일에 적극적이지 않았다. 하지만 다윗을 도와주었다는 죄목으로 사울이 놉 땅의 제사장들을 모두 학살하는 것을 보고서, 신하들은 마침내 왕의 결심이 확고한 것을 깨달았다.

다윗의 비참한 유랑 생활은 사울이 죽어서야 끝이 났다. 그리고 사울의 시대가 끝나는 것과 함께, 그의 화려한 시대가 시작되었다. 다윗은 헤브론에서 유다 지파의 왕이 되었는데, 이 때 그의 나라는 시리아-팔레스타인 지역에서 흔히 볼 수 있는 도시 국가의 형태를 갖추었다. 그리고 7년이 훌쩍 지났을 때 전체 이스라엘 민족이 다윗을 왕으로 추대하면서, 그는 사울 왕국의 진정한 후계자가 되었다. 다윗은 난공불락의 성 예루살렘을 정복하여 자신의 왕도로 삼았고, 그의 왕국은 순풍에 돛 단 듯 순조롭게 발전하였다. 다윗은 법궤를 왕궁으로 모셨으며, 성전의 건축을 결심하면서 자신의 왕국이 영원히 이어질 것이라는 하나님의 약속을 받을 수 있었다. 그는 블레셋, 에돔, 모압, 암몬을 정복했고, 그리고 시리아까지 지배할 수 있었다. 다윗의 왕국은 도시 국가의 한계를 일찌감치 뛰어넘었고, 근동 세계를 흔들어 놓을 수 있는 대 제국으로 성장해 가고 있었다.

문제는 다윗의 우연한 일탈에서부터 발생했다. 다윗의 눈으로 볼 때, 밧세바를 만나 사랑에 빠진 것은 정말 우연한 일이었다. 그가 평범한 개인이었다면 큰 문제가 아니었겠으나, 일국의 왕인 그가 초로(初老)의 나이에 "이웃집 여인"을 대상으로 열정적인 사랑에 빠진 것은 나라를 완전히 뒤흔들어 위태롭게 하기에 충분했다.

사랑해서는 안 될 여인을 사랑한 것, 그리고 그 사랑을 위해 다윗이 죄 없는 우리야를 암몬 사람의 칼을 빌려서 죽인 것은 처음부터 비밀이 아니었다. 선지자 나단의 서슬 퍼런 책망을 받은 다윗이 진심으로 통회자복하며 하나님의 은혜를 구했을 때, 그가 비록 용서는 받았지만, 자신의 죄에 대한 합당한 대가를 치러야 했다. 나단 선지자가 예언한 대로 다윗은 이일 때문에 자신의 원수들에게 비방거리를 주었다(삼하 12:14). 이에 따라 이스라엘 온 백성이 다윗을 미워하며 그가 왕으로 있는 것을 원하지 않게 되었는데, 반란을 획책하는 자들이 도처에 생겨났다. 또한 다윗의 죄는 부모로서의 권위를 땅에 떨어뜨렸다. 그의 자녀들은 다윗의 눈을 피해 불화를 일으켰고, 서로 후계자가 되기 위하여 형제들과의 처참한 싸움을 마다하지 않았다. 다윗이 은연중에 자신의 후계자를 밧세바의 아들 솔로몬으로 정하자, 여기에 불만을 가진 압살롬이 반란을 일으켰다. 젊었을 때 장인 사울을 피해 바위틈 사이를 전전하였던 다윗이 나이 들어서는 아들의 손에 죽임을 당할 것이 두려워 산을 넘고 강을 건너면서 도망자의 삶을 살아야 했다. 베냐민 지파 세바의 반란도 겪어야 했다. 그리고 죽음을 얼마 남기지 않았을 때조차, 자신이 사랑하고 아꼈던 또 다른 아들 아도니야가 반란을 일으켜서 다윗의 마음을 아프게 하였다.

돌이켜 볼 때 다윗은 평생 동안 자유를 마음껏 누리지 못했다. 언제나 쫓기는 삶이었고, 언제나 자신의 의지를 주변상황에 맞추어야만 했다. 왕이 되기 전에는 사울이 자신을 괴롭혔고, 왕이 된 이후에는 요압이 자신을 억압했다. 골리앗과 싸운 일을 제외한다면, 자신이 무엇인가를 하려고 할 때마다 일은 제대로 풀려나가지 않았다. 법궤를 가져오려고 했을 때는 제사장 웃사가 죽는 비극이 있었다. 성전을 지으려는 선한 의도조차 하나님께서 반대하셨다. 하지만 이제 말년의 다윗은 드디어 "나는 아무 것도 원하지 않는다. 나는 아무 것도 두려워하지 않는다. 나는 자유다(니코스 카잔차키스 묘비명)." 하고 말하는 듯하다.

그래서일까 말년의 다윗은 마치 고집불통 늙은이처럼 보인다. 다윗은 남들의 따가운 눈총을 받으면서도 자신이 사랑하는 여인 밧세바의 기분을 맞춰주려고 애써 노력했다. 그리고 사람들의 반대에도 불구하고 그녀의 아들, 자신의 늦둥이 아들에게 기어코 나라를 물려주었다. 많은 신하들이 "설마" 하는 심정으로 다윗을 지켜보고 있었는데, 결국에는 전격적으로 그리고 군대를 동원하여 마치 쿠데타를 일으키는 것처럼 솔로몬을 왕으로 삼았다. 자신이 여전히 살아있음에도 불구하고 솔로몬을 왕으로 즉위시켜야 했던 것은 그만큼 자신과 밧세바 그리고 솔로몬에 대한 여론이 좋지 않았기 때문이다. 백성은 다윗을 불신하면서 밧세바를 미워했고, 신하들은 솔로몬을 배척하면서 또 다른 왕 후보자를 내세우고 있었다. 이런 상황에서 다윗은 자신의 고집을 꺾기보다 편법을 동원해서라도 솔로몬을 왕으로 삼고 다른 사람들의 의견을 무시하는 쪽을 택했다. 다윗은 백성들의 지지를 잃더라도 개의치 않았다. 이는 아름다운 밧세바와 귀여운 아들 솔로몬에게서 받는 위안과 기쁨이 너무나 컸기 때문이다. 그리고 자신이 사랑해준 만큼 그 아들 솔로몬도 자신을 사랑해 줄 것이라고 믿었다. 자신이 그의 소원을 들어주었으니, 솔로몬도 자기의 소원을 들어줄 것이라고 믿고, 자신의 속마음을 털어놓았다. 평생 쌓아두고 있었던, 원망과 후회를 아들에게 유언 삼아서 모두 털어놓았다. 요압을 죽여라. 바르실래의 아들들을 잘 돌봐주어라. 시므이를 죽여라. 그리고 그 말을 마지막으로 다윗은 자신의 생애를 마치고 그의 조상들에게로 돌아갔다.

사울이 닦아 놓은 터 위에서, 다윗은 자신의 40년 통치 기간을 통하여 이스라엘 나라에 왕정을 정착시키는데 성공할 수 있었다. 사사 시대에는 상상도 할 수 없었던 일이었으나, 이제 사람들은 국가에 무거운 세금을 내고, 자녀들을 나라의 병사가 되게 하여 언제라도 죽을 수 있는 참혹한 전쟁터에 내보내는 일을 당연하게 여기게 되었다. 나라가 부르면, 무거운 돌을 메고 성벽을 쌓는 일에 나가는 것이 삶의 일부가 되었다. 그리고 청년들은 관직을 얻거나 전쟁터에서 무훈을 쌓아 장수가 되는 것을 인생의 목표로 삼게 되었다. 또한 다윗은 이스라엘의 영토를 이집트 변경에서부터 갈릴리 호수 북부까지 확정하여, 하나님께서 아브라함에게 약속하셨던 땅 전체를 마침내 확실하게 얻고 하나의 나라로 묶을 수 있었다. 더 나아가 그는 시리아를 포함한 주변의 여러 나라들을 지배하면서 세계적인 영향력을 발휘할 준비를 갖추었다. 12 지파가 명실상부하게 다윗의 통치 아래 들어오면서 통일 이스라엘 왕국에 대한 이상을 형성하였다.

그러나 하나님의 구원 역사에 있어서 다윗이 담당한 가장 중요한 역할은 그가 먼 훗날에 오실 인류의 구원자인 메시아의 모형이 되었다는 점이다. 다윗 자신이 기름부음을 받은 자, 즉 메시아가 되었는데, 메시아로서 그는 하나님의 마음에 합한 자요, 하나님의 사랑을 받는 자였고, 하나님께서 기뻐하시는 일을 하는 사람이었다. 마침내 다윗은 사방의 모든 적들을 무찌르고 민족을 구원하고, 주변 민족들을 지배할 수 있었다. 비록 성전을 건축한 사람이 솔로몬이라고 할지라도, 그 성전 건축을 마음속으로 꿈꾸고, 설계도를 만들고, 건축에 필요한 자금과 자재들을 확보하고, 건축 이후 성전을 운영해 나갈 방법과 제사장 및 레위 사람들의 조직 체계 그리고 예배의식에 사용된 찬송가와 악기를 비롯한 모든 것들을 준비한 사람은 바로 다윗이었으므로 다윗 역시 성전 건축가라 불릴 수 있다. 이 또한 참 성전이시며 성전의 머릿돌이 되시는 메시아를 가리키고 있다. 그러므로 사람들은 미래의 메시아가 어떤 분이신가를 생각할 때에 항상 다윗과 그의 시대를 먼저 상기하게 되었다. 북 이스라엘과 남 유다가 모두 멸망한 이후에 새로운 이스라엘의 회복을 환상 가운데 바라보던 에스겔 선지자는 미래에 이루어질 통일 왕국의 왕은 다윗이 될 것이며, 다윗의 나라 안에 하나님의 성소가 영원히 있을 것이라고 예언하였다(겔 37:15-28). 또한 실제로 예수께서 나귀를 타고 예루살렘으로 입성하려 하실 때, 이스라엘 사람들은 "호산나, 다윗의 자손이여!" 하고 환호하였다.

14
기름부음

(부록)

14. 기름부음
(부 록)

🔔 기름부음

성경에는 기름을 붓는다는 표현이 여러 번 등장한다. 야곱이 형 에서의 분노를 피하여 밧단 아람 지역으로 도망하던 중, 한 곳에서 돌을 베개하고 잠을 자는데, 꿈속에서 천사가 사다리를 오르락내리락 하는 것을 보았다. 그러므로 그는 잠에서 깬 후에 자기가 베개 하였던 돌을 세워 기둥으로 삼고 그 위에 기름을 부었다. 그리고 서원하기를 "하나님께서 나를 지키시고 내가 평안히 고향으로 돌아오게 하신다면, 내가 기둥으로 세운 이 돌이 하나님의 전이 될 것이다(창 28:20-22)."라고 하였다.

하나님께서는 거룩한 직분을 수행하는 사람이나, 거룩한 일에 사용되는 물건에 붓는 용도로 "거룩한 관유"(a sacred anointing oil)를 특별한 방식으로 제조하라고 모세에게 명령하셨다(출 30:22-33). 상등 향품을 사용해야 하며, 액체 몰약 500 세겔, 향기로운 육계(cinnamon) 250 세겔, 향기로운 창포(cane) 250 세겔, 계피(cassia) 500 세겔, 그리고 올리브기름 한 힌을 재료로 하여 거룩한 관유를 만들어야 한다. 여기서 〈세겔〉은 약 12그램의 무게를, 〈힌〉은 약 3.8리터의 부피를 가리킨다. 이 관유는 특별한 방식으로 제조해야 하는 것으로서 오직 정해진 목적을 위해서만 사용되어야 한다. 만약 이 기름을 일반 사람들에게 붓는다면, 그 붓는 자는 죽임을 당할 것이다. 다른 용도를 위해 이와 동일한 방식으로 기름을 만들지 말아야 하며, 만일 그렇게 만드는 자가 있다면 그 역시 죽임을 당할 것이다. 모세는 이렇게 만든 거룩한 관유를 하나님의 명령에 따라서 성막의 모든 기구들, 즉 회막, 증거궤, 상과 그 모든 기구, 등대와 그 기구, 분향단, 번제단과 그 모든 기구, 그리고 물두멍과 그 받침에 발랐다. 이 관유를 기구들에게 부었기 때문에 그 기구들이 지극히 거룩하게 되었고, 그것들에 접촉하는 모든 것이 거룩하게 될 것이다. 또한 모세는 그 거룩한 관유를 아론과 그의 아들에게 부어서 그들을 거룩하게 하고, 그들이 제사장의 직분을 수행할 수 있게 만들었다.

사사 시대에는 기드온의 아들 요담의 우화 속에 기름을 붓는 것이 언급된다. 사사기 9:8 "하루는 나무들이 나가서 기름을 부어 왕을 삼으려 하여 감람나무에게 이르되 너는 우리 왕이 되어라 하였다." 또 그 우화 속에서 가시나무는 자신을 왕으로 세우려 하는 나무들에게 "너희가 참으로 내게 기름을 부어 너희 왕을 삼겠거든 와서 내 그늘에 피하라(삿 9:15)." 하고 말한다. 이와 같은 우화는, 비록 직접적으로 언급되지는 않지만, 세겜 사람들이 아비멜렉을 왕으로 세울 때 그에게 기름을 부었음을 암시한다.

사무엘은 하나님의 명령에 따라 사울에게 기름을 부어서 그를 왕으로 세웠다. 사무엘상 10:1 "여호와께서 네게 기름을 부으시고 그 유업의 지도자를 삼지 아니하셨느냐." 여기서 지도자는 히브리어로 〈나기드〉라고 표현되었는데, 이 칭호는 왕을 가리키는 말이다. 그러나 사울이 교만하여 하나님보다 자신의 왕 직위를 더 아끼고 사랑하게 되었을 때, 하나님께서는 그를 버리고 그의 왕국의 종말을 선포하셨다. 그 후 사무엘은 다시 하나님의 명령에 따라 다윗에게 기름을 부었다. 다윗은 그 후 다시 두 번에 걸쳐 기름부음을 받게 된다. 첫째, 사울이 죽은 뒤, 유다 지파의 사람들이 헤브론에서 다윗에게 기름을 부어 그를 유다 지파의 왕으로 삼았다(삼하 2:4). 둘째, 사울의 아들 이스보셋이 죽은 뒤, 나머지 11지파의 장로들이 헤브론에서 다윗에게 기름을 부어 그를 자기들의 왕으로 삼았다(삼하 5:3). 그러므로 다윗은 도합 세 번에 걸쳐 기름 부음을 받은 유일한 사람이 되었다. 다윗은 사울에 대하여 자주 "여호와의 기름 부으신 자"라는 표현을 사용하였다. 다윗은 사울에게 쫓겨 다니다가, 오히려 극적으로 사울을 죽일 수 있는 기회를 얻게 된다. 그러나 그 때 그는 "자기 사람들에게 이르되 내가 손을 들어 여호와의 기름부음을 받은 내 주를 치는 것은 여호와의 금하시는 것이니 그는 여호와의 기름부음을 받은 자가 되기 때문이다(삼상 24:6)."라고 말했다.

사울과 다윗에 이어서 솔로몬도 기름부음을 받고 왕이 되었다. 다윗이 제사장 사독과 선지자 나단을 시켜서 솔로몬에게 기름을 붓도록 명령했다. 이 때 솔로몬에게 직접 기름을 부은 사람은 제사장 사독이라고 언급된다. 열왕기상 1:39 "제사장 사독이 성막 가운데서 기름 뿔을 가져다가 솔로몬에게 기름을 부으니 이에 양각을 불고 모든 백성이 솔로몬 왕 만세를 불렀다." 이것은 솔로몬에게 있어서 첫 번째 즉위식이며 역대기상 23:1에도 간단하게 언급되어 있다. "다윗이 나이 많아 늙으매 아들 솔로몬으로 이스라엘 왕을 삼았다." 열왕기상 1장의 보고에 따르면, 솔로몬은 헤브론에서 태어난 형 아도니야의 반란 시도 때문에, 충분한 준비 없이, 약식으로 성급하게 즉위식을 가져야 했다. 정국이 매우 불안하였으므로 즉위식을 안전하게 거행할 수 있도록, 다윗은 자신의 경호부대라고 할 수 있는 외국인 용병들, 즉 그렛 사람과 블렛 사람들을 보내 무력시위를 벌이게 하였다.

고대 근동 사회에 있어서 왕위 계승은 일반적으로 전임 왕이 죽었을 때 이루어진다. 따라서 왕은 자신이 건강할 때, 죽음 이후를 대비하도록 요구받는다. 즉 후계자를 확실히 정하고, 자신이 죽게 될 때 그가 순조로이 왕위에 오를 수 있도록 후계자의 지지 세력들을 충분히 만들어두어야 한다. 그러나 자신이 죽고 난 이후 자신이 미리 정해둔 후계자가 왕위에 오르는 것이 쉽지 않다고 여겨질 때, 혹은 건강이나 여러 가지 이유 때문에 자신이 혼자서 왕국의 모든 일을 잘 처리할 수 없게 되었으므로 자신의 왕권을 나누어가져야 할 필요성이 생겼을 때, 왕들은 흔히 공동통치 왕을 임명한다. 이와 같은 경우 나라에는 한 동안 두 왕이 존재한다. 이때까지 왕권을 행사해오던 정식 왕과 공동 통치를 위해 새롭게 임명된 보조 왕이다. 보조 왕으로서의 역할을 맡는 공동 통치 왕은 정식 왕 혹은 부친 왕이 허락하는 한에서 왕으로서의 모든 권력을 행사할 수 있다. 실제로 그는 왕이라고 불린다. 하지만 그의 권력은 자기 자신으로부터가 아니라, 정식 왕으로부터 나온다. 이 공동통치 왕은 정식 왕이 죽을 때, 자연스럽게 모든 권력을 승계한다. 자신이 단독 왕의 지위를 얻게 되었다고 하더라도 즉위식을 다시 거행하지는 않는다. 이미 그는 즉위식을 거쳤기 때문이다. 열왕기상 1장에 기록된 것은 솔로몬을 공동통치 왕으로 세우는 즉위식이다. 이 즉위식은 다윗이 살아있고, 왕권을 행사할 수 있을 때 거행되었다. 솔로몬이 즉위식을 거행한 후에도, 여전히 이스라엘의 왕은 다윗이었다. 솔로몬은 단지 다윗을 보조하는 공동통치 왕의 지위를 얻었다.

그러나 솔로몬은 근동의 일반적인 관례와는 달리, 다윗이 죽고 자신이 단독 왕의 자리를 승계했을 때, 다시 한 번 즉위식을 가졌다. 역대기상 29:22b "무리가 다윗의 아들 솔로몬으로 다시 왕을 삼아 기름을 부어 여호와께 돌려 주권자가 되게 하고 사독에게도 기름을 부어 제사장이 되게 하였다." 여기서 "다시"라는 말은 솔로몬이 두 번째로 즉위식을 가졌다는 사실을 보여준다. 이 두 번째 즉위식은 다윗이 죽었을 때 거행되었다. 만일 즉위식이 거행되는 때에 다윗이 여전히 살아 있었다면, 그리고 이 즉위식이 역대기상 29:20-22a에서 기록된 잔치의 연속선상에서 거행되었다면, 다윗이 그 즉위식의 자리에 참여했을 가능성이 매우 높다. 그렇다면 "다윗이 솔로몬을 왕으로 세웠다."라고 말하였을 것이다. 그러나 본문은 "무리가 솔로몬을 왕으로 세웠다."라고 표현한다. 이것은 다윗이 이미 죽었다고 생각하게 만든다. 따라서 역대기상 29:22a의 잔치(다윗이 주관했음)와 29:22b의 즉위식(다윗이 죽은 이후) 사이에는 시간적으로 어느 정도의 간격이 있었다고 생각해야 한다. 22b절은 바로 다음의 절인 23절과 연결된다. 그리고 그 23절에는 "솔로몬이 부친 다윗을 이어 왕이 되었다."라는 표현이 나오는데, 이 표현 역시 다윗이 이미 죽었음을 보여준다. 이와 같이 솔로몬이 즉위식을 한 번 더 거행하는 것은 자신이 공동통치 왕으로서 상당 기간 활동해 왔음에도 불구하고, 여전히 아도니야와 요압 그리고 아비아달을 중심한 반란세력들이 존재하고 있었기 때문일 것이다. 그러므로 솔로몬은 즉위식을 통해 자신의 왕권을 강화하기를 원했다.

솔로몬의 두 번째 즉위식에서, 백성들은 제사장 사독에게도 기름을 부었다. 제사장들 가운데서 기름 부음을 받았다고 기록된 사람은, 아론과 그의 아들들을 제외한다면, 사독이 유일하다. 당시 이스라엘에는 아비아달과 사독이 서로 경쟁관계를 형성하면서 제사장들의 양대 수장이 되어 있었다. 그런데 아비아달은 과거 아도니야의 반란 세력에 가담하여, 솔로몬의 미움을 산 바가 있었다. 그러므로 솔로몬은 아비아달을 축출하고, 자신의 즉위에 큰 힘이 되었던 사독을 대제사장으로 삼으려고 했을 것이다.

하나님께서는 선지자 엘리야에게 북 이스라엘의 장군 예후에게 기름을 부어서 그가 이스라엘의 왕이 되게 하라고 명령하셨다(왕상 19:15-16). 이 명령은 엘리야의 후계자인 엘리사에 의해 수행되었다. 먼저 엘리사는 예후에게 기름을 붓기 위해 젊은 선지자 한 사람을 보냈다. 그 선지자는 엘리사가 명령한 대로, 예후를 데리고 골방에 들어갔다. 그리고 다른 사람들이 보지 않는 가운데, 하나님께서 예후를 이스라엘 왕으로 삼으신다고 선언하면서 그에게 기름을 부었다. 그리고 그 선지자는 창문을 통하여 급히 예후에게서부터 도망했다.

예후는 이스라엘 왕 요람과 그의 어머니인 이세벨을 죽이고 이스라엘의 왕이 되었는데, 그 쿠데타의 과정 속에서 유다의 왕 아하시야도 죽였다. 아합과 이세벨의 딸이며, 유다 왕 여호람의 아내였던 아달랴가 자신의 아들이며 유다의 왕인 아하시야가 죽은 것을 알고, 손자들인 왕자들을 죽이고 직접 유다를 통치하였다. 그러나 아달랴가 왕자들을 죽일 때, 아하시야의 누이 여호세바가 태어난 지 이제 1년밖에 되지 않는 자신의 어린 조카 요아스를 아달랴의 무서운 칼에서부터 은밀하게 구원하였다. 그 때 여호세바의 남편 여호야다, 즉 요아스의 고모부는 유다의 제사장이었는데, 후에는 대제사장이 되었다(왕상 12:7). 여호야다는 지혜가 출중하였을 뿐만 아니라, 강력한 리더십을 갖고 있는 사람이었다. 여호야다는 6년 동안 자신의 조카 요아스를 여호와의 전에 숨겨서 키우는데, 아달랴가 눈치를 채지 못하도록 매우 신중하게 행동하였다. 그는 레위인들과 제사장들 그리고 왕궁 수비대 병사들과 지휘관들을 자기편으로 끌어들였다. 마침내 요아스가 7세가 되었을 때, 여호야다는 오랫동안 인내하며 기다려왔던 기회가 찾아온 것을 확신했다. 그는 먼저 왕궁 수비대 지휘관들을 불러들여, 의젓하게 자라난 어린 왕자 요아스를 만나게 함으로써 다윗의 후손에 대한 충성심을 불러일으켰다. 그 후 그는 성전 수비대를 무장시켜서 성전과 그 길목을 지키게 한 뒤, 왕자 요아스를 데리고 와서 즉위식을 거행했다. 제사장 여호야다가 요아스에게 기름을 부을 때, 사람들이 박수하며 왕의 만세를 불렀다.

기름을 붓는 즉위식이 성경에 묘사되어 있는 왕으로서 마지막 사람은 여호아하스다. 요시야가 죽은 뒤, 유다의 국민(문자적으로, 땅의 백성)은 요시야의 아들, 아마도 둘째 아들이라 생각되는, 여호아하스에게 기름을 부어 왕으로 삼았다. 여호아하스는 왕이 된 후, 고작 삼 개월 동안 통치했을 뿐이다. 그는 이집트 왕 느고의 명령을 받은 이집트 군인들에게 잡혀서 하맛의 리블라에 갇히게 되었는데, 거기서 온갖 고문을 겪었음에 틀림없다. 그리고 그는 그 후 결국 이집트에까지 끌려가서, 거기서 죽음을 맞이한다.

비록 성경에 즉위식이 기록되어 있지는 않으나, 기름 부음을 받았을 것으로 추정되는 사람은 다윗의 아들 압살롬이다. 다윗이 요단강 동편으로 도망한 이후, 다윗의 군대와 압살롬의 군대 사이에 전쟁이 벌어졌는데, 그 전쟁에서 압살롬이 죽고 다윗의 군대가 승리하였다. 이 때 패전한 압살롬의 군대가 다시 다윗을 자신들의 왕으로 모시기를 결심하면서, "우리가 기름을 부어 우리를 다스리게 한 압살롬은 싸움에서 죽었다."라고 말하였다 (삼하 19:10).

이와 유사하게, 비록 언제 기름을 부었는지 기록되어 있지 않지만, 선지자 엘리사는 엘리야에 의해 기름 부음을 받았다고 생각할 수 있다(왕상 19:16). 또한 선지자 엘리사는 다메섹에서 아람의 장군 하사엘을 만났을 때, 그에게 기름을 부었을 것으로 추정된다(왕상 19:15; 왕하 8:13). 하사엘은 엘리사에게서 자신이 왕이 될 것이라는 말을 들은 뒤에, 곧바로 병상에 누워있는 벤하닷을 찾아가 그를 살해하고 자신이 아람의 왕이 되었다.

성경에서 선지자에게 기름을 부었다는 말은 엘리사의 경우에 단 한 번 나타난다(왕상 19:16). 그러므로 성경에서 기름 부음을 받는 사람은 주로 왕이거나 제사장이라고 말할 수 있다. 그런데 제사장에게 기름을 부을 때, 기름을 붓는 목적은 대개의 경우 제사장을 거룩하게 만들기 위함이며, 따라서 그로 하여금 제사장 사역을 담당할 수 있게 만드는 것이다. 출애굽기 28:41 "너는 그것들로 네 형 아론과 그와 함께 한 그 아들들에게 입히고 그들에게 기름을 부어 위임하고 거룩하게 하여 그들로 제사장 직분을 내게 행하게 하여라." 출애굽기 30:30 "너는 아론과 그 아들들에게 기름을 발라 그들을 거룩하게 하고 그들로 내게 제사장 직분을 행하게 하여라." 이 성경 구절들에서 보는 것처럼, 아론과 그의 아들들에게 기름을 부은 이

유는 그들을 거룩하게 하여 제사장으로서의 업무를 행할 수 있는 자격을
그들에게 부여하기 위함이다.

한편, 왕에게 기름을 부을 때, 왕을 거룩하게 한다는 표현이 사용되지
않는다. 시편 89:20 "내가 내 종 다윗을 찾아 나의 거룩한 기름으로 부었
다." 이 성경 구절에서 말하는 것처럼, 왕에게 붓는 기름은 하나님의 거
룩한 기름이다. 그러나 거룩한 기름을 부으면서도, 기름 부음을 받는 왕
이 거룩하게 된다는 표현은 나타나지 않는다. 제사장은 자신의 임무를 수
행하기 위해서 거룩하게 되어야 한다. 왜냐하면 그가 만지는 모든 기구들
이 거룩하기 때문이며, 그는 거룩하신 하나님 앞에서 섬기는 사람이기 때
문이다. 하지만 왕의 직분은 제사장의 직분과 비교하여 보다 세속적이다.
넓은 의미에서 그도 하나님을 섬기는 사람이다. 그러나 좁은 의미에서 말
하자면, 왕은 하나님을 섬기는 것이 아니라, 백성들을 다스리는 사람이다.
따라서 왕은 자신의 직분을 행하기 위해 제사장만큼 거룩하게 되어야 할
필요가 없다. 비록 거룩한 기름을 왕에게 부음에도 불구하고 왕 자신이 거
룩하게 바뀌지는 않는다.

실제로 왕에게 붓는 기름에 대한 규정은 제사장에게 붓는 기름에 대한
규정보다 다소 자유롭다. 제사장에게 붓는 기름은 "거룩한 관유"라고 불
린다(출 30:25). 이 관유는 엄격한 규정에 따라 만들어져야 한다. 이 관유
는 거룩하기 때문에 제사장에게 붓는 용도 외에는 결코 사용되지 않아야
한다(출 30:31-33). 앞서 언급했던 시편 구절은 "거룩한 기름"을 다윗에
게 부었다고 말한다(시 89:20). 그러나 이 "거룩한 기름"이 제사장에게 붓
기 위해 성소에 보관되는 "거룩한 관유"일 가능성은 상당히 낮다. 왜냐하

면 라마에 거주하던 사무엘이 "거룩한 관유"를 가져가기 위해, 사울의 무시무시한 감시의 눈길을 피해서, 아마도 그 당시 성소가 있었을 것으로 여겨지는 실로를 방문했을 것이라고 생각하기 어렵기 때문이다. 실로는 라마의 북쪽에 있는 반면, 사무엘의 목적지인 베들레헴은 실로의 남쪽에 있다. 솔로몬은 아마도 "거룩한 관유"에 의해 기름 부음을 받았을 것으로 추측할 수 있다. 열왕기상 1:39 "제사장 사독이 성막 가운데서 기름 뿔을 가져다가 솔로몬에게 기름을 부었다." 그러나 사울이나 예후 그리고 하사엘이 거룩한 관유로 기름 부음을 받았으리라고 생각되지는 않는다.

왕과 제사장의 기름 부음에 있어서의 차이는 〈메시아〉라는 칭호의 사용에서도 나타난다. 메시아라는 말은 "기름 부음을 받은 자"라는 뜻을 갖는다. 제사장은 항상 "메시아인 제사장" 즉 "기름 부음을 받은 자인 제사장"이라고 불린다(레 4:3, 5, 16; 6:22). 여기서 메시아는 제사장을 꾸미는 말이다. 그러나 왕은 "메시아인 왕" 즉 "기름 부음을 받은 자인 왕"이라고 불리지 않는다. 왕은 단순히 "메시아" 즉 "기름 부음을 받은 자"라고 불린다. 뿐만 아니라, 왕을 메시아라고 부를 때는 대부분 "여호와의 메시아"라고 부른다. 이것은 여호와와 왕 사이의 매우 친밀한 관계를 표현하는 말이다. 개역성경의 번역에 따르면, 사무엘상 12:3에는 "그 기름 부음을 받은 자"라는 표현이 나타난다. 하지만 이것은 본문의 의미를 충분히 살리지 못하며, 여기서 "그"가 영어 "that"의 의미인 것으로 오해하게 만든다. 그러나 원문은 "His"라고 되어 있다. 따라서 바른 성경처럼, "그분의 기름 부음을 받은 자"라고 번역해야 한다.

구약의 〈메시아〉라는 칭호는 항상 왕에게 적용된다. 선지자와 제사장은 기름 부음을 받음에도 불구하고, 구약에서 메시아라고 불리지 않는다. 사무엘서에는 하나님께서 제사장 엘리의 가문이 멸망하고, 그 대신 사독의 가문이 영원한 제사장 가문이 될 것이라고 예언하는 말씀이 기록되어 있다. 사무엘상 2:35 "내가 나를 위하여 충실한 제사장을 일으키리니, 그 사람은 내 마음, 내 뜻대로 행할 것이라. 내가 그를 위하여 견고한 집을 세울 것이니 그가 나의 기름 부음을 받은 자 앞에서 영구히 행할 것이다." 이 구절에 나타나는 것처럼, 제사장은 그저 제사장이라고 불리지만, 왕은 "나의 기름 부음을 받은 자"라고 불린다. 따라서 성경에서 메시아는 왕을 가리킨다고 말할 수 있다. 그리고 왕을 메시아라고 부를 때, 대부분의 경우 "나[여호와]의 메시아"(시 132:17), "그분[여호와]의 메시아"(사 45:1), "당신[여호와]의 메시아"(대하 6:42) 혹은 직접적으로 "여호와의 메시아"(삼상 24:6)라고 부른다. 이와 같은 표현은 왕과 여호와 하나님 사이의 매우 친밀한 관계를 드러낸다.

왕에게 혹은 왕이 될 사람에게 기름을 부을 때, 기름을 붓는 주체와 관련하여 두 가지 형태를 구분할 수 있다. 첫째, 백성이나 백성의 대표 즉 제사장이나 장로가 기름을 붓는 것이다. 사무엘하 2:4에서 "유다 사람들이" 다윗에게 기름을 부어 유다 족속의 왕을 삼았다. 5:3에서는 "이스라엘 모든 장로가" 헤브론에 와서 다윗에게 기름을 부어 그를 이스라엘의 왕으로 삼았다. 열왕기하 11:12 "여호야다가 왕자를 모시고 나가 그에게 왕관을 씌우고 왕의 문서를 넘겨주었다. 그리고 그들이 그에게 기름을 부어 왕으로 삼았다. 그리고 그들이 손뼉을 치며 '왕 만세' 하고 외쳤다." 열왕기의 기록은 요아스에게 기름을 부은 사람이 누구인지 정확하게 밝히지 않는다. 한편 역대기에서는 동일한 사건이 조금 다르게 기록된다. 역대하 23:11 "사람들이 왕자를 데리고 와서 그에게 왕관을 씌우고 왕의 문서를 주면서 그를 왕으로 삼았다. 여호야다와 그의 아들들이 그에게 기름을 부었다. 그리고 그들이 '왕 만세' 하고 외쳤다." 그러므로 이 두 구절들을 비교한다면, 열왕기에서 요아스에게 기름을 부은 사람들은 여호야다와 그의 아들들, 즉 제사장들인 것을 알 수 있다.

　제사장이나 장로들은 백성을 대표하는 사람들이다. 제사장은 백성을 대신하여 하나님 앞으로 나아가는 사람들이다. 장로들은 백성을 대표하여 그들의 중요한 문제들을 처리한다. 그러므로 제사장이나 장로들이 기름을 부었다는 표현은 백성이 기름을 부었다는 말과 동일하다. 따라서 이러한 기름 부음을 백성에 의한 기름부음이라고 말할 수 있다. 그리고 이와 같은 종류의 기름 부음에는 "기름을 부어라!" 하는 하나님의 명령이 나타나지 않는다. 이 의식은 하나님과 직접적인 관련 없이 거행된다. 여기서 백성이 왕에게 기름을 붓는 이유는 왕에게 충성을 표현하기를 원하기 때문이다. 이것은 정치적인 의식이며, 공개적으로 거행된다. 그러므로 가능한 많은 사람들이 그 의식에 참여해서, 박수치며 환호하는 것이 좋다.

　둘째, 하나님을 대표하는 선지자가 왕에게 기름을 붓는 유형이 존재한다. 이 유형의 기름 부음에는 항상 "기름을 부어라!" 하는 하나님의 명령이 전제된다. 그러므로 이것은 하나님께서 직접 기름을 부으시는 것과 같다. 선지자 사무엘은 하나님의 명령에 따라 사울에게 기름을 부었고, 다윗에게도 기름을 부었다. 선지자 엘리사는 엘리야에게 주어졌던 하나님의 명령에 따라 예후와 하사엘에게 기름을 부었다. 여기서 하나님께서 선지자를 통하여 왕에게 기름을 붓는 이유는 하나님과 왕 사이에 특별한 관계를 형성하기 위함이다. 하나님과 왕 사이에만 형성되는 관계이기 때문에, 다른 사람들의 참여는 가능한 제한된다. 다시 말해 이것은 비공개적인 의식이다. 사무엘은 사울의 종을 미리 떠나보낸 후, 사무엘 자신과 사울 두 사람만 남은 자리에서 기름을 부었다(삼상 9:27-10:1). 사람들은 사무엘이 사울에게 기름을 부었다는 사실을, 적어도 처음에는, 알지 못했다. 다윗의 경우에는 다소 애매하지만 당시의 상황을 고려한다면, 사무엘은 베들레헴의 장로들이나 다른 사람들이 없는 장소에서, 즉 이새의 가족들만 있는 자리에서 그에게 기름을 부었을 것이다.

구약 시대 이스라엘의 왕은 기름 부음을 받은 자 즉 메시아라고 불린다. 앞서 언급했던 것처럼 왕에게 기름을 붓는 의식에는 두 종류가 있다. 첫째, 하나님께서 자신의 대리인인 선지자를 통하여 기름을 부으시는 것인데, 이것은 하나님의 기름 부음이라고 칭할 수 있다. 둘째, 사람들이 자신의 대리인인 제사장 혹은 장로들을 통하여 기름을 붓는 것인데, 이것은 사람의 기름 부음이라고 칭할 수 있다. 구약 시대의 왕을 메시아라고 부르는 것은 그가 사람의 기름 부음을 받았기 때문이 아니다. 그가 메시아인 이유는 하나님의 기름 부음을 받았기 때문이다. 또한 왕은 메시아이기 때문에, 다시 말해서, 왕은 하나님의 기름 부음을 받았기 때문에 하나님과 특별한 관계를 갖게 된다. 그 관계가 매우 친밀하기 때문에 하나님께서는 왕을 "내 메시아" 즉 "나의 기름 부음을 받은 자"라고 부르신다. 이 관계는 다음과 같은 네 가지 관점에서 설명할 수 있다.

첫째, 하나님께서는 자신이 기름 부은 자, 즉 메시아를 아끼시고 돌보신다. 이스라엘에서는 손님의 머리에 기름을 부어 환대하는 풍습이 있었다. 이것은 손님을 따뜻하게 돌보는 행위다. 누가복음 7:46 "너는 내 머리에 기름을 바르지 않았으나, 이 여자는 내 발에 향유를 발랐다." 이와 같이 하나님께서 왕에게 기름을 부으심으로써 그를 환대하고 돌보신다는 것을 표현하신다.

둘째, 하나님께서 왕에게 기름을 부으시는 것은 그에게 중차대한 사명을 맡기신다는 것을 나타낸다. 사울에게 기름을 부으실 때, 그에게 이스라엘 민족을 구원하는 사명을 맡기셨다. 사무엘상 9:16 "너는 그에게 기름을 부어 내 백성 이스라엘의 주권자가 되게 하여라. 그가 내 백성을 블레셋 사람들의 손에서 구원할 것이다." 다윗에게도 하나님께서는 기름을 부으시면서 왕으로서의 사명을 맡기셨다(삼상 16:1).

셋째, 하나님께서는 기름 부음을 받은 자에게 그가 필요한 모든 것을 공급하시겠다고 약속하신다. 사무엘하 7:12-13 "내가 너에게 기름을 부어 이스라엘의 왕으로 삼았으며, 내가 너를 사울의 손에서 구원하였다. 또한 내가 네 주인의 집을 네게 주고, 네 주인의 처들을 너의 품에 주었으며, 이스라엘과 유다 족속을 네게 주었다. 만일 그것이 부족했다면 이것저것을 네게 더 주었을 것이다." 그는 승리를 보장 받는다. 왜냐하면 그는 온 우주를 다스리시는 여호와를 대리하는 자이기 때문이다. 사무엘상 2:10 "그분께서 세우신 왕에게 능력을 주시고 그분의 기름 부음 받은 자의 뿔을 높이실 것이다." 기름 부음을 받은 자가 자신에게 맡겨진 사명을 성취할 수 있도록, 그에게는 성령이 권능으로 임한다. 심지어 기름 부음을 받은 자가 여호와의 분노 아래 있어서 그분의 형벌을 받고 있는 중이라고 할지라도,

그는 여호와의 은혜를 간구할 권리를 가진다. 시편 132:10 "주님의 종 다 윗을 위하여 주님의 기름 부음 받은 자의 얼굴을 물리치지 마소서."

넷째, 기름 부음을 받은 자 즉 메시아에게는 하나님으로부터 받은 신적인 권위가 있다. 그러므로 사람이 그에게 해를 끼칠 수 없다. 그는 불가침적인 존재다. 다윗은 사울을 죽일 기회가 있었음에도 그에게 해를 끼치지 않았다. 왜냐하면 사울이 여호와의 기름 부음을 받은 자이기 때문이었다. 사무엘상 24:6 "내가 내 손을 그에게 대어 여호와의 기름 부음을 받은 내 주를 치는 것은 여호와께서 내게 금하신 것이니, 그가 여호와의 기름 부음을 받은 자이기 때문이다." 사무엘이 자신의 순결성을 증언할 수 있는 권위가 하나님과 더불어 왕에게 있다고 말하는 이유도 왕은 하나님의 기름 부음을 받은 자이기 때문이다. 사무엘상 12:3 "이제 내가 여기 있으니, 여호와와 그분의 기름 부음 받은 자 앞에서 내게 대답하여라." 이와 더불어 기름 부음을 받은 왕은 이스라엘 백성의 생명의 호흡이라고 불린다(애 3:20).

요약하자면, 기름을 붓는 것은 여호와와 기름 부음을 받은 왕 사이에 매우 친밀한 관계를 형성한다. 이와 같이 친밀한 관계는 기름 부음을 받은 선지자나 제사장에게는 없는 것이다. 다시 말하여, 기름 부음은 여호와께서 기름 부음을 받은 왕을 사랑하시고, 보호하시며, 그리고 그에게 영예를 주신다는 것을 보장한다.

아! 다윗이여

2015년 2월 25일 초판 인쇄

지은이 황성일

펴낸이 류수환

편집장 김용민

편집인 박여미

책임디자인 남기영

디자인 및 펴낸 곳 그리심어소시에이츠

주소 대전광역시 서구 둔산북로 121 아너스빌 1801호

전화 042.472.7145

팩스 042.472.7144

www.igrisim.com

정가 15,000원
ISBN 979-11-85627-08-3